Couche-Tard

OU L'AUDACE DE RÉUSSIR

Édition: Pascale Mongeon
Infographie: Chantal Landry
Correction: Odile Dallaserra et Ginette Choinière

Catalogage avant publication de
Bibliothèque et Archives nationales du Québec
et Bibliothèque et Archives Canada

Gendron, Guy, 1957-

Couche-Tard ou L'audace de réussir

Comprend des références bibliographiques.

ISBN 978-2-7619-4766-4

1. Alimentation Couche-Tard, inc - Histoire.
2. Dépanneurs (Commerces) - Québec (Province) -
Histoire. 3. Bouchard, Alain, 1949-   . I. Titre.
II. Titre : Audace de réussir.

HF5469.55.C34A44 2016   381'.14709714
C2016-941529-5

DISTRIBUTEURS EXCLUSIFS:

Pour le Canada et les États-Unis:
MESSAGERIES ADP inc.*
Téléphone: 450-640-1237
Internet: www.messageries-adp.com
* filiale du Groupe Sogides inc.,
  filiale de Québecor Média inc.

INTERFORUM ÉDITIS
Téléphone: 33 (0) 1 49 59 11 89 / 12 40
Service commandes France Métropolitaine
Téléphone: 33 (0) 2 38 32 71 00
Internet: www.interforum.fr
Service commandes Export — DOM-TOM
Internet: www.interforum.fr
Courriel: cdes-export@interforum.fr

Pour la Suisse:
INTERFORUM editis SUISSE
Téléphone: 41 (0) 26 460 80 60
Internet: www.interforumsuisse.ch
Courriel: office@interforumsuisse.ch
Distributeur: OLF S.A.
Commandes:
Téléphone: 41 (0) 26 467 53 33
Internet: www.olf.ch
Courriel: information@olf.ch

Pour la Belgique et le Luxembourg:
INTERFORUM BENELUX S.A.
Téléphone : 32 (0) 10 39 59 54
Internet: www.interforum.be
Courriel: Export.Belgique@interforum.fr

12-22

Imprimé au Canada

Dépôt légal : 2016
Bibliothèque et Archives nationales du Québec

ISBN 978-2-7619-4766-4

Gouvernement du Québec – Programme de crédit
d'impôt pour l'édition de livres – Gestion SODEC –
www.sodec.gouv.qc.ca

L'Éditeur bénéficie du soutien de la Société de
développement des entreprises culturelles du Québec
pour son programme d'édition.

 Conseil des arts   Canada Council
du Canada   for the Arts

Nous remercions le Conseil des arts du Canada de
l'aide accordée à notre programme de publication.

Financé par le gouvernement du Canada   Canadä
Funded by the Government of Canada

Nous reconnaissons l'aide financière du
gouvernement du Canada par l'entremise du Fonds
du livre du Canada pour nos activités d'édition.

GUY GENDRON

PRÉFACE DE MONIQUE LEROUX

Couche-Tard

OU L'AUDACE DE RÉUSSIR

LE PARCOURS D'**ALAIN BOUCHARD**,
L'ENTREPRENEUR QUI A OSÉ **INVENTER SA VIE**

LES ÉDITIONS DE
L'HOMME

Préface

Il peut sembler étrange de commencer la préface d'un livre portant sur Alimentation Couche-Tard en parlant du Mouvement Desjardins, que j'ai présidé de 2008 à 2016. Pourtant, en 2013, la coopérative financière s'apprêtait à procéder à la plus importante acquisition de son histoire, soit celle des activités canadiennes du géant américain de l'assurance State Farm. Et à cette occasion, j'ai recommandé à mon équipe de direction de rencontrer les fondateurs de Couche-Tard pour profiter de leurs conseils. Mais pourquoi donc Desjardins, classé par l'agence Bloomberg au deuxième rang des institutions financières les plus solides de la planète, aurait-il eu besoin de l'avis de propriétaires de dépanneurs avant de procéder à une transaction qui allait en faire le troisième assureur de dommages en importance au Canada ?

Ce livre, de manière à la fois convaincante et captivante, apporte la réponse à cette question en retraçant le parcours improbable d'un homme, Alain Bouchard, qui a eu l'audace de réussir là où personne ne le croyait possible. Il y a plus que du travail et de la détermination dans le succès international de Couche-Tard, un empire de 12 000 dépanneurs et de 100 000 employés. On y retrouve de la vision, de la méthode, de la discipline et, surtout, de la persévérance, cette capacité d'affronter l'adversité, l'intelligence de se remettre en question et le courage de se réinventer constamment. Il en aura fallu une bonne dose à Alain Bouchard et à ses incroyables partenaires de la première heure, Jacques D'Amours, Richard Fortin et Réal Plourde, pour construire à partir de rien une constellation de dépanneurs dont le modèle d'affaires en fait l'entreprise la plus innovante et la plus efficace au monde dans son domaine.

Leur passionnante aventure, que raconte ici le journaliste Guy Gendron, montre bien qu'une entreprise n'est pas seulement qu'un projet d'affaire. Elle est un organisme vivant qui représente la somme des qualités personnelles, des talents et des valeurs des individus qui le composent, et qui s'y révèlent à travers leurs succès et surtout les échecs qu'ils rencontrent. La vie de Couche-Tard, vous le verrez, n'a pas toujours été un long fleuve tranquille, mais plutôt une suite de rapides, comme ceux des rivières bouillonnantes de la Côte-Nord que le Québec a réussi à maîtriser pour devenir un leader mondial de l'énergie propre.

Peu importe son champ d'intérêt, que ce soit la science, le sport, la culture ou les affaires, j'ai la conviction que chaque lecteur trouvera dans ce livre enlevant une source d'inspiration et de motivation pour prendre sa vie en main et se donner l'audace de réussir. L'audace d'aller au-delà des frontières, au-delà des différences, et de voir le reste de la planète comme une occasion à saisir plutôt que comme une menace à redouter. Le Québec et le monde en ont cruellement besoin.

Monique F. Leroux,
Présidente du Mouvement Desjardins, 2008-2016
Présidente de l'Alliance coopérative internationale
Présidente du conseil d'administration
d'Investissement Québec

Avant-propos

En juin 2015, un nouveau mot a fait son apparition dans l'*Oxford English Dictionary* qui, depuis plus de 150 ans, est la référence mondiale du vocabulaire anglais. Le terme « depanneur » – privé de son accent aigu – y est défini comme un emprunt de la langue française parlée au Canada, désignant un « *convenience store* », aussi appelé « *corner store* ». Littéralement, « le magasin du coin ». En somme, un petit commerce de proximité.

Ce n'est pas un hasard si le mot a trouvé son origine au Québec. Dans cette province majoritairement francophone de 8 millions d'habitants située au milieu d'un océan de 350 millions d'anglophones, les descendants des premiers colons européens venus s'installer en Amérique du Nord dès le début du 17e siècle – des Français – ont dû, pour préserver leur langue et leur culture, adopter des règles défensives. L'une d'elles concerne la langue d'affichage commercial et favorise la présence du français. L'usage de termes anglais comme « *convenience store* » est proscrit, y compris dans les quartiers dont la population est constituée d'une majorité d'anglophones. On doit lui substituer le mot « dépanneur ». C'est ainsi qu'entourés de « Dépanneur Sherbrooke » ou de « Dépanneur Drummond », les Anglo-Québécois ont intégré le terme dans leur vocabulaire courant. Ils lui ont même donné un diminutif : ils vont chez le « dep ».

Mais avant que le terme soit emprunté, encore fallait-il que le type de commerce qu'il désigne soit inventé. Mélange de tabagie, de kiosque à journaux, de marché d'alimentation, de vendeur de bière, de magasin général et de comptoir de restauration rapide, le dépanneur a connu plusieurs incarnations au cours des 35 dernières années, depuis qu'un homme a décidé d'en faire l'affaire de sa vie. Cet homme, c'est Alain Bouchard. Curieusement, peu de gens connaissent son nom, même au Québec où il a toujours vécu. Il est pourtant l'un des entrepreneurs les plus riches au Canada et l'un des plus honorés par ses pairs sur la planète. Son entreprise multinationale emploie plus de 100 000 personnes et cumule un chiffre d'affaires dépassant les 50 milliards $. Son histoire est celle d'un « *self-made man* » qui, un jour, a eu une idée que plusieurs ont jugée folle : réinventer le deuxième plus vieux métier du monde, celui de marchand de proximité, et fédérer ce secteur commercial en une constellation d'entrepreneurs. « À l'époque, affirme aujourd'hui Réal Raymond, l'un de ses anciens banquiers, tout le monde se moquait de lui autour de la table : le gars voulait faire un empire mondial avec des dépanneurs, pensez-y ! »

L'entreprise qu'il a fondée s'appelle Alimentation Couche-Tard[1], et son siège social se trouve… En fait, elle n'a pas de siège social ! Le terme est banni chez Couche-Tard parce qu'il s'en dégage un parfum de supériorité hiérarchique, une ligne verticale d'autorité décisionnelle à laquelle ses fondateurs sont allergiques. Chez Couche-Tard, dit Alain Bouchard, « nous n'avons pas d'ego ». Les bureaux administratifs de l'entreprise sont des « centres de services », un terme dont le but est de refléter la philosophie organisationnelle du groupe. Les employés qui y travaillent sont « au service » des commerces, et

---

1. Pour faciliter la lecture du texte, nous utiliserons simplement le terme « Couche-Tard ».

non l'inverse. Le bureau personnel d'Alain Bouchard se trouve au rez-de-chaussée et donne sur le stationnement de l'immeuble. Les murs et les plafonds lambrissés de bois, typiques des quartiers généraux des chefs d'entreprises de cette taille, ont ici fait place à des parois de placoplâtre et à des panneaux de cloison sèche. Seule excentricité, un système de son Bang & Olufsen d'un modèle datant du siècle dernier. Alain Bouchard le répète sans cesse : « On ne fait pas un seul cent dans les bureaux. L'argent se gagne dans les magasins. » Parti de la base – comme commis bénévole dans le commerce de son frère – et ayant exercé tous les boulots reliés à ce travail souvent ingrat, Alain Bouchard a trop souffert de devoir appliquer des recettes conçues par un siège social ou un autre, alors qu'il les savait inadéquates ou inhumaines. Pour y avoir été longtemps, il comprend que la lumière peut venir d'en bas. Il en a fait une valeur centrale de l'entreprise : chacun doit y trouver son degré d'importance. Et que la meilleure idée l'emporte.

L'absence d'ego, cela signifie aussi que les chaînes qu'il a acquises partout dans le monde ne portent pas la bannière Couche-Tard. Elles ont conservé leur identité originale ou ont adopté celle d'autres chaînes régionales, elles aussi passées à l'écurie de Couche-Tard. L'entreprise a vite compris que son nom était difficilement exportable. Lors d'une première aventure à l'extérieur du Québec, elle avait confié la traduction de ses prospectus à la célèbre firme Berlitz et découvert avec horreur qu'elle était devenue… une société de remorquage ! Le mot « dépanneur » ne figurant pas encore dans le dictionnaire *Oxford*, on lui avait en effet attribué le sens donné jusque-là par le dictionnaire français *Larousse*, soit celui d'une personne dont le métier est de manœuvrer des remorqueuses. C'est ainsi que les « dépanneurs Couche-Tard » étaient devenus « Couche-Tard Towing ».

* * *

Par analogie, dépanner quelqu'un, c'est lui rendre service. Voilà où prend tout son sens le néologisme «dépanneur» dont Alain Bouchard attribue la paternité à un petit épicier d'un quartier populaire de Montréal dans les années 1970, Paul-Émile Maheu[2]. Voyant sa clientèle s'étioler au profit des supermarchés de plus en plus en vogue comme partout en Amérique du Nord, il avait décidé de réduire son personnel, de diversifier son offre de produits et d'allonger ses heures d'affaires, alors sévèrement réglementées pour les marchés d'alimentation. La formule reprise par Alain Bouchard et plusieurs autres eut un tel succès que le Québec détient aujourd'hui le record nord-américain du plus grand nombre de dépanneurs en proportion de sa population: en moyenne, un dépanneur pour 1200 habitants. C'est trois fois plus qu'en Californie.

La principale raison de ce phénomène est sans doute liée à l'histoire de la prohibition de la vente d'alcool. Le Québec est en effet le seul endroit en Amérique du Nord à n'avoir jamais complètement interdit la vente de produits alcoolisés. Cela a pourtant bien failli se produire en 1918, lorsque le gouvernement provincial adopta une loi imposant une prohibition totale devant entrer en vigueur l'année suivante. Après les États-Unis et les autres provinces canadiennes, le Québec aurait été le dernier territoire du continent à bannir la vente d'alcool. Mais devant le tollé soulevé par cette mesure, le gouvernement fut forcé de tenir un référendum. La majorité des Québécois s'opposa à ce que l'interdiction s'applique à la bière, au vin et au cidre. La vente de bière fut ensuite confiée aux épiciers indépendants, ce qui leur accorda

---

2. Son premier commerce se trouvait dans le quartier Rosemont, au 2601, Saint-Zotique Est.

une source de revenu telle que leur nombre s'accrut au-delà de ce que les seuls besoins alimentaires auraient pu justifier.

* * *

À défaut d'avoir atteint le titre de chaîne de commerces de proximité la plus importante du monde quant au nombre d'établissements – la première position appartient à 7-Eleven, une société contrôlée par des intérêts japonais –, Couche-Tard revendique le premier rang en termes de rentabilité et de qualité.

Comment Alain Bouchard y est-il parvenu? Quelle est la recette d'un tel succès? Quelles valeurs animent cet entrepreneur parti de la base et qui se considère encore comme le gardien de la culture de l'entreprise? C'est à ces questions que ce livre cherchera à répondre, en suivant le parcours à la fois sinueux et exceptionnel d'un homme indissociable de l'entreprise qu'il a bâtie à partir de rien, avec une poignée de fidèles collaborateurs.

CHAPITRE 1

Croquer la Grosse Pomme

25 septembre 2003, New York

La ville venait de commémorer le deuxième anniversaire de l'attaque des tours du World Trade Center, ces jumelles qui ont longtemps symbolisé la suprématie planétaire du capitalisme financier américain. Les cicatrices de leur effondrement étaient encore remuées par des travaux de déblaiement qui semblaient ne pas avoir de fin. Comme le chagrin des familles endeuillées.

À un coin de rue de cet immense chantier, au 1, Liberty Plaza, la vie continuait pourtant. Les affaires aussi, bien que l'immeuble de 54 étages ait subi des dommages importants qui avaient soulevé des doutes quant à l'intégrité de sa structure. Dans une pièce immense située au sommet de ce gratte-ciel, se jouait l'avenir de Couche-Tard. Des deux côtés de la table, se trouvaient des avocats, jeunes et vieux, tous inter-changeables dans leur accoutrement impeccable d'intermédiaires obligés des acquisitions et fusions d'entreprises, dignes représentants de la compagnie pétrolière ConocoPhillips. Ils étaient accompagnés de stagiaires, de sténographes, de secrétaires, de sorte que cette équipe pouvait compter par moments plus d'une trentaine de personnes. Leurs invités n'occupaient qu'une extrémité de la table étant donné leur nombre restreint: un avocat, Me Michel Pelletier[3], et ses clients, deux entrepre-

---

3. Du cabinet Davies Ward Phillips & Vineberg S.E.N.C.R.L., s.r.l. Un deuxième, Me Philippe Johnson, l'assistait principalement en coulisse.

neurs venus du Canada qui s'exprimaient en anglais avec un fort accent français, soit le président fondateur de Couche-Tard, Alain Bouchard, et l'un de ses partenaires, Richard Fortin, responsable des finances du groupe.

Beaucoup de Québécois ont pris l'habitude de se rendre en automobile à New York – la ville est située à cinq ou six heures de route de Montréal – pour y faire des courses lors du long week-end de la fête du Travail, début septembre. Alain Bouchard, lui, n'avait jamais trouvé le temps pour ce genre d'activité. Bientôt la mi-cinquantaine, il foulait le sol de New York pour la première fois de sa vie, et l'achat qu'il venait aujourd'hui négocier au cœur de Manhattan était d'une autre nature. La facture pour acquérir la chaîne Circle K, propriété de ConocoPhillips, allait dépasser le milliard de dollars canadiens. D'un seul coup, il doublerait la taille de l'entreprise qu'il avait fondée 25 ans plus tôt, ce qui en ferait l'un des plus importants réseaux de dépanneurs en Amérique du Nord, devant ceux détenus par les géants pétroliers Exxon et Texaco.

La veille, l'expédition avait mal débuté. Sitôt arrivé à New York, le trio s'était rendu à son hôtel situé à l'extrémité sud de Central Park, pour s'y installer le temps de conclure la transaction. Au mieux, cela allait durer quelques jours, mais plus vraisemblablement les négociations s'étireraient sur quelques semaines. Malencontreusement, il y avait eu erreur dans les réservations, de sorte que les chambres de catégorie régulière que les trois hommes souhaitaient occuper n'étaient pas disponibles. Par courtoisie, l'établissement offrit à Richard Fortin, le premier des trois à se présenter au comptoir, une grande chambre de catégorie supérieure avec une vue magnifique sur Central Park, au tarif régulier. Le suivant, l'avocat Michel Pelletier, obtint la même proposition. « Nous étions très heureux, se remémore-t-il. Et quand est arrivé le tour d'Alain Bouchard, le président, la personne la plus importante du groupe, il n'y avait plus de chambres !» En fait, se souvient-il, rien n'avait été réservé à son nom. Le commis de la réception proposa une solution de rechange au patron et principal actionnaire de Couche-Tard : «Il nous reste une petite chambre, minuscule, au fond de l'hôtel, à l'arrière, dit-il. Sinon, nous avons une très belle chambre, mais il faut payer un surplus pour celle-là.» Pour 600 dollars, il jouirait d'un confort équivalent à celui des chambres de ses deux collègues.

«Alain avait choisi l'armoire à balais», raconte Michel Pelletier qui, embarrassé par la situation, offrit plutôt de troquer sa chambre avec le président de Couche-Tard. «Il avait refusé, disant qu'il n'avait pas besoin de plus que cela. Il affirmait que le lendemain, c'est Richard et moi qui allions négocier, alors il voulait qu'on soit bien reposés pour faire notre travail. Et en plus, il a dit : "Je ne paierai jamais une chambre à ce prix, parce que ce sont les actionnaires qui défraient la facture !"»

Alain Bouchard valait pourtant plusieurs centaines de millions de dollars à l'époque, et il était, de loin, le principal actionnaire de Couche-Tard. Or, l'homme a des principes. Il connaît la valeur de l'argent, comme c'est souvent le cas de ceux qui en ont déjà cruellement manqué.

* * *

Ce voyage à New York était l'aboutissement d'un travail amorcé deux ans plus tôt. Dès 2001, Couche-Tard avait envisagé de prendre une grande bouchée dans les actifs de la compagnie pétrolière américaine qui portait alors le nom de Phillips Petroleum. Le jeu des acquisitions auquel elle se prêtait pour alimenter sa croissance dans les États du sud des

États-Unis avait attiré l'attention du Bureau américain de la concurrence, qui lui avait ordonné de se départir de certains de ses actifs. On trouvait parmi ceux-ci plusieurs stations-service jumelées à des dépanneurs, mais pas en nombre suffisant au goût de Couche-Tard. À quoi bon s'étendre aussi loin, géographiquement, de sa base d'exploitation canadienne pour obtenir une poignée de commerces épars n'ayant aucune chance de former un réseau important sur leur territoire ?

Cette fois, les choses se présentaient sous un meilleur jour. Phillips Petroleum venait de fusionner, en 2002, avec une autre pétrolière, Conoco. La nouvelle entité, ConocoPhillips, regroupait maintenant près de 5000 stations-service avec dépanneurs, de l'Atlantique au Pacifique, ce qui constituait pour elle une trop grosse distraction. Elle souhaitait se recentrer davantage sur ses activités de production jugées plus rentables, en vendant presque la moitié de ses magasins, soit 2200 répartis dans 16 États du sud des États-Unis. La plupart, soit 1650, appartenaient en propre à la pétrolière qui les exploitait sous la bannière Circle K. À elle seule, la valeur de ce parc immobilier était énorme. Trop. Et c'est pourquoi Conoco-Phillips avait ouvert les enchères pour un réseau démembré, offert à la pièce, espérant en tirer un meilleur prix au total.

Le vendredi 9 mai 2003, la pétrolière remit aux acheteurs potentiels un cahier d'information décrivant l'entreprise, ses actifs et passifs, ses ventes et bénéfices. Couche-Tard se retrouvait en compétition avec de très gros joueurs, dont d'immenses fonds d'investissement, des prédateurs financiers à la recherche d'occasions de placer leur fortune, souvent à court terme. Les quatre actionnaires et partenaires de Couche-Tard – Alain Bouchard, le président-fondateur, Jacques D'Amours, le gestionnaire, Richard Fortin, le financier, et Réal Plourde, l'opérateur – n'avaient ni cet argent ni cette intention.

Ils passèrent le week-end à décortiquer la note d'information confidentielle pour y dénicher la meilleure occasion de poursuivre leur expansion dans le marché américain, avec l'objectif de réaliser un jour ce qu'ils avaient déjà accompli au Canada : devenir le plus gros. Devraient-ils acheter la portion Est, Floride, Georgie et les deux Caroline ? Ou y aller pour la pièce de résistance, l'Arizona, qui comptait à elle seule plus de 500 commerces ? Ou alors vaudrait-il mieux céder au rêve californien où l'immobilier est hors de prix, mais l'économie, tellement dynamique et le climat plus accueillant ?

Le dimanche suivant, le quatuor se rendait à Tempe en Arizona, en banlieue de Phoenix, où se trouvait le siège social de Circle K. Le lendemain, il devait assister à la présentation de l'offre du vendeur. Cela laissait peu de temps, mais assez pour que les quatre partenaires fassent ce qu'ils savaient faire le mieux : aller visiter en personne, incognito, le plus grand nombre possible de commerces du groupe pour en évaluer le mode de fonctionnement, en mesurer l'efficacité et imaginer leur potentiel de performance s'ils étaient gérés par les meilleurs opérateurs, c'est-à-dire eux. Arrivé en Arizona la veille de la présentation, le groupe y consacra donc toute la journée du dimanche, une journée éprouvante pour ces citoyens du Nord, car le mercure atteignit ce jour-là 117 degrés Fahrenheit (47 degrés Celsius), soit bien au-delà de leur seuil maximal de tolérance. Au terme de cette tournée éclair, ils en conclurent que Circle K souffrait de problèmes sérieux. Centralisation excessive, retards informatiques importants, manque d'entretien, formation du personnel déficiente, coûts de gestion beaucoup trop élevés. C'était parfait !

Le lendemain matin, les quatre partenaires se mirent rapidement d'accord : « On devrait avaler tout le morceau », soit les 2200 commerces, dit Réal Plourde. À condition, bien sûr, de pouvoir financer une telle acquisition. «J'ai demandé à Richard : "Peux-tu trouver l'argent ?" Il m'a répondu : "Peux-tu opérer ça ?"»

Bien sûr qu'ils le pouvaient. À plusieurs reprises, Couche-Tard avait doublé, voire quadruplé de taille d'un seul coup au cours de sa fulgurante ascension. Ses dernières acquisitions lui avaient permis de mettre au point un mode opérationnel unique, à la fois décentralisé et intégré. L'entreprise le pouvait aussi parce que son équipe dirigeante était constituée des quatre hommes qui l'avaient bâtie de leurs mains – littéralement – et avaient vécu la vie de petits commerçants, avec ses succès et ses échecs. Chaque revers les avait soudés davantage. Chaque défi les avait rendus plus forts, plus efficaces, plus redoutables. Certains concurrents ont pu les sous-estimer à cause de leur connaissance imparfaite de la langue anglaise, eux qui sont pourtant citoyens du continent nord-américain depuis plusieurs générations. Mais ces quatre hommes savaient où ils allaient comme ils savaient d'où ils venaient.

CHAPITRE 2

La vie avant

La vie d'Alain Bouchard se divise en deux temps. « Il y a eu, dit-il, la vie avant et la vie après », une fracture nette et précise séparant son existence en deux périodes distinctes. Cet événement charnière pourrait être la décision de fonder sa propre entreprise, de l'inscrire en Bourse, ou encore l'une de ses acquisitions multimilliardaires. Or, le basculement qui l'a marqué le plus profondément, comme une déchirure, s'est produit beaucoup plus tôt. Alors qu'il n'était âgé que de 9 ans, son père, son idole, dur travailleur et fier entrepreneur, a été poussé à la faillite, entraînant dans la pauvreté ses enfants et son épouse, Rachel.

La vie de Jean-Paul Bouchard n'avait pas été facile jusque-là. Il était un homme de son temps dans le Québec essentiellement rural de l'époque. L'instruction publique y était rudimentaire, offrant à peine ce qu'il fallait pour arriver à se débrouiller en lecture et en calcul. Après trois années d'études primaires, beaucoup – comme lui – se retrouvaient sur le marché du travail, condamnés aux travaux manuels dans les champs, les bois, les mines ou les usines. Tel était l'ordre des choses dans ce pays immense, dont on disait qu'il avait beaucoup de géographie et peu d'histoire.

Cependant, Jean-Paul Bouchard avait de l'ambition. À force de persévérance et de débrouillardise, il fonda une entreprise d'excavation spécialisée dans la construction de routes forestières à Chicoutimi, ville située à 200 kilomètres au nord de la capitale provinciale. Chicoutimi est un terme tiré de la langue des Montagnais, les autochtones qui peuplaient la région et dont les descendants y vivent toujours. Il signifie «enfin profond», et il désigne le lieu de rencontre de plusieurs affluents de la majestueuse rivière Saguenay⁴. La région appelée le Saguenay–Lac-Saint-Jean, ouverte à la colonisation par des jésuites français à partir de 1652, devint rapidement le centre du commerce des fourrures de la Nouvelle-France. Bientôt, on transigea davantage de pelleteries à Chicoutimi que dans tous les autres postes de traite du Canada réunis, de quoi recouvrir les épaules de la noblesse et des élites politiques, marchandes et ecclésiastiques de toute l'Europe. Aucune autre région du Québec n'est un meilleur exemple de l'enracinement en terre d'Amérique de ces descendants des premiers colonisateurs venus de France: encore aujourd'hui, le français est la langue maternelle de 97% de la population du Saguenay–Lac-Saint-Jean.

Après la Conquête britannique du Canada, en 1760, l'économie de la région passa aux mains des marchands anglophones qui prirent le contrôle du commerce des fourrures et, plus tard, de la principale ressource: le bois. Cent mille kilomètres carrés de forêt boréale vierge entourent alors le lac Saint-Jean. Un premier moulin à scie y est construit par Peter McLeod vers 1810, alimenté en énergie hydraulique par une rivière qui en tirera son nom, la rivière du Moulin. C'est dans le quartier Rivière-du-Moulin, situé à l'est de Chicoutimi, qu'Alain Bouchard verra le jour au milieu de l'hiver 1949.

---

4. Saguenay est un autre nom emprunté à la langue montagnaise, dès 1535, par le navigateur français Jacques Cartier. Il signifie «source de l'eau». Pour les Montagnais, cette rivière bordée de falaises escarpées menait à un royaume imaginaire. L'expression a survécu jusqu'à nos jours, plusieurs désignant la région comme «le royaume du Saguenay».

Alain Bouchard est le deuxième fils de la famille. Il a un frère aîné, Gilles. Dans les deux années qui suivirent sa naissance, deux autres enfants s'ajoutèrent, deux filles, Christiane et Nicole. La société québécoise d'alors est profondément imprégnée des valeurs catholiques. Le clergé y contrôle plusieurs aspects de la vie qui, ailleurs, relèvent généralement de l'État: l'éducation, la santé, les services sociaux. Jusqu'à ce que le Québec se dote d'un ministère de l'Éducation – il ne sera créé qu'en 1964 –, l'enseignement dans la province est entièrement prodigué par les communautés religieuses. Qui veut s'instruire a intérêt à avoir la vocation pour les ordres ou à disposer d'importants moyens financiers. Les hôpitaux sont aussi la propriété de congrégations religieuses, comme les orphelinats et les asiles. Dans ce contexte, la pratique de la foi constitue une obligation sociale à laquelle il est difficile de se soustraire. «Peuple à genoux, attends ta délivrance», proclame le *Minuit, chrétiens,* le chant emblématique de la messe de Noël. L'injonction prend tout son sens dans la conception rigoriste du catholicisme romain prêché par le clergé québécois, en particulier en ce qui a trait à la limitation des naissances: il est formellement interdit d'«empêcher la famille» et encore davantage d'enseigner les méthodes de contraception. Ainsi, on trouve souvent à cette époque des familles comptant une douzaine d'enfants. Quelques «chanceux» en ont plus de 20! Cette fécondité exceptionnelle – le Québec a pu se vanter d'avoir le plus haut taux de natalité du monde – sert aussi un dessein nationaliste: citoyens de l'Empire britannique, coupés pendant des siècles de leurs liens économiques et culturels avec la France, noyés par des flots d'immigration majoritairement anglophone, les 60 000 Canadiens français présents au moment de la Conquête, en 1760, sont engagés dans un combat pour la survie de leur culture et de leur langue. Et c'est au lit qu'ils vont racheter la défaite de l'armée française devant les troupes anglaises du général Wolfe sur les plaines d'Abraham, à Québec : c'est ce qu'on appellera la « revanche des berceaux ».

* * *

Alain Bouchard conserve un souvenir idyllique de son enfance. Les affaires de son père allaient rondement. Il possédait une carrière de laquelle on extrayait du sable et du gravier pour construire des routes, au bénéfice des entreprises forestières de la région. Sa famille prenant de l'expansion, Jean-Paul Bouchard avait pu acquérir sa première maison dans le quartier du Bassin, un secteur situé près du centre-ville, qui sera presque entièrement détruit lors du déluge qui surviendra 40 ans plus tard[5]. Son épouse, Rachel Gagnon, plus instruite que lui puisqu'elle avait complété sa 7e année de cours primaire, l'appuyait en s'occupant de la tenue de livres.

Les années 1950 ont représenté une période de grande transformation pour la région : au début de la décennie, Chicoutimi fut enfin reliée au reste du monde par une route allant jusqu'à Québec, ce qui mit fin à 300 ans d'insularité pour les résidants du Royaume du Saguenay. Auparavant, il fallait prendre un bateau pour en sortir. Un fort sentiment d'appartenance régionale avait résulté de cet isolement forcé, une singularité reconnaissable dans les intonations particulières de

---

5. Cet événement météorologique extrême, surnommé « le déluge du Saguenay », est survenu du 19 au 21 juillet 1996. Par endroits, on a enregistré en 48 heures des précipitations de 275 mm de pluie, alors que les bassins des barrages de la région étaient déjà pleins. La crue des rivières emporta maisons, routes et ponts, puis le torrent se rendit jusqu'au centre-ville où il détruisit tout le quartier du Bassin, situé au confluent de la rivière Chicoutimi et du Saguenay, à l'exception de l'église et d'une petite maison blanche, transformée depuis en musée. Le déluge, auquel on attribue 10 décès, mena à l'évacuation de 16 000 personnes et causa des dommages évalués à 1,5 milliard $.

son accent et jusque dans l'attitude de ses citoyens : les résidants du Saguenay ont la réputation d'être des gens fiers, parfois orgueilleux.

Le succès de l'entreprise de Jean-Paul Bouchard était étroitement lié à l'essor économique d'après-guerre aux États-Unis et à l'appétit vorace des journaux américains pour le papier issu des forêts de la région. Il fallait bien construire davantage de routes pour aller chercher les arbres toujours de plus en plus loin ! C'est pourquoi un entrepreneur lui accorda le contrat prometteur qui allait enfin faire de lui un homme prospère. L'entente se conclut par une simple poignée de main, sur l'honneur, selon une coutume locale dont on retrouve encore des traces aujourd'hui dans cette région où tout le monde semble se connaître. Pour réaliser les travaux, Jean-Paul Bouchard se procura de nouveaux équipements lourds permettant d'arracher des arbres, et il se mit à l'ouvrage, défrichant des voies de passage à travers la dense forêt pendant toute une saison hivernale. Puis pendant une autre, sans que l'entrepreneur ne le paie pour son travail. « L'entrepreneur a fait faillite et mon père y est passé aussi, il a tout perdu, raconte Alain Bouchard. J'avais 9 ans à l'époque. Pour moi, cela a été un point tournant. Dans ma tête d'enfant, il y a la vie avant et la vie après. La vie quand mon père était un entrepreneur, c'était une belle vie. Quand mon père a tout perdu, ce n'était plus une belle vie. »

Alain Bouchard inventerait un jour la sienne, mais à 9 ans, il fut entraîné dans les déboires de son père. Dépossédé de son entreprise et de sa maison, Jean-Paul Bouchard dut s'exiler sur la Côte-Nord, près de Baie-Comeau, avec son épouse et leurs cinq enfants. Un troisième fils, Serge, venait en effet de se joindre à la famille. Ils s'entassèrent alors dans une maison mobile, dernier refuge des ouvriers les plus pauvres.

Son père s'était fait avoir. Il était mal équipé pour gérer son entreprise, mal entouré ; il manquait de formation ; il avait fait un mauvais suivi de ses comptes recevables ; il avait trop fait confiance. Le jeune Alain n'oublierait jamais la leçon qui avait coupé sa vie en deux.

Si l'humanité repose sur deux principaux piliers pour sa perpétuation, l'amour de la mère et la protection du père, elle compte aussi sur un puissant ressort pour avancer (ou reculer, selon le cas) : le désir du fils de venger l'honneur bafoué de ses parents.

CHAPITRE 3

Le prix de l'échec

Si seulement Jean-Paul Bouchard avait pu recommencer sa vie à neuf. Il en aurait été capable, mais la loi sur les faillites de l'époque était sans pitié. Il dut traîner avec lui des dettes qu'il mit 10 ans à rembourser. Toute la famille en a payé le prix. «Avant, se rappelle Alain Bouchard, nous buvions du lait entier, avec de la crème sur le dessus. Après, c'était du lait en poudre et notre viande était du baloney[6]. Ça a été des années très dures.»

Déracinés de la ville où ils avaient grandi, les enfants se retrouvaient loin de leurs amis, à vivre dans une maison mobile exiguë. Leur père était absent du matin à tard le soir, sept jours par semaine, parce qu'il devait cumuler deux emplois de mécanicien dans des garages de Baie-Comeau et de Haute-Rive. Puis, il trouva un meilleur emploi, mieux rémunéré, dans les mines perdues de Wabush et Labrador City, à plusieurs centaines de kilomètres de sa famille. Il y partait deux ou trois mois à la fois, abandonnant à leur sort son épouse et les enfants. Un sixième était en route. C'en était trop. Leur mère n'a pas tenu le coup. Peu après la naissance de Suzanne, atteinte d'une grave dépression, Rachel Bouchard perdit contact avec la réalité. La chute avait été si brutale. Tout ce qu'ils avaient bâti s'écroulait. À Chicoutimi, la mère possé-

---

6. Saucisson de Bologne, l'une des charcuteries les moins chères. Le terme «baloney» a souvent une connotation négative qui exprime le manque de qualité, la pauvreté.

dait sa propre voiture, ce qui se faisait de mieux, une Cadillac. Maintenant, la famille roulait dans «un bazou», une vieille épave, déglinguée comme leur vie. Comme sa vie. Il fallut se résoudre à l'interner dans une institution psychiatrique. La plus rapprochée, l'hôpital Saint-Michel-Archange de Québec, mieux connue sous son ancien nom, «l'Asile», se trouvait à plusieurs centaines de kilomètres du domicile de la famille.

Combien de temps mettrait-elle à guérir? Quand reviendrait-elle à la maison? Personne ne pouvait répondre à ces questions que les enfants répétaient sans cesse, pendant qu'une autre se faisait aussi pressante: comment la famille allait-elle gérer cette absence alors que le père était parti du matin au soir et qu'il y avait six enfants à la maison, dont un bébé naissant? La fille aînée, Christiane, avait à peine plus de 10 ans. Et pourtant elle dut se sacrifier, quitter l'école pour devenir la mère de substitution de cette tribu égarée au milieu des bois et de la neige.

* * *

Au printemps 1960, un vent de renouveau soufflait sur le Québec. La province était gouvernée depuis près de 15 ans par le premier ministre Maurice Duplessis, chef du parti de l'Union nationale, une véritable bête politique. Il pouvait être à la fois charmant, autoritaire et démagogue. Ses idées conservatrices et rétrogrades en faisaient un proche allié des industriels et du clergé catholique, au point où son décès, en 1959, marqua la fin d'une période qui vint à porter une dénomination plutôt sinistre: la «grande noirceur». Les élections du 22 juin 1960 laissaient présager une nouvelle ère. Le slogan électoral du principal parti d'opposition, le Parti libéral, résumait bien un état d'esprit généralisé: «C'est le temps que ça change.»

Alain Bouchard venait tout juste d'avoir 11 ans lorsqu'il fut recruté pour distribuer de porte en porte les dépliants électoraux de cette «équipe du tonnerre» dirigée par Jean Lesage, qui allait ouvrir au Québec la voie de la modernité. Le quartier général de la campagne libérale se trouvait près de chez lui, et on le convia à participer à ce moment historique… en lui offrant du Coca-Cola gratuit en échange de ses services. Ce fut sa seule activité de militantisme politique à vie, et elle tint sans doute davantage des circonstances que de ses convictions personnelles.

Alain Bouchard ne s'en doutait pas encore, mais la victoire libérale à laquelle il avait modestement contribué allait avoir des conséquences importantes sur son avenir et sur celui de sa famille. Sitôt élu, le gouvernement Lesage multiplia les réformes économiques et sociales. L'une des plus ambitieuses, pilotée par le bouillant René Lévesque, un ancien journaliste vedette de la Société Radio-Canada devenu ministre des Ressources naturelles, proposait de nationaliser les entreprises de production d'électricité qui exploitaient l'immense richesse hydraulique du Québec et se partageaient géographiquement le marché de la province. La demande d'énergie étant à la hausse grâce au développement industriel rapide auquel on assistait, les Québécois, plaidait René Lévesque, devaient utiliser cette ressource naturelle abondante et renouvelable leur appartenant à tous, l'eau, pour en obtenir un avantage concurrentiel. La société d'État Hydro-Québec pourrait produire et vendre l'électricité à bas prix afin d'attirer de nouvelles entreprises dans la province. Elle en était capable : elle était déjà en train de construire sur la Côte-Nord, près de Baie-Comeau, les plus grands barrages de la planète.

Le projet de nationaliser les centrales hydroélectriques existantes ne faisait pas consensus. Le milieu des affaires s'y opposa fermement. Les banques, regroupées en syndicat financier, véritable club privé anglophone de Montréal, firent front commun pour bloquer cette aventure économique aux allures d'émancipation nationale. Soyons «Maîtres chez nous», proclama alors le premier ministre Jean Lesage, qui soumit son plan aux électeurs québécois lors d'une élection anticipée en 1962. Ce cri de ralliement résonna comme un signal de réveil, un sursaut d'affirmation nationale des francophones du Québec. Peuple peu instruit et trop fécond, il représentait un bassin de *cheap labour* pour les industriels anglo-saxons du continent qui y multipliaient les usines manufacturières de textile et de chaussures. La population y trouvait du travail répétitif et mal rémunéré, aujourd'hui confié aux pays dits «en voie de développement», les nouveaux réservoirs de misère de la planète. À l'époque, c'est le Québec qui remplissait cette fonction en Amérique du Nord. Le salaire moyen des hommes francophones – les femmes, n'en parlons même pas – s'élevait à 52 % de celui des hommes anglophones, qu'ils soient bilingues ou qu'ils ne s'expriment qu'en anglais. Moitié moindre! Dans cette province de 4 millions d'habitants dont plus de 85 % étaient francophones[7], 83 % des cadres et des administrateurs étaient anglophones. Ils pouvaient y vivre sans avoir à s'exprimer dans la langue de la majorité. En fait, révéla une commission d'enquête fédérale[8], les anglophones unilingues avaient un revenu supérieur à ceux qui étaient bilingues! C'est ainsi que dans l'échelle des revenus les plus élevés, l'on trouvait tout en haut les citoyens d'origine britannique et, en 12e place, les

---

7. Un demi-siècle plus tard, en 2015, le Québec compte 8 millions d'habitants, dont 78 % ont le français comme langue maternelle.
8. La Commission royale d'enquête sur le bilinguisme et le biculturalisme fut instituée en 1963 par le gouvernement canadien. On l'appelle aussi la commission Laurendeau-Dunton, du nom de ses coprésidents, André Laurendeau et Davidson Dunton.

Canadiens français. Ils ne devançaient que les Italiens et les Amérindiens. Cela aurait pu être attribuable au retard des francophones en matière d'éducation. Or, démontra la commission, à niveau égal d'instruction, les Canadiens français avaient un revenu inférieur à celui de tous les autres groupes linguistiques, une situation qui ne faisait que se dégrader depuis les années 1930.

*   *   *

Alain Bouchard entrait à peine dans l'adolescence lorsque cette bataille autour du «Maîtres chez nous» secoua le Québec. Chez lui, il y avait d'autres problèmes plus préoccupants. Il garde un souvenir déchirant de ses visites à l'hôpital psychiatrique Saint-Michel-Archange, à Québec, où sa mère resta enfermée pendant deux ans, «soignée» à coups de bains glacés. Ce traitement n'arrivant pas à guérir sa dépression, les médecins envisageaient de lui faire subir une lobotomie; elle y échappa de justesse. Chacune des visites d'Alain ressemblait à la précédente et se terminait dans les supplications. «Elle me disait: "Alain, sors-moi d'ici."» Et il devait lui expliquer qu'il n'y pouvait rien, qu'il aimerait bien la ramener avec lui, mais qu'il n'avait pas l'autorité pour obtenir son congé de l'hôpital. Puis, de retour à la maison, il plaidait auprès de son père, espérant le convaincre que les enfants pourraient s'occuper d'elle bien mieux que les apprentis sorciers de Saint-Michel-Archange.

C'était pourtant impossible. Le père savait bien qu'il ne pourrait ramener sa femme dans la maison mobile où ils seraient alors huit, puis l'y abandonner pendant des mois alors qu'il partirait au chantier. Ce serait la replonger dans le cauchemar qui l'avait fait sombrer.

La vie des enfants Bouchard s'organisait tant bien que mal, la mère à l'hôpital, le père absent. Lorsqu'il était brièvement de retour, Jean-Paul Bouchard pratiquait avec eux une activité qui les marqua tous profondément. Il les entassait dans sa vieille automobile, puis les conduisait dans une tournée des commerces de la région : garages, quincailleries, restaurants, parcs de maisons mobiles. Il ne rêvait que d'une chose, repartir en affaires, et il entraînait toute sa marmaille avec lui dans cette quête d'une dignité retrouvée. Ainsi, la curieuse bande débarquait à l'improviste, examinait les lieux, interrogeait le propriétaire à propos de son chiffre d'affaires, de l'achalandage, du coût du loyer, des inventaires, des employés, de leur salaire, de la marge bénéficiaire et du prix de vente. Puis le père, qui n'avait qu'une troisième année et qui savait à peine compter, se tournait vers son fils Alain. « Il me demandait : "Alain, fais-moi le calcul." » À 12 ans, on lui confiait en quelque sorte la responsabilité de comprendre les rouages d'un commerce, d'imaginer un moyen d'en influencer les variables afin de le rentabiliser. Afin, surtout, de manger à sa faim, de venger l'honneur de son père, de remonter le moral de sa mère. Afin que le bonheur revienne habiter avec eux, comme avant. On peut difficilement imaginer le poids de la responsabilité qui se cachait derrière cet exercice de calcul mental et la marque profonde qu'il a gravée dans son esprit.

Jean-Paul Bouchard espérait remettre sa vie sur les rails. Il allait plutôt tracer la voie de celle de ses enfants : « Il nous entrait dans la tête qu'il valait mieux être à son compte. On a tous enregistré ça. » Chacun d'eux deviendra par la suite entrepreneur, sera son propre patron. Mais aucun n'aura le succès d'Alain Bouchard qui, 50 ans plus tard, sera l'un des hommes d'affaires les plus prospères du Québec. Pourtant, son père lui prédisait un autre destin. «Il me disait: "Toi, tu vas être mon ingénieur." Il voulait que je devienne ingénieur parce qu'il avait toujours travaillé sur des chantiers de construction.» Dans le monde de Jean-Paul Bouchard, les ingénieurs étaient les gens les plus instruits, ceux qui dirigeaient. Leur avenir était assuré avec la multiplication des chantiers hydroélectriques, miniers et industriels sur la Côte-Nord du Québec.

* * *

Jean-Paul Bouchard n'avait pas étudié la mécanique. Il avait appris le métier par lui-même en réparant la flotte de véhicules de son entreprise de construction de routes. S'il ne détenait pas de diplôme, il s'était fait un nom, une réputation de travailleur appliqué et infatigable. C'est ce qui lui permit de décrocher un bon emploi au service d'Hydro-Québec, à l'entretien et la réparation de la machinerie hydraulique des chantiers de la Manic[9].

Ce nouveau travail força la famille à déménager encore plus au nord, à Micoua, un cantonnement temporaire installé au milieu de la forêt, sur un sol glaiseux, le long de la route 138 qui relie Manic 2 et Manic 5. Ce village improvisé, destiné à disparaître à la fin des travaux, regroupait quelques centaines de travailleurs logés dans de simples roulottes, souvent avec

---

9. Plusieurs centrales hydroélectriques furent érigées le long de la rivière Manicouagan. Les travaux de Manic 5, longtemps le plus grand barrage à voûtes multiples du monde, ont débuté en 1959 et se sont terminés en 1970. Il retient un immense réservoir de 2000 km², visible de l'espace, que l'on surnomme l'«œil du Canada» à cause de sa forme particulière. Il recouvre en effet une dépression provoquée par l'un des plus gros météorites ayant frappé la Terre, d'où son aspect sphérique. Parmi les autres barrages importants construits sur cette rivière tumultueuse, mentionnons celui de Manic 2, dont la centrale fut mise en service en 1965. Elle porte aujourd'hui le nom de Centrale Jean-Lesage, pour honorer la mémoire de celui qui fut premier ministre du Québec de 1960 à 1966.

leur famille. Finis les exils qui se prolongeaient pendant plusieurs mois.

Micoua n'avait pas de rue principale, et son seul commerce était une épicerie aux allures de magasin général. Pourtant, la vie y était agréable, se rappelle Alain Bouchard. Une vie simple, comme un goût de liberté. « J'ai adoré ça. J'y ai découvert la pêche, la nature. » C'est là que sa mère mit fin à son long exil et reprit sa place dans la famille. Paradoxalement, ce fut également le moment où les enfants les plus grands durent partir pendant des périodes de plusieurs mois pour étudier à l'extérieur, puisqu'il n'y avait aucune école secondaire à proximité.

C'est ainsi qu'à 15 ans, Alain Bouchard alla poursuivre ses études à l'école Monseigneur-Taché de Rivière-du-Loup, sur la rive sud du fleuve Saint-Laurent, à plusieurs centaines de kilomètres de Micoua. Il y habitait dans un pensionnat externe, le Foyer Patro, tenu par des prêtres dont les jeunes garçons avaient intérêt à se tenir loin. « Ce n'est pas une légende urbaine », dit-il. Ce furent tout de même pour lui de belles années, car il aimait étudier. À la fin des classes, en juin, il revenait à Micoua où il fit, sans le savoir, ses premières armes comme « dépanneur ». Sa mère avait en effet trouvé un bon filon pour arrondir les fins de mois : tous les matins, elle confectionnait des sandwiches que son fils, Alain, allait vendre aux ouvriers sur les chantiers des environs. Il leur offrait aussi des boissons gazeuses achetées au prix du gros, ce qui permettait de maximiser les bénéfices. Ses deux premiers étés à Micoua furent ainsi divisés entre ce travail le matin et, en après-midi, la pêche dans les rivières poissonneuses de la région en compagnie de ses amis.

Bien qu'éloignés du monde moderne, ces jeunes garçons n'en étaient pas entièrement coupés. Chubby Checker venait de lancer le twist. Elvis Presley donnait un visage respectable au rock and roll. Les Beatles arrivaient en Amérique avec leurs chansons yé-yé rythmées par la plus grande idole du groupe, le batteur Ringo Starr. Alain Bouchard se voyait bien dans ce rôle, et il s'acheta une batterie. Il puisa ensuite dans ses économies pour financer ses partenaires et leur permettre d'acheter les autres instruments, mais l'aventure musicale fut de courte durée.

Dès qu'il eut 16 ans, il prit un emploi d'été plus stable au comptoir forestier, sorte de magasin général situé sur l'un des chantiers hydroélectriques. On y vendait de tout, aussi bien de l'épicerie que des vêtements et des armes à feu. Il s'agissait d'un poste enviable pour un étudiant, mais Alain Bouchard sentait que cela ne pourrait pas durer. Il n'avait pas encore complété son cours préparatoire aux études supérieures. À quoi bon? Bien que son père ait souhaité qu'il devienne ingénieur, il n'avait pas les moyens financiers de l'inscrire à l'université. Si on lui avait demandé son avis, Alain Bouchard aurait préféré étudier en gestion ou en commerce. Peu importe, c'était une autre idée folle. Mais alors quoi? Un travail d'ouvrier sur les chantiers? Dans son entourage, tout le monde rêvait d'être embauché à Hydro-Québec. Très peu pour lui. «Je savais qu'il n'y avait pas d'avenir pour moi sur la Côte-Nord. Surtout, je voulais démarrer ma propre entreprise. Je n'avais que ça dans la tête. Je me disais: je vais aller à Montréal, je vais amasser de l'argent et je vais partir à mon compte.» En somme, il lui restait à inventer sa vie.

CHAPITRE 4

La découverte d'un métier

En 1967, Alain Bouchard arriva à Montréal. La métropole recevait cette année-là l'Exposition universelle, qui attira plus de 50 millions de visiteurs curieux d'y découvrir le monde à travers les pavillons de 60 pays. Mais le jeune homme de 18 ans ne fut pas l'un d'eux. Explorer Montréal, admirer ses gratte-ciel qui se targuaient d'être les plus hauts de tous les pays du Commonwealth, sentir la vie trépidante de la cité, cela suffisait à l'éblouir. Comment ce garçon déambulant le nez en l'air comme un touriste fraîchement sorti de sa campagne reculée allait-il trouver sa place dans cette ville qui lui semblait démesurée et dont il ne connaissait rien ?

Jusqu'à son arrivée à Montréal, Alain Bouchard n'avait jamais lu un journal. Il n'y en avait tout simplement pas à la maison. Une partie des grands soubresauts de la décennie lui avait donc échappé. Le monde était en ébullition, bousculé par les mouvements d'indépendance nationale et par la rivalité Est-Ouest, qui s'exprimait aussi bien dans l'espace que sur Terre, en particulier au Vietnam. Aux États-Unis, la révolte grondait chez les Noirs et dans la génération née immédiatement après la Seconde Guerre mondiale, ces baby-boomers qui rêvaient de changer le monde. Au Québec, les transformations sociales et politiques survenues depuis 1960 étaient telles que cette période en vint à être désignée par une expression unanimement acceptée : la Révolution tranquille. On l'a ainsi baptisée en grande partie à cause de la rapidité avec laquelle les mœurs et les institutions s'affranchirent de la tutelle de la religion catholique, permettant la création d'un État laïc moderne. Cette « révolution » ne fut cependant pas toujours tranquille. À partir de 1963, quelques jeunes idéalistes pressés, partisans de l'indépendance politique du Québec, s'inspirèrent des mouvements de libération nationale des continents africains et sud-américains, et en adoptèrent les méthodes : les bombes et autres actions d'éclat. Le Front de libération du Québec (FLQ) évoquait, dans son appellation, le Front de libération nationale (FLN), grâce auquel l'Algérie venait tout juste d'arracher à la France, en 1960, la fin de son statut de colonie.

Peu porté sur ces grands débats, Alain Bouchard entretenait une relation plus personnelle et urgente avec la notion d'indépendance : il lui fallait vite se trouver un logement et un travail pour subvenir à ses besoins. Il s'installa dans un petit appartement rue Saint-Germain, dans un quartier ouvrier de l'est de Montréal, et obtint rapidement un emploi dans une usine de fabrication de biscuits située non loin de là. Montréal possédait cette particularité d'être divisée géographiquement et démographiquement par une ligne de démarcation – presque chirurgicale à l'époque – constituée par le boulevard Saint-Laurent. À l'est se trouvaient les francophones ; à l'ouest, les anglophones. Et coincés au milieu, le long de la rue Saint-Laurent, « la Main », comme n'osant pas prendre parti pour les uns ou pour les autres, se trouvaient le quartier chinois, le quartier portugais, le quartier grec, le quartier juif et la Petite Italie.

Ne parlant pas anglais, incapable d'entretenir la moindre conversation dans cette langue dont la maîtrise est pourtant exigée par beaucoup d'employeurs à Montréal, principalement dans les fonctions reliées à l'administration, à la finance, aux services et au commerce, Alain Bouchard se vit confier un travail routinier et sans envergure : transporter des plateaux de biscuits vers les employés chargés de leur emballage. La tâche ne demandait pas beaucoup de jugement, mais elle présentait un énorme avantage pour un homme célibataire : les préposées à l'emballage étaient toutes des femmes et, pour la plupart, jeunes ! C'est donc avec consternation qu'il apprit un jour qu'on lui accordait une promotion au département de l'expédition, où il ne serait plus en contact avec les filles. Malgré l'augmentation de salaire qu'on lui offrait, il choisit de quitter l'usine pour une autre, largement dominée par la main-d'œuvre féminine, une manufacture de vêtements. Encore une fois, ce ne fut pas pour ses qualités intellectuelles qu'on l'engagea. Lors de l'entrevue d'embauche, le superviseur le sélectionna après avoir comparé la vigueur de ses biceps à celle des biceps d'un autre candidat ! On cherchait un homme capable de soulever à bout de bras de lourdes bobines de fil pour alimenter les bruyantes tisseuses mécaniques.

* * *

Alain Bouchard ne fut pas longtemps coupé de sa famille. Quelques mois après son arrivée à Montréal, son père décida de venir lui aussi y tenter sa chance, avec femme et enfants. « Il a accroché la roulotte à son camion de transport et il s'est garé à Laval sur un terrain loué à un agriculteur. » Laval, longtemps décrite comme la banlieue dortoir de Montréal, est aujourd'hui la troisième ville en importance au Québec. À l'époque, il s'agissait surtout d'un vaste enclos de terres agricoles promises à un développement résidentiel et commercial désordonné, tandis que Montréal attirait les tours à bureaux et les usines. Les compétences en mécanique hydraulique de Jean-Paul Bouchard y seraient en forte demande.

Le fils aîné de la famille Bouchard, Gilles, choisit pour sa part de se lancer en affaires en achetant un commerce d'un nouveau genre situé à proximité de Laval : une épicerie affiliée à une laiterie. La formule avait pris naissance une quinzaine d'années plus tôt en Ontario, avec la chaîne Becker. Il s'agissait d'un réseau de petits marchés d'alimentation spécialisés dans la vente de produits laitiers maison. En somme, la laiterie, propriété de l'homme d'affaires d'origine grecque Frank Bazos, s'était donné son propre réseau de distribution, calqué sur le modèle d'intégration verticale des grandes sociétés pétrolières, avec leurs stations-service.

Au Québec, un autre membre de la famille, Robert Bazos, avait entrepris de reproduire ce concept à partir d'une laiterie située à Laval. Coup de génie de marketing, il avait donné à sa chaîne le nom de Perrette[10].

À cette époque, tous les francophones du Québec avaient entendu, enfants, cette fable écrite au 17e siècle par Jean de La Fontaine, intitulée *La laitière et le pot au lait*. Plusieurs ont dû la mémoriser à l'école, un exercice en soi inutile mais qui avait l'avantage d'occuper les écoliers pendant des heures. Le texte débutant par cette phrase : « Perrette sur sa tête ayant un pot au lait », les Québécois francophones associaient naturellement le nom Perrette aux produits laitiers. De plus, Robert Bazos eut l'idée de vendre le lait dans des contenants de plastique consignés. Plutôt que de les jeter après usage et de perdre la valeur de la consigne, les clients avaient intérêt à rapporter leur « pot au lait » chez Perrette – seul distributeur de la marque – pour en acheter un nouveau. Bazos s'assurait ainsi de la fidélité de sa clientèle, tout en espérant qu'elle profite de ses visites dans ses magasins pour se procurer d'autres

---

10. Le premier magasin Perrette situé au Québec a ouvert ses portes en 1961. Quatre ans plus tard, la chaîne comptait une quarantaine d'établissements.

produits d'épicerie, des cigarettes ou des journaux, que vendaient aussi les Perrette.

Avantage supplémentaire, les marchés Perrette bénéficiaient d'une exception dans la loi réglementant les heures d'ouverture des commerces. La plupart, dont les chaînes d'épicerie, devaient fermer leurs portes à 18 h, du lundi au samedi. Le dimanche, jour du Seigneur, la règle générale imposait un temps d'arrêt des activités commerciales. Certains, comme les postes d'essence, étaient soustraits à ces restrictions, puisqu'ils offraient un produit de première nécessité. Le même principe permettait aux petits épiciers indépendants de continuer à servir leurs clients tard en soirée et le dimanche, mais uniquement pour la vente de pain, de lait, de beurre et d'œufs, des ingrédients frais dont les familles nombreuses pouvaient régulièrement se trouver à court au plus mauvais moment. Étrangement, les cigarettes faisaient partie de cette liste de produits autorisés pour la vente nocturne, sans doute une reconnaissance précoce de la dépendance qu'elles engendrent. Pour s'assurer du respect de ces contraintes, les épiciers souhaitant garder leur commerce ouvert après 18 h devaient tirer un rideau bloquant l'accès à la partie de leur établissement où se trouvaient tous les autres articles, ceux jugés non essentiels et dont la vente était interdite en soirée. Plusieurs épiciers préféraient s'abstenir, d'autres avaient des horaires d'ouverture plus ou moins variables. Les Perrette furent parmi les premiers à miser sur cette stratégie pour se démarquer des épiciers traditionnels. On savait qu'ils étaient ouverts sept jours sur sept et tard en soirée, qu'ils seraient là lorsqu'on serait mal pris. Ils venaient ainsi jeter les bases du concept de dépanneur.

* * *

Paradoxalement, la fable de La Fontaine dont s'est inspiré Robert Bazos est une leçon de morale sur les mirages de l'entrepreneuriat. Elle met en scène une laitière, Perrette, qui se rend au marché pour y vendre son lait tout en imaginant comment elle fera fructifier l'argent qu'elle en retirera. Elle songe à l'investir dans l'expansion de la ferme familiale et elle se voit déjà y faire l'élevage de quantité d'animaux. Emportée par ses projets grandioses, négligeant de bien regarder où elle met les pieds, elle trébuche et renverse tout son lait. « Adieu veau, vache, cochon… Sa fortune ainsi répandue. » La Fontaine conclut en estimant que tous les humains, riches ou pauvres, lui inclus, ont tendance à se construire des « châteaux en Espagne » et à rêver que « tout le bien du monde est à nous ». Mais chacun, écrit-il, doit savoir qu'un accident peut se produire et faire en sorte qu'il se retrouve « Gros-Jean comme devant[11] ».

Alain Bouchard ne renversa pas de pot au lait, mais ce fut tout comme. L'usine de vêtements où il travaillait était plutôt négligente en matière de formation des employés. Il devait manipuler de l'équipement dont il connaissait mal le fonctionnement. C'est ainsi qu'un jour il se blessa en chargeant l'une des machines en marche, dont les aiguilles lui transpercèrent la main et cousirent l'un de ses doigts. La blessure le força à s'absenter du travail pendant quelques jours. Avec sa main douloureuse recouverte de bandages, il lui était impossible de manipuler les lourdes bobines de fil. Une leçon l'attendait à son retour : « Quand je suis revenu pour reprendre ma place, on m'avait congédié. »

---

11. En vieux français, « être Gros-Jean » signifie être idiot. L'expression « Gros-Jean comme devant », rendue célèbre par Jean de La Fontaine, veut donc dire que Perrette se retrouva, après son aventure, aussi stupide qu'avant. Elle se traduit en anglais par « back at square one », qui évoque la chute dans le jeu de serpents et échelles, lorsque le joueur doit revenir à la case de départ, pas plus avancé qu'au début de la partie.

Sans revenu, sans emploi, Alain Bouchard dut se résoudre à quitter son appartement et à retourner vivre dans la roulotte de ses parents. Gros-Jean comme devant.

* * *

Jean-Paul Bouchard parvint à faire embaucher son fils Alain comme apprenti dans la firme de construction où il travaillait et dont la spécialité était d'édifier les fondations d'immeubles industriels et commerciaux. Le jeune homme ne mit pas beaucoup de temps à découvrir que le travail sur les chantiers, tôt le matin, dans le froid et la boue, ce n'était pas pour lui. «J'étais imprudent, j'avais de mauvaises relations avec les autres ouvriers. Je détestais ça.» Jean-Paul Bouchard réalisait bien que son fils, celui pour lequel il entretenait tant d'espoirs, n'était pas à sa place. Il ne cessait de lui répéter que l'important dans la vie, c'est de «se faire un nom», et qu'il n'y a qu'une manière d'y arriver, par l'ardeur au travail, et qu'il devrait prendre l'exemple de son frère aîné. Gilles et son épouse se donnaient sans compter dans leur magasin Perrette, assurant le relais sept jours par semaine, du matin au soir. Ces deux-là avaient d'ailleurs bien besoin d'un coup de main pour souffler un peu.

«C'est vraiment là que mon aventure a commencé.» Alain Bouchard avait 19 ans lorsque, pour rendre service à son grand frère, il commença à le remplacer bénévolement derrière le comptoir de son commerce quelques soirs par semaine ou pendant le week-end. «Je le faisais pour aider mon frère, mais j'aimais ça!»

Il raffolait du contact direct avec les clients et, par-dessus tout, il se découvrit un talent naturel en aménagement intérieur. Pour lui, le magasin devait être attrayant, propre, bien mettre les produits en évidence. Quand les clients se faisaient plus rares, le soir, il en profitait pour réorganiser les étalages. Et puis, il prenait des libertés avec les règles strictes édictées par le propriétaire, Robert Bazos. Les magasins Perrette fonctionnaient en effet sur le principe des concessionnaires (en anglais, *dealership*). Son frère Gilles ne possédait rien, ni l'édifice, ni le commerce, pas même la marchandise qui s'y trouvait. Tout cela était la propriété de Perrette. Le marchand avait uniquement le droit d'exploiter le commerce et la responsabilité d'embaucher et de payer son personnel. En échange, Perrette versait au concessionnaire un pourcentage des ventes réalisées. Il était donc interdit au marchand de vendre dans son commerce des produits différents de ceux fournis par la direction de Perrette. Mais Alain Bouchard avait l'esprit entrepreneur, et il profitait de ses passages derrière le comptoir pour offrir aux clients des confiseries qu'il avait lui-même achetées dans des commerces en gros, comme il le faisait pour les boissons gazeuses sur les chantiers de construction de la Manic. C'était une manière de rentabiliser son bénévolat, mais c'était tout à fait contraire aux règles de l'entreprise.

En juillet 1969, alors qu'il se trouvait en congé annuel, Alain Bouchard était aux commandes du magasin de son frère pour lui permettre de prendre lui aussi quelques jours de vacances. Un superviseur de Perrette s'y présenta au moment où le jeune homme reconfigurait les étalages. «C'est toi qui rends le magasin si beau?» lui demanda le superviseur, avant de lui offrir sur-le-champ un emploi de responsable de l'aménagement des nouveaux commerces de la chaîne. La proposition était intéressante, sauf que les salaires dans l'industrie de la construction l'étaient aussi. Alain Bouchard gagnait 3,30 $ l'heure sur les chantiers. On lui en proposait moins de la moitié chez Perrette, soit 1,50 $ l'heure. «Mais je lui ai demandé:

"Est-ce que je peux faire autant d'heures que je le veux?"»
«Sans problème», lui répondit le superviseur.

L'énergie de ses 20 ans ferait la différence, se dit-il. Il n'aurait qu'à travailler deux fois plus d'heures par semaine pour obtenir un revenu équivalent, mais en faisant cette fois quelque chose qu'il aime. Cela lui donnerait enfin l'occasion d'être à la hauteur de ce que lui avait enseigné son père : l'important, dans la vie d'un homme, est de se faire un nom par le travail. Il s'y jeta avec une fougue peu commune. «J'en ai fait, des heures. Ça n'avait pas de sens, je travaillais 80 heures par semaine!»

* * *

Son arrivée chez Perrette coïncida avec une modification de la loi sur les heures d'ouverture des commerces. Les petits épiciers indépendants allaient désormais pouvoir rester ouverts tard le soir sans restriction sur les produits qu'ils pourraient vendre à leurs clients. Cela leur procurait un net avantage compétitif sur les grandes chaînes d'alimentation, dont les portes devaient fermer à 18 h. Si, pour les petits marchés indépendants, la vente de lait et de cigarettes avait pu justifier dans certains cas qu'ils demeurent ouverts le soir, l'occasion qui leur était offerte de vendre en soirée tous leurs produits d'épicerie – surtout la bière, dont les Québécois étaient et demeurent de grands consommateurs – constituait une avancée importante. «C'était le Klondike», résume Alain Bouchard. La ruée vers l'or.

Au cours des années suivantes, Alain Bouchard ouvrit des Perrette plus vite que son ombre. Aussitôt que l'entreprise avait trouvé un local approprié, on lui donnait deux semaines pour aménager le commerce, repeindre, installer les chambres froides, les tablettes, les comptoirs et la marchandise. Pour rien au monde il ne ratait le jour de l'inauguration, toujours un week-end. «J'aimais ce moment-là. Sentir le pouls des gens qui attendaient dehors l'ouverture des portes.» On s'y pressait d'autant plus que Perrette promettait de donner une cruche de lait aux 500 premiers clients et qu'elle offrait des spéciaux sur quantité d'autres produits, pour bien faire comprendre qu'on y vendait de tout.

Le développement de l'entreprise était tellement rapide que, souvent, Perrette ouvrait de nouveaux commerces sans avoir encore trouvé un gérant pour s'en occuper. C'est à Alain Bouchard qu'on confiait alors l'intérim, mais jamais pour très longtemps, car il était le spécialiste des ouvertures. Les supermarchés voyaient pousser ces commerces à l'enseigne bleu et blanc avec un mélange d'étonnement et d'amusement. «Tout le monde riait d'eux», dit Gaétan Frigon, qui a dirigé plusieurs chaînes d'alimentation au Québec pendant des décennies. «C'était une compagnie qui voulait vendre du lait, point à la ligne.» Pour lui, les Perrette étaient à peine plus menaçants que les petits épiciers du coin qui avaient poussé de manière anarchique, en transformant le salon de leur appartement en commerce.

Lorsque le rythme d'ouverture de nouveaux magasins se mit à ralentir, après deux ans de course folle, on demanda à Alain Bouchard de devenir remplaçant occasionnel de gérants, parfois à la suite d'un départ précipité ou pour combler une absence imprévue. Il posa une condition : qu'on lui confie les remplacements à l'extérieur de la région de Montréal, car c'était pour lui un moyen de gagner plus d'argent. Il allait se marier l'année suivante, et bien qu'il habitât toujours dans la roulotte de ses parents, ses économies ne s'accumulaient pas aussi rapidement qu'il l'aurait souhaité. Pourtant, personne ne pouvait lui reprocher de manquer d'ardeur au travail.

Il travaillait 84 heures par semaine, à raison de 7 quarts de 12 heures. Lorsqu'il se rendait à l'extérieur de la région montréalaise, on lui offrait, en plus de son salaire horaire, une somme forfaitaire pour couvrir ses dépenses quotidiennes de logement et de subsistance. Il en avait négocié le montant : 35 $ pour l'hôtel et les repas. Or, il parvenait à dépenser parfois aussi peu que 8 $ par jour. « Je vivais dans un trou, un trou à rats. Je m'achetais une boîte de thon pour me faire un sandwich et ça me suffisait. »

Il arrivait ainsi à doubler sa paye. Mais à quel prix ! Il était l'un des joueurs clés de la croissance d'une entreprise dynamique qui faisait la fortune de Robert Bazos et lui permettait d'habiter une maison du chic quartier Ville-Mont-Royal. Et pourtant, il partageait son temps entre la roulotte de ses parents, où s'entassaient sept personnes, et un « trou à rats » pour parvenir à obtenir un revenu décent bien qu'il y travaillât 84 heures par semaine. Quelque chose clochait dans cette équation. Il se sentait comme un « nègre blanc d'Amérique », le titre d'un pamphlet écrit par Pierre Vallières, un des fondateurs du Front de libération du Québec, alors qu'il se trouvait en prison à New York. Le livre dresse un parallèle entre la situation socio-économique des Noirs américains et celle des francophones du Québec. « Il y avait beaucoup de vrai là-dedans », dit Alain Bouchard.

Ne parlant pas la langue anglaise, Alain Bouchard partageait d'instinct le sentiment d'injustice qui animait ses compatriotes francophones, leur désir de défendre l'utilisation de leur langue au travail et dans l'affichage commercial. Il était tourmenté par l'ébullition sociale de cette période, il ressentait aussi le vent de révolte qui la nourrissait. Les conditions de travail chez Perrette, le peu de respect qu'on y avait pour les employés, étaient un rappel quotidien de l'injustice qu'il voulait combattre. Au point où il songea à quitter son emploi pour «aller aider les autres», devenir travailleur social, s'impliquer dans le redressement des torts. Mais à quel titre? Et pour faire quoi? Il n'avait aucune formation particulière dans ce domaine.

Il réussit alors à se convaincre que la meilleure façon d'être utile se trouvait ailleurs. Il devait mobiliser les talents dont il était doté pour faire avancer la société. «Je suis un entrepreneur dans l'âme, dans tout ce que je fais», dit-il. C'est plus fort que lui, davantage qu'un instinct, presque un trouble compulsif du comportement. Les années passées à visiter des commerces avec son père dans l'espoir de retrouver le chemin du bonheur et de la dignité ont laissé une marque profonde, comme une soif inassouvie. Partout, constamment, son cerveau est en mode de calcul mental. «Je vais dans un restaurant, je compte le nombre de places et je peux dire si c'est payant ou pas selon l'achalandage. C'est un réflexe inné.» Ses proches estiment plutôt qu'il s'agit d'un comportement conditionné par le traumatisme familial qui a suivi la faillite de son père et dont il tente toujours, inconsciemment, de s'affranchir. C'est en créant sa propre entreprise, toujours plus grosse, plus solide, plus indépendante, qu'il laissera sa marque et fera changer les choses.

* * *

En 1972, Alain Bouchard épousa Diane Rioux, qu'il avait rencontrée deux ans plus tôt alors qu'elle n'avait pas encore 18 ans. Originaire de la région de Montréal et ayant terminé l'école tôt, comme lui, elle avait enchaîné les petits boulots de caissière, d'abord dans un magasin à rayons, puis dans une épicerie, puis dans une banque où elle commençait à gravir les échelons.

En signe d'appréciation pour le travail méritoire d'Alain Bouchard qui avait supervisé l'ouverture de plus de la moitié des magasins Perrette au Québec, Robert Bazos lui offrit une voiture comme cadeau de noces. Et pas n'importe laquelle. Une Kingswood Estate Station Wagon, un modèle à la longueur vertigineuse et aux panneaux latéraux en bois, qui tenait presque davantage du galion espagnol que de l'automobile personnelle. Il allait bientôt comprendre pourquoi : elle servirait à transporter de la marchandise en cas de besoin et elle se devait d'être voyante, puisque le patron voulait apposer le logo de Perrette sur les côtés. Bref, Alain Bouchard conduirait un véhicule d'entreprise. Le seul véritable cadeau de Robert Bazos à son jeune employé résidait dans l'autorisation qu'il lui donnait d'utiliser la voiture pour son voyage de noces, en Pennsylvanie. Et par courtoisie, il attendit son retour avant de faire installer sur l'automobile les décalques bleu et blanc montrant la silhouette de Perrette tenant son pot au lait.

Alain Bouchard allait alors découvrir que la voiture s'accompagnait de quelques responsabilités supplémentaires. En plus de l'aménagement des nouveaux commerces et de l'organisation des lancements, on lui confia la rénovation des magasins plus anciens et on le nomma superviseur de territoire, ce qui impliquait des visites régulières dans chacun des magasins et le mentorat des gérants. La tâche était vraiment trop lourde. Il n'avait pas un moment de répit, et il réalisa qu'il n'était pas le seul à être au bout du rouleau. Son travail auprès des concessionnaires lui fit voir l'envers du décor et découvrir à quel point le système de fonctionnement de l'entreprise les étranglait. « Je voyais les chiffres », dit-il, et ils n'étaient pas à la gloire de Perrette. Par exemple, les concessionnaires devaient rembourser au siège social tous les produits perdus à cause du vol à l'étalage, et on avait poussé le supplice jusqu'à leur faire payer le prix de détail du produit volé plutôt que son prix de revient. Chaque vol était donc triplement coûteux: le concessionnaire perdait la valeur du produit et le profit qu'il espérait tirer de sa vente, et il devait en plus rembourser ce profit non réalisé à la direction de l'entreprise. Cela rognait des revenus déjà considérés comme insuffisants par la plupart des concessionnaires. «J'en perdais constamment, et j'en perdais des bons», déplorait Alain Bouchard, qui se retrouvait ensuite avec le fardeau de leur trouver des remplaçants et de les former.

Un jour, il eut l'occasion d'en parler directement avec Robert Bazos alors qu'il passait inspecter les travaux de rénovation du Perrette de son quartier, à Ville-Mont-Royal. Alain Bouchard lui confia que le taux de rotation des concessionnaires était beaucoup trop élevé et que leur remplacement occasionnait des coûts importants pour l'entreprise. «Trouvons, lui proposa-t-il, une formule où ils feront plus d'argent et qui leur permettra de rester plus longtemps avec nous.» La réponse de Bazos résonne encore dans la tête d'Alain Bouchard: «*Mind your own business.*» (Mêle-toi de tes affaires.)

«Le lendemain, je lui ai présenté ma démission. Il a tellement bien réagi!» se souvient-il, avec une pointe d'ironie qui cache mal la blessure ressentie jadis. «Il a dit: "Donne-moi les clés de ton auto." J'ai dit: "Je ne vais pas te la voler, je dois rentrer à la maison mais je vais te la rapporter." Il a insisté.»

Sans emploi, sans auto, Alain Bouchard est rentré chez lui en taxi ce soir-là, faisant le bilan de ses cinq années chez Perrette. La chaîne comptait 184 commerces. Il avait participé à l'ouverture d'une centaine d'entre eux, et cela lui avait permis d'apprendre beaucoup de choses: comment construire un magasin, l'exploiter et en gérer le personnel. Ce fut aussi une école extraordinaire sur les mauvaises pratiques. Traiter les gens comme le faisait Robert Bazos, se dit-il, « ce n'est pas la façon de gérer une entreprise. C'est pour cela qu'il n'a pas réussi ». Dans le taxi le ramenant chez lui, il se promit de retrouver un jour Bazos sur son chemin et de lui en faire la démonstration.

CHAPITRE 5

Un bâtisseur

Peut-être le destin venait-il de lui donner le signal dont il avait besoin pour se lancer en affaires. Peut-être même Alain Bouchard l'avait-il plus ou moins volontairement provoqué en confrontant Robert Bazos, car il se doutait bien, connaissant le personnage, que sa proposition créerait des étincelles. Au cours des mois précédents, il avait visité discrètement quelques commerces dont il aurait aimé se porter acquéreur. Il en rêvait depuis des années, et c'est pourquoi il avait accumulé quelques économies en travaillant de longues heures et en limitant ses dépenses au strict minimum. Il avait aussi trouvé le temps, on ne sait trop comment, d'acheter quelques chalets dans les Laurentides et de les rénover pour ensuite les revendre à profit. Mais il dut reconnaître qu'il n'avait pas encore le capital nécessaire pour plonger seul. Ni le capital financier, ni le capital de connaissances en gestion, qu'il estimait essentiels pour faire de son projet une réussite. Alors, où aller? Bien qu'âgé d'à peine 24 ans, il disposait d'une expérience de travail plutôt unique. Mais y avait-il un marché pour elle?

Il se mit lui-même aux enchères, en quelque sorte, en offrant ses services à une firme de chasseurs de têtes. À sa grande surprise, en une semaine on lui proposa quatre emplois, dont certains promettaient d'être très lucratifs. La multinationale Pepsi le courtisa activement. Son représentant lui expliqua qu'il n'y avait pas d'argent à faire dans le commerce de détail, que l'avenir se trouvait dans la fabrication de produits alimentaires de masse, les boissons sucrées, par exemple. L'argument le convainquit presque, si ce n'est qu'il menait à un cul-de-sac le rêve de devenir son propre patron. Dans ce type d'entreprise, au mieux, il ne serait jamais qu'un exécutant.

Provigo, une chaîne d'épicerie en forte croissance au Québec et dirigée par des francophones, lui présenta à son tour une offre : superviseur d'une enseigne de marchés de taille moyenne œuvrant sous le nom de Provibec, sorte d'hybride entre les supermarchés et les Perrette. N'y voyant aucun défi, il la rejeta, mais deux jours plus tard, Provigo le relança avec une proposition à sa mesure. Pourquoi ne viendrait-il pas créer un nouveau concept de magasins dans la famille Provigo, dont la spécialité serait d'être ouverts du matin au soir, sept jours par semaine ? En somme, on l'invitait à participer à la construction d'une bannière – Provi-Soir – pour faire la guerre à Perrette ! « J'étais le seul au Québec qui avait cette expérience. Ils l'ont payée, d'ailleurs. Ils m'ont fait une offre que je n'ai pas pu refuser. »

Chez Perrette, il avait contribué au démarrage d'une centaine de magasins. Chez Provi-Soir, il serait présent de l'ouverture du premier à celle du centième. L'entreprise lui confia la responsabilité de la mise sur pied de la chaîne, de la construction des nouveaux magasins et de leur entretien. Il était débrouillard et débordait d'initiative, mais en gestion, il partait de loin. « Je ne savais même pas que, sur un contrat, on doit signer en haut de son nom, pas en dessous ! » Provigo accepta qu'il suive des cours du soir à l'école des Hautes Études commerciales et les lui remboursa en partie. Il y apprit les notions de base en économie et en administration ainsi que la façon de lire des bilans et de gérer les approvisionnements. Il en retint surtout une leçon qui le conforta dans sa répulsion à n'être qu'un simple exécutant. Un soir, parlant des principes de la prise de décision, le professeur dit aux étudiants que la meilleure façon pour un cadre de savoir jusqu'où il peut monter dans une entreprise consiste à prendre des décisions qui devraient en principe relever de son patron. « Décider au-dessus de vos têtes, c'est la manière de découvrir si vous êtes doué. Si vous vous trompez, au moins vous apprendrez de vos erreurs. » L'idée de prendre des décisions « au-dessus de sa tête » n'est pas tombée dans l'oreille d'un sourd.

Un jour où son patron immédiat était malade, Alain Bouchard négocia une entente avec une compagnie pétrolière propriétaire d'un terrain dans la région de Québec, sur lequel on avait entrepris des travaux d'excavation pour y ériger un Provi-Soir. La qualité du sol avait été mal évaluée, et la lourde pelle mécanique s'y était enlisée comme dans un marécage. Il fallait bien sûr la récupérer. Surtout, il était clair désormais que les coûts d'excavation et de stabilisation du terrain allaient faire exploser le budget prévu pour la construction de l'édifice, ce qui affecterait la rentabilité du commerce. Alain Bouchard soumit alors un arrangement informel au représentant de la pétrolière. Un autre Provi-Soir allait bientôt être construit sur un terrain de l'entreprise, à plus de 100 kilomètres de là. Il proposa que l'on transfère la moitié des frais imprévus du projet de Québec sur le budget de l'autre édifice, de manière à en répartir l'impact financier. Manifestement, il n'avait pas l'autorité hiérarchique pour conclure une telle entente, et un des directeurs de l'entreprise s'étonna de voir apparaître des coûts imprévus sur le deuxième projet. Alain Bouchard lui expliqua ce qui l'avait conduit à faire cet étrange accord et parvint à le convaincre de son bien-fondé. « Je raconte cela à mes employés. Je leur dis : "Décidez, prenez des initiatives et vous verrez où cela vous mène." »

Beaucoup d'entreprises découragent ce type de comportement et valorisent plutôt un strict respect des règles et de la structure hiérarchique. Alain Bouchard, lui, préconise une attitude entrepreneuriale à tous les échelons, il encourage la prise de risques. Cela nécessite une grande tolérance à l'erreur, mais il préfère accorder sa confiance de manière générale, quitte à se tromper parfois, que de toujours se méfier et d'avoir quelquefois raison. « Personne, dit-il, ne se présente au travail tous les jours dans l'espoir d'arnaquer ses patrons. Dans la vraie vie, les gens veulent mériter leur salaire, se sentir bien, pouvoir dire qu'ils ont bien travaillé, trouver leur degré d'importance. » Pour y arriver, estime Alain Bouchard, chacun doit disposer d'une zone décisionnelle à la mesure de ses capacités et qui lui permet de prouver sa valeur. « C'est la raison d'être de tous les humains, dit-il, on cherche tous cela : atteindre notre degré d'importance. C'est la plus grande leçon que j'ai apprise de mes trois années de cours du soir aux Hautes Études commerciales. »

* * *

Chez Perrette, ses supérieurs louaient un local, puis mandataient Alain Bouchard pour y installer un commerce en quelques semaines, sans lui demander son opinion sur l'emplacement choisi. Il en avait vu, des échecs. Souvent, il les avait prédits, mais personne ne sollicitait son avis. Ces années d'essais-erreurs avaient cependant eu du bon. Elles lui avaient permis de développer ce qui passerait par la suite pour un don : celui de repérer les meilleurs endroits pour ériger un dépanneur. Chez Provi-Soir, on le consultait maintenant sur le choix des emplacements, une responsabilité qu'il prenait au sérieux. Pour s'en acquitter avec succès, il mit au point un modèle mathématique qu'il appliquait systématiquement à tout nouveau projet. Son critère primordial tenait au nombre de véhicules circulant quotidiennement devant le site. Ensuite, il examinait le nombre d'habitations dans différents rayons concentriques autour de l'emplacement, auxquels il accordait une valeur décroissante avec l'éloignement. Il évaluait aussi la composition démographique de la population, l'âge moyen, le nombre d'enfants ou la présence de communautés culturelles, sachant d'expérience que certaines sont peu susceptibles de fréquenter des dépanneurs. Sa formule, raffinée avec le temps, sera l'un des éléments essentiels du succès de Couche-Tard, après avoir d'abord été au cœur de la croissance rapide de Provi-Soir.

Alain Bouchard commença donc à exploiter des sites en partenariat avec des entreprises pétrolières, d'abord avec Shell, après la conclusion d'une entente stratégique entre la direction de Provigo et la multinationale. Shell disposait d'une raffinerie à Montréal et elle voyait bien la tendance qui se dessinait aux États-Unis de marier un commerce de détail avec une station-service. Elle avait cependant peu d'expérience en ce domaine et peu d'intérêt pour le faire elle-même. L'entente avec Provi-Soir, une chaîne de commerces aux heures d'ouverture prolongées – comme les stations-service –, semblait donc naturelle, non seulement pour l'expansion du réseau, mais aussi pour augmenter la rentabilité des stations existantes en y ajoutant un dépanneur. Après Shell, d'autres accords furent conclus avec Esso et Pétro-Fina, de sorte que la moitié des Provi-Soir en vinrent à vendre de l'essence. Cela permit à Alain Bouchard de se familiariser avec le monde du pétrole, dont les règles sont beaucoup plus complexes que celles du commerce de détail. Obtenir les permis et construire un poste d'essence en respectant les normes de sécurité et de protection de l'environnement, cela peut nécessiter un an et demi de travail.

« Provigo, c'était une école démentielle », dit Alain Bouchard, conscient de la chance qu'il a eue de participer à l'un des grands succès commerciaux de cette époque au Québec, sous l'autorité de gestionnaires chevronnés comme Jean-Claude Merizzi et Pierre H. Lessard. Il avait un budget à administrer, des objectifs à atteindre, des comptes à rendre. Il apprenait à négocier avec les fournisseurs, à établir un rapport de force avec eux. Bref, il jetait les bases de ce dont il aurait un jour besoin pour ériger sa propre entreprise. Il demanda d'ailleurs – et obtint – qu'on lui confie une première franchise Provi-Soir, près de chez lui, à Saint-Jérôme.

La vie professionnelle d'Alain Bouchard roulait à pleine vapeur, comme un train qui fonce droit devant. Bientôt, il le savait, il devrait ralentir. La courbe se dessinait, de plus en plus apparente, sur le ventre de son épouse : ils allaient avoir un enfant. Celui-ci est arrivé le jour et à l'heure où l'on apprit la mort du chanteur Elvis Presley, le 16 août 1977. La coïncidence en faisait déjà un enfant spécial, comme d'autres le sont pour être nés un jour de fête nationale ou un 25 décembre. Mais Jonathan était spécial pour une raison différente. Il n'était pas comme la plupart des autres enfants, il ne le serait jamais. Quelque chose s'était détraqué en lui. On trouva un nom à sa condition : la paralysie cérébrale. Dans le cas de Jonathan, elle s'accompagnait d'une déformation physique du côté gauche du corps, de comportements hyperactifs et d'une légère déficience intellectuelle. C'était un enfant spécial, avec des besoins spéciaux. Ses parents ont vite appris avec lui à courir les hôpitaux pour les multiples interventions chirurgicales que son état nécessitait. Cela les a forcés à ralentir le pas tous les deux, mais, en vérité, surtout la mère, une femme pourtant ambitieuse et d'une énergie dévorante. Dans la vie d'Alain Bouchard, son fils Jonathan est une ancre qui le garde en contact avec la réalité du monde. Il est un être attachant, taquin et sans malice, une source d'authenticité dans les rapports qui l'unissent à son père et qui a le don salutaire de le sortir de la bulle remplie de projets dans laquelle il a souvent tendance à s'enfermer.

« J'aurais pu ne jamais quitter Provi-Soir », dit Alain Bouchard. Mais il voulait mettre en application sa philosophie sur l'importance de prendre des décisions « au-dessus de sa tête ». L'absence temporaire de son patron immédiat pour des problèmes de santé lui en donna l'occasion. Profitant du séjour à l'hôpital de ce dernier, il identifia des marchands indépendants que Provi-Soir pourrait acquérir et transformer rapidement. Pressé de capitaliser sur la notoriété grandissante de la bannière Provi-Soir, Alain Bouchard estimait qu'il fallait accélérer le pas pour gagner la guerre contre Perrette. En un claquement de doigts, la marque pourrait donner le grand coup et se doter de 25 nouveaux magasins, rien que dans la région de Montréal. Mieux, il s'agirait de commerces existants qui, donc, disposaient déjà d'une clientèle connue, quantifiable, ce qui réduirait les risques. Dès le retour au travail de son patron, il l'aborda. « Je lui ai dit : "On ne grossit pas assez rapidement, alors j'ai un plan." » Mais son supérieur ne voulait rien entendre. Il ne voyait aucun intérêt à acquérir des commerces n'ayant pas la superficie du modèle standardisé construit par Provi-Soir. « Il m'a dit non, alors je suis parti avec mon plan et je suis allé le réaliser moi-même. S'il m'avait dit oui, je serais resté et je l'aurais mis en place pour Provigo. »

Alain Bouchard n'avait plus la marge nécessaire pour atteindre son degré d'importance. Il choisit donc de partir, mais en bons termes, en proposant d'acheter la franchise d'un deuxième Provi-Soir[12] dont la construction était presque ter-

---

12. Le commerce existe toujours, sur le même emplacement, mais sous une nouvelle enseigne : Couche-Tard.

minée, à Blainville, au nord de Montréal. À la demande de la direction, il accepta de continuer à occuper son poste en attendant qu'on lui trouve un remplaçant. Il croyait que l'entreprise y arriverait en quelques mois tout au plus. Or, il fallut plus d'un an pour embaucher non pas un, mais trois successeurs : un superviseur du développement, un superviseur de la construction et un superviseur de la maintenance. Il en rage encore. «Moi, l'imbécile, je faisais tout ça tout seul», avec ce que cela suppose de sacrifices personnels et, parfois, de compromis sur la qualité du travail.

Enfin libéré de son poste de direction, n'ayant plus qu'à gérer ses deux franchises, Alain Bouchard se mit à la recherche de nouvelles occasions d'affaires. Rapidement, il se porta acquéreur du Marché jérômien, un petit commerce d'alimentation dont la source d'approvisionnement était la chaîne de supermarchés IGA, un concurrent de Provigo. C'est alors qu'il réalisa qu'avec une seule épicerie indépendante, il arrivait à acheter sa marchandise à meilleur prix qu'en étant un franchisé Provi-Soir. Il y avait quelque chose de choquant dans cette situation où Provigo vendait aux franchisés Provi-Soir, des membres de sa propre famille, ses produits plus cher que IGA ne les vendait à des étrangers. Cela ne pouvait que mal se terminer.

«Ils m'ont mis à la porte. Ça a été des moments difficiles», se rappelle Alain Bouchard, qui comprend toutefois la réaction de Provigo. Les franchisés doivent être de loyaux membres de leur clan. Visiblement, Alain Bouchard avait d'autres projets en tête. «Je savais que je m'en allais à mon compte, ils m'ont forcé à le faire un peu plus tôt que je le souhaitais.» Et certainement pas de la manière qu'il estimait avoir méritée. Un huissier s'est présenté chez lui avec un avis d'éviction, lui qui avait bâti l'entreprise Provi-Soir à partir du début. Son épouse, rouge de colère, lança à la figure du délégué de Provi-Soir : « Un jour, on va vous acheter ! »

Ah, ce qu'on peut dire parfois sous le coup de l'émotion…

« Moi, je n'avais jamais pensé à ça », reconnaît Alain Bouchard.

CHAPITRE 6

Le plan d'affaires

Expulsé de ses deux Provi-Soir, Alain Bouchard se retrouva avec non plus trois commerces, mais un seul, le Marché jérô-mien, qu'il avait lui-même rénové et qui fonctionnait bien. Il aurait souhaité l'appeler « Dépanneur Jérômien », mais un autre commerce portait déjà ce nom. Tout un départ pour celui qui serait un jour leader mondial des dépanneurs ! Au moins, il récupéra l'argent investi dans les deux franchises, à peine quelques dizaines de milliers de dollars. C'est peu pour construire un empire, et il se sentait bien seul dans cette aven-ture. Il devait trouver des associés. Son frère Serge était par-tant. Possiblement aussi un de ses beaux-frères.

Alain Bouchard se mit alors à la recherche d'employés de confiance pour exploiter l'épicerie pendant qu'il s'occuperait de la mise sur pied de l'entreprise. Il pensa immédiatement à Jacques D'Amours, un jeune homme brillant qu'il avait connu sept ans plus tôt lorsqu'ils travaillaient tous les deux chez Perrette. Bouchard, à cette époque, était gérant de remplace-ment, et D'Amours, homme à tout faire. En fait, ce n'était pas encore tout à fait un homme, puisqu'il était à peine âgé de 14 ans. Mais il avait dû mûrir prématurément. Son père parti, sa mère élevait seule 11 enfants. Chacun avait dû commencer à travailler très tôt dans la vie.

Après son départ de Perrette, Alain Bouchard avait gardé le contact avec le jeune homme pendant qu'il poursuivait ses études en marketing. Il occupait maintenant un emploi dans le domaine du pétrole. «Il avait de l'ambition», en dit Alain Bouchard. C'est d'ailleurs pourquoi il refusa son offre de travailler *pour* lui, précisant qu'il accepterait de le faire *avec* lui. «Jacques m'a plutôt demandé de devenir mon associé.» Ils seraient donc trois: Alain Bouchard, son frère Serge, et Jacques D'Amours, dont les économies seraient utiles pour financer la prochaine acquisition, un grossiste en alimentation situé à Mont-Laurier, dans les Laurentides.

Jacques D'Amours venait à peine de décider de quitter son emploi pour consacrer tout son temps à cette nouvelle aventure que le propriétaire du grossiste de Mont-Laurier, Oscar Létourneau, changea d'idée et vendit son commerce à quelqu'un d'autre. «Il fallait trouver un nouvel investissement», dit Jacques D'Amours, et, connaissant Alain Bouchard, il se doutait bien que cela n'allait pas tarder. Quelques semaines plus tard, ce dernier revint avec la proposition d'acheter un dépanneur[13] et un supermarché appartenant au même propriétaire, situés côte à côte dans un modeste centre commercial tout juste érigé au milieu d'un quartier résidentiel de Laval. «Les deux venaient ensemble.»

Il y avait cependant un problème. Le supermarché était affilié à la chaîne d'alimentation Métro, l'une des plus importantes au Québec, alors que le seul autre commerce des nouveaux associés, le Marché jérômien, était lié à une bannière concurrente, IGA. Le regroupement des épiciers indépendants – IGA est le diminutif de Independent Grocers Alliance – fit à Alain Bouchard «une offre que je ne pouvais pas refuser». En échange de la transformation du supermarché en un IGA, on lui proposait un troisième dépanneur pour une bouchée de pain.

---

13. Le dépanneur Renaud existe toujours. Il porte la bannière Couche-Tard.

La prise de possession des commerces eut lieu le 18 février 1980, le jour de l'anniversaire de naissance d'Alain Bouchard. C'est aussi ce jour-là que Jacques D'Amours revint de son voyage de noces. Il avait 23 ans, Alain Bouchard en avait 31. Leur union allait durer toute la vie, et elle serait extrêmement féconde.

Pourtant, cela avait plutôt mal commencé une décennie plus tôt, lors de leur première rencontre. Jacques D'Amours en conserve un souvenir très net, comme on le fait d'un événement traumatique. Il travaillait depuis un an au Perrette « numéro 32 » situé près de chez lui, à Ville d'Anjou, dans l'est de l'île de Montréal. Après l'école, il s'y rendait pour remplir les réfrigérateurs et, les fins de semaine, il triait les bouteilles de boisson gazeuse vides afin de les retourner aux fournisseurs Coke, Pepsi, 7 Up, etc.

Le réduit où il se trouvait servait aussi à entreposer quelques produits d'épicerie. Une porte arrière menait vers la ruelle. Un jour, alors qu'il sortait les ordures, il vit arriver Alain Bouchard qui lui lança en guise de présentation : « Si jamais je te prends à me voler une boîte de chocolat, je te fous dehors ! »

Il n'aurait alors pas pu se douter que 40 ans plus tard, il dirait de sa relation avec Alain Bouchard : « Nous sommes un vieux couple. » Et qu'ils seraient, qui plus est, un couple de milliardaires.

Alain Bouchard sympathisa rapidement avec le garçon qu'il prit sous son aile. Lorsqu'un gérant de Perrette était absent, les deux se partageaient la tâche. Alain Bouchard commençait la journée – les Perrette ouvraient leurs portes à 9 h –, et Jacques D'Amours prenait la relève après l'école jusqu'à la fermeture. Pendant l'été, tous deux rénovaient ensemble des locaux et les aménageaient pour accueillir de nouveaux Perrette. C'est ainsi que leur complicité et leur confiance mutuelle s'établirent. « Alain Bouchard, dit Jacques D'Amours, est une personne honnête et travaillante qui donne de la latitude à ses collaborateurs. » Inversement, Alain Bouchard vante la loyauté et l'ardeur au travail de son jeune collègue. Ils étaient faits pour s'entendre.

* * *

Au début, les partenaires envisageaient de construire une entreprise ayant une double vocation. Les frères Bouchard se partageraient la responsabilité de la division des dépanneurs, Jacques D'Amours serait à la tête de celle des supermarchés d'alimentation. Mais après un peu plus d'un an, ils conclurent qu'il s'agissait de deux secteurs d'activité trop différents et que les possibilités de croissance étaient beaucoup plus grandes dans le domaine des dépanneurs. Pour la valeur d'un seul supermarché, on pouvait en acquérir plusieurs, les transformer au goût de leurs nouveaux propriétaires et ainsi commencer à forger l'ADN de l'entreprise. Cela ne serait pas possible avec deux types de commerces.

Alain Bouchard se mit alors à frapper aux portes de petits marchés d'alimentation et de tabagies dans la région qu'il connaissait le mieux, au nord de Montréal, entre Laval et Saint-Jérôme. Plusieurs n'étaient que des « dépanneurs de salon », selon l'expression de Jacques D'Amours, soit des petits commerces de moins de 90 mètres carrés[14], vendant parfois très peu d'épicerie mais plutôt des journaux, des jouets, des fournitures scolaires, des bibelots.

Sans prendre rendez-vous, Alain Bouchard se présentait sur place, discutait avec le propriétaire du chiffre d'affaires et

---

14. Soit 970 pieds carrés.

de l'achalandage, et lorsqu'il y voyait une bonne occasion, il lui demandait s'il souhaitait vendre son commerce. Il essuyait souvent un refus. «La force d'Alain, dit Jacques D'Amours, c'est d'être un développeur, un fonceur. Il se fait dire non, mais il ne lâche pas, il revient à la charge, un ou deux ans plus tard.» Cette détermination servirait l'entreprise à de nombreuses reprises par la suite. Elle en deviendrait même une des valeurs distinctives.

Pour le moment, leur société ne valait pas grand-chose. Elle s'enrichissait chaque année de deux ou trois nouveaux commerces, souvent sans envergure aux dires de Jacques D'Amours : «Des magasins mal foutus, un peu déprimants, sans chambre froide.» L'essentiel était de flairer leur potentiel et de le réaliser. Première condition : signer un bail de location à long terme avec le propriétaire de l'immeuble. À quoi bon investir pour relancer un commerce si son succès devient rapidement un argument pour vous arnaquer en doublant le prix du loyer? Souvent, Alain Bouchard profitait de ces négociations pour proposer de louer un espace commercial contigu afin de doubler la superficie du dépanneur, d'y installer une rangée de réfrigérateurs, de dégager plus d'espace entre les présentoirs. Chaque dollar comptait, alors les travaux ne se faisaient pas vraiment selon les normes de l'industrie de la construction. Dès la transaction conclue, Alain Bouchard et Jacques d'Amours mettaient leurs jeans et sortaient leurs boîtes à outils. «Nous étions les spécialistes de la démolition», lance fièrement Jacques D'Amours. À eux deux, ils abattaient des murs, arrachaient les vieilles tablettes et les comptoirs désuets. Parfois il fallait aménager une chambre froide ou refaire l'éclairage. En l'espace d'un week-end, l'endroit devenait méconnaissable, aéré, propre, lumineux, donc plus accueillant. Et plus rentable. «On pouvait facilement doubler le chiffre d'affaires», dit Jacques D'Amours. L'essentiel était de maintenir le rythme. Pour cela, il fallait constamment s'adresser aux banques pour obtenir des prêts et de petites marges de crédit. Les taux d'intérêt étaient prohibitifs, mais l'inflation aussi. «Nous n'avions même pas besoin d'être talentueux pour faire de l'argent», lance Alain Bouchard.

CHAPITRE 7

En faillite technique

« Mon banquier a évoqué une image tellement forte que je ne l'oublierai jamais. Il a pris mon bilan et il a dit : "Tu es techniquement en faillite." »

Trente-cinq ans plus tard, ces mots résonnent encore aux oreilles d'Alain Bouchard. Au début des années 1980, les taux d'intérêt avoisinaient les 20 %, conséquence du cycle d'inflation chronique provoqué par la décision des pays exportateurs de pétrole, six ans plus tôt, de hausser considérablement le prix de ce produit, devenu essentiel au développement des sociétés modernes. Cela n'avait pas que du mauvais, estimait Alain Bouchard : « J'avais fait mon analyse économique. Les prix montaient toutes les semaines, alors même si les taux d'intérêt étaient élevés, je faisais quand même de bons bénéfices. »

Il n'arriva donc pas à saisir d'où venait la conclusion de son gérant de la Banque canadienne nationale[15], l'une des plus petites banques canadiennes, présente surtout au Québec. « Mon bilan est positif, alors dites-moi comment je peux être au bord de la faillite ? » Le banquier lui expliqua qu'il ne s'intéressait qu'à deux colonnes. Celle des passifs, où l'on trouvait les emprunts, la marge de crédit, l'hypothèque et les autres engagements financiers. Puis celle des actifs, comprenant l'équipement, l'inventaire et l'immobilier. Alain Bouchard avait aussi inscrit une somme importante dans

---

15. Ancêtre de la Banque Nationale.

cette colonne, soit la valeur qu'il accordait à l'achalandage, mais son banquier lui rétorqua : « Cela vaut zéro. »

Or, le modèle d'affaires de l'entreprise était fondé sur la notion selon laquelle la richesse d'un commerce réside dans l'appui de sa clientèle, sa fidélité. Sans clients, aucun bilan financier ne tient. C'est pourquoi Alain Bouchard acceptait de payer une prime lorsqu'il se portait acquéreur d'un commerce existant : il n'achetait pas que des présentoirs et un inventaire, il achetait un emplacement et la clientèle qui y avait ses habitudes, ce qu'on appelle le « fonds de commerce ». Mais le banquier refusait de voir les choses ainsi, se disant qu'en cas de faillite, tout ce qu'il lui resterait à liquider serait l'ensemble des biens tangibles. Décidément, ils ne parlaient pas la même langue. « J'achetais toujours des magasins existants, alors je serais toujours en faillite ! » Et cette éventuelle faillite risquait de se transformer en tragédie, la banque ayant obtenu d'Alain Bouchard et de Jacques D'Amours qu'ils endossent personnellement les emprunts de l'entreprise.

Cet échange avec le banquier tombait plutôt mal. Alain Bouchard venait de signer des promesses d'achat pour acquérir quatre commerces supplémentaires. D'un seul coup, il allait doubler la taille de l'entreprise, mais pour y arriver, il devait obtenir du financement. C'est la raison pour laquelle il se trouvait dans ce bureau, où on venait de lui annoncer qu'il était en faillite technique. Rien de bien ne pouvait émerger de cette rencontre. « Il m'a dit : "Il va falloir que tu te trouves un autre banquier." Et c'est comme ça que Richard s'est joint à nous. »

Alain Bouchard se tourna naturellement vers Richard Fortin, qu'il avait rencontré une dizaine d'années plus tôt lors d'une fête organisée chez un ami commun. À ce moment, ils n'avaient pas encore 25 ans ; tous deux brûlaient d'ambition et d'énergie. Le déclic fut instantané, tant et si bien qu'ils passèrent la soirée entière à discuter, à boire et à s'amuser. Leur amitié était scellée.

Richard Fortin commençait alors tout juste sa carrière dans le monde bancaire. Alain Bouchard travaillait encore chez Perrette où il était responsable du développement de l'entreprise, de sorte qu'il était constamment sur la route à superviser les travaux d'aménagement. Chaque vendredi, il revenait à Montréal afin de rédiger ses rapports, et les deux hommes en profitaient pour se donner rendez-vous dans un restaurant du centre-ville à l'heure du lunch. «On rêvait tous les deux d'être un jour en affaires, mais pas nécessairement ensemble», dit Richard Fortin qui déménagea ensuite à Québec pour y travailler quelques années à la Banque Mercantile.

Dix ans après leur première rencontre, Richard Fortin était devenu vice-président pour le Québec de la Société générale de France (Canada), filiale de la grande banque ayant son siège social à Paris. La fonction venait avec les privilèges d'usage, dont un bureau au 24e étage d'un édifice situé au cœur de Montréal, coin University et Dorchester[16].

C'est là qu'en 1982, il reçut un coup de fil de son ami Alain Bouchard. «Je voudrais acheter des commerces, mais la banque me dit que ça va trop vite et que je suis en faillite technique», lui dit-il. L'affaire n'était pourtant pas très compliquée et, selon Richard Fortin, la réaction du gérant de la Banque canadienne nationale relevait du folklore de cette époque où les responsables des prêts commerciaux étaient souvent mal formés à

---

16. Ces deux rues portent aujourd'hui de nouveaux noms, ceux de deux anciens premiers ministres du Québec qui, à cette époque, se livraient une dure bataille sur la question de l'indépendance de la province. Cette portion de la rue University s'appelle désormais la rue Robert-Bourassa, du nom de l'ancien chef du Parti libéral du Québec et premier ministre de 1970 à 1976, puis de 1985 à 1994. Pour sa part, le boulevard Dorchester est devenu le boulevard René-Lévesque, du nom du fondateur du Parti québécois qui prônait la cause indépendantiste et qui fut premier ministre du Québec de 1976 à 1985.

comprendre la réalité du monde des affaires. Peut-être étaient-ils surtout nerveux devant la hausse vertigineuse des défauts de paiement en cette période de récession.

Il n'était évidemment pas question que Richard Fortin intercède auprès de la Société générale afin qu'elle accorde un prêt à son ami. Le conflit d'intérêts était trop évident. Alain Bouchard lui offrit plutôt de devenir le conseiller financier de son entreprise et d'agir en tant qu'intermédiaire auprès d'autres banques. Il allait bien sûr le rémunérer pour son travail, ce que Richard Fortin refusa net. « Je n'ai pas besoin d'être payé pour t'aider. Tu es mon ami, lui dit-il, mais si tu as besoin un jour d'un associé spécialiste en finance, je serais intéressé à investir. » Il acceptait de traiter d'égal à égal avec Alain Bouchard, pas de devenir son employé.

Les autres partenaires furent vite convaincus. Aménager un dépanneur, l'exploiter, le rentabiliser, ils savaient faire. Mais financer des acquisitions de manière accélérée pour concurrencer les chaînes existantes était un domaine où ils ne connaissaient rien. Richard Fortin donnerait à l'entreprise une crédibilité qu'elle n'avait pas et les moyens de ses ambitions. Les deux frères Bouchard et Jacques D'Amours acceptèrent donc d'en faire leur quatrième associé, mais à une condition : « Si tu deviens partenaire, lui dit Alain Bouchard, tu ne pourras pas rester à la banque. Il faut que tu travailles avec nous à temps plein. » Tous étaient cependant conscients que l'entreprise n'avait pas encore les moyens de lui offrir un salaire concurrentiel. Ils convinrent que cela ne deviendrait possible que lorsqu'ils posséderaient 10 magasins. Dans l'immédiat, son investissement dans le capital de l'entreprise était le bienvenu. Cela permit de financer l'acquisition d'un commerce. « Mais j'en avais signé quatre ! lance Alain Bouchard. Il fallait maintenant les payer. »

Jusqu'alors, le développement de l'entreprise s'était déroulé rondement, bien que de manière modeste. Le trio d'actionnaires en avait plein les bras avec la gestion quotidienne de ses magasins. Alain Bouchard supervisait ceux des Laurentides, à Sainte-Agathe et à Saint-Jérôme où il habitait. Il était aussi fort occupé à chercher de nouvelles occasions d'affaires, ce qui le forçait à être régulièrement en déplacement. Son frère Serge et Jacques D'Amours se partageaient les autres commerces et les tâches connexes : se charger des inventaires, des commandes, de l'embauche du personnel, faire les dépôts, payer les comptes, voir à l'entretien et aux réparations.

Si le groupe avait de l'ambition, il ne l'affichait pas encore. Rien ne le distinguait en effet des autres dépanneurs de la bannière Boni-Soir, qui ornait ses magasins. Cette appellation désignait simplement qu'il s'agissait de commerces de proximité indépendants approvisionnés par le grossiste en alimentation Hudon et Deaudelin[17].

À défaut d'importants moyens financiers, Alain Bouchard dut faire preuve de créativité pour acquérir de nouveaux magasins. Les banques étaient méfiantes et gourmandes. Il réussit à les contourner en proposant aux vendeurs de financer eux-mêmes l'achat de leur commerce. Plusieurs y voyaient un moyen astucieux de faciliter la transaction, tout en s'assurant des revenus annuels importants, puisque les taux d'intérêt consentis sur le solde de la vente étaient semblables à ceux réclamés par les banques, soit près de 20 %.

* * *

---

17. Hudon et Deaudelin passa aux mains de la chaîne Sobeys en 1998, lorsque cette entreprise basée en Nouvelle-Écosse fit l'acquisition de la firme Oshawa Group.

La récession de 1981-1982 frappa dur au Canada, en particulier au Québec, déjà fragilisé par l'exode d'une partie de sa communauté anglophone vers la province voisine de l'Ontario. L'élection en 1976 d'un gouvernement indépendantiste dirigé par René Lévesque et l'adoption de la loi 101, faisant du français la seule langue officielle du Québec, en avaient effrayé plusieurs. Des perspectives économiques plus prometteuses à Toronto firent le reste, incitant plus de 100 000 anglophones à abandonner leur position minoritaire au Québec pour se fondre dans la masse anglo-saxonne de la capitale ontarienne.

Inflation, faillites, fermetures d'usines, chômage, pauvreté étaient bien réels partout au Canada, de sorte que les banques se montraient de plus en plus frileuses. Comment relancer l'économie, alors que les entrepreneurs n'arrivaient plus à emprunter pour réaliser leurs projets ? C'est alors que le gouvernement canadien adopta un programme de garantie de prêts aux petites entreprises, allant jusqu'à un maximum de 250 000 $. En somme, le gouvernement se portait garant en cas de défaut. C'était à la fois un appui concret aux petites entreprises et un énorme cadeau aux grandes banques canadiennes.

« Pas de problème, Alain, nous allons scinder la compagnie en unités séparées et demander des PPE, des prêts aux petites entreprises. »

Richard Fortin venait de trouver l'astuce permettant de résoudre le problème de financement auquel étaient confrontés les quatre actionnaires. Les prêts étant garantis par le gouvernement, les banques n'avaient plus aucune raison de refuser de les accorder. Et comme la Banque canadienne nationale l'avait invité à le faire, le groupe choisit une autre institution pour financer sa croissance : la Banque de Montréal.

Le morcellement de l'entreprise en plus petites unités arrivait à point pour un autre motif. Désireux de soutenir les petites entreprises d'alimentation, le gouvernement québécois avait statué que seuls les marchands indépendants seraient autorisés à vendre de la bière. En clair, les supermarchés étaient exclus de ce commerce lucratif. Mais à partir de quel moment un marchand indépendant cessait-il de l'être en prenant de l'expansion ? Le gouvernement québécois avait tranché : dès qu'il possédait cinq établissements, un commerçant perdait le droit de vendre de la bière. Les Perrette étaient exploités par des concessionnaires indépendants ; les Provi-Soir, par des franchisés indépendants. Mais les Bouchard, D'Amours et maintenant Fortin possédaient des magasins qu'ils géraient eux-mêmes. Pour ne pas perdre le pactole que représentait la vente de bière, ils devaient donc former des unités corporatives d'au plus quatre dépanneurs. « On inventait des noms chaque fois, dit Alain Bouchard : Dépanneur Super Plus, Dépanneur Public, etc. Ils avaient tous les mêmes actionnaires, mais l'important était qu'il s'agisse sur papier d'entreprises individuelles. »

* * *

En 1984, Richard Fortin troqua définitivement son confortable bureau de vice-président au 24e étage d'une tour du centre-ville pour un bureau improvisé dans le sous-sol encombré d'un dépanneur de la rue Villeray, dans le nord de Montréal. « À ma première journée de travail, j'étais assis sur une caisse de Coke dans un sous-sol poussiéreux. » Et pourtant, il y était heureux. Comme lorsqu'on a la conviction de participer au début de quelque chose d'important. Cette confiance lui était inspirée, dit-il, par Alain Bouchard, par son flair et par son ardeur au travail.

L'arrivée à temps plein de Richard Fortin permit de mieux répartir les rôles de chacun. Le plan de match exigeait que tous les partenaires se retroussent les manches. Trois se partagèrent la gestion quotidienne des 12 magasins que possédait alors le groupe, laissant à Alain Bouchard la responsabilité des projets d'expansion. «Alain parcourait les rues de Montréal et des environs pour rencontrer des propriétaires et essayer d'acheter leurs commerces», dit Richard Fortin qui, comme les autres, était de corvée lorsqu'il fallait rénover les magasins nouvellement acquis. «Nous enfilions nos jeans, et tout ce qu'on pouvait faire nous-mêmes, on le faisait.»

Jacques D'Amours, Alain Bouchard et son frère Serge mettaient ensuite leur «recette» en place. Positionnement stratégique des produits, politique de prix agressive, rapidité du service à la caisse, contrôle des coûts. «Dans tous les cas, nos méthodes d'opération permettaient d'augmenter les ventes de 15 ou 20% la première année. Chaque fois», insiste Richard Fortin, comme encore étonné par la simplicité apparente de la chose. «C'était des mines d'or», renchérit Jacques D'Amours. Ils savaient comment l'extraire, cet or, mais il fallait trouver d'autres filons, toujours plus. Jusqu'au ridicule. Comment qualifier autrement la décision de leur petite entreprise sans moyens d'approcher, en 1984, la plus importante chaîne de dépanneurs au Canada, Mac's, pour lui offrir d'acheter son réseau québécois alors en difficulté financière? Un rêve qui resta sans suite.

* * *

Le goût du succès donnait des ailes au groupe. Et le vent du hasard le porta dans différentes directions. En une fin de semaine, Alain Bouchard vit une opportunité, la saisit et créa

Recypro, une entreprise de... recyclage de pièces automobiles et d'appareils téléphoniques usagés! La petite usine se trouvait près de chez lui, à Saint-Jérôme. C'était son seul avantage. N'ayant aucune connaissance en planification du travail à la chaîne, il fut vite débordé et dut faire appel au commissaire industriel de la municipalité. Connaîtrait-il un expert en organisation capable de mettre un minimum de cohérence dans la structure de fonctionnement de cette nouvelle aventure? Cela tombait bien, lui dit-il, un ingénieur du nom de Réal Plourde, spécialiste en redressement d'entreprises, l'avait approché dernièrement pour lui signaler qu'il disposait de quelques heures par semaine afin de donner un coup de main à de petits entrepreneurs de la région ayant besoin d'aide.

Réal Plourde n'était pas vraiment spécialiste en redressement d'entreprises. Il cherchait plutôt à redresser une carrière ayant connu un parcours sinueux et atypique. Dès sa sortie de l'université avec un diplôme d'ingénieur en poche, il avait obtenu un bon emploi au ministère des Transports du Québec. La fin des années 1960 était une époque fébrile pour la construction du réseau autoroutier de la province. Et pourtant, lorsqu'il reçut, à la date anniversaire de son embauche, une lettre l'informant qu'il était désormais employé permanent du ministère, il eut un mouvement de recul. Ça y était, la voie était tracée, droite comme une autoroute. Il passerait le reste de sa vie à faire des lignes à travers les plus belles terres agricoles du Québec, à enjamber ses rivières bouillonnantes et à arracher les flancs de ses montagnes pour arriver à une retraite tranquille, aboutissement inéluctable d'une carrière consacrée à la gloire de l'asphalte. C'était trop lui demander. Ou trop peu. Il avait le goût de l'aventure. Il voulait donner un sens à son existence. Moins de 24 heures après avoir obtenu son poste permanent, il remit sa démission en annonçant qu'il allait se rendre en Afrique et y travailler comme bénévole pour SUCO, le Service universitaire canadien outre-mer. Ses collègues arrivèrent à l'en dissuader, mais seulement en partie. S'il voulait vraiment aider le continent africain, pourquoi ne pas mettre à profit ses connaissances d'ingénieur auprès de firmes canadiennes déjà engagées dans des projets appuyés par la Banque mondiale ou l'ACDI, l'Agence canadienne de développement international ? Du coup, il pourrait gagner un salaire décent tout en réalisant son rêve. C'est ainsi que Réal Plourde s'embarqua pour un périple de quatre ans en Afrique de l'Ouest, principalement au Togo et au Congo-Kinshasa, à superviser la construction de routes. Il est difficile d'échapper entièrement à son destin. Pourtant, ce séjour le changea, comme il l'avait espéré. Le contact avec la vie africaine lui fit redécouvrir « les valeurs de partage et d'entraide que nous sommes en train de perdre dans nos sociétés modernes et individualistes », déplore-t-il.

À son retour au Québec, l'époque des grands chantiers routiers était révolue. Celle des grands barrages hydroélectriques faisait une pause. Il décrocha de peine et de misère quelques petits contrats d'infrastructures dans des municipalités, rien de très stimulant. Après quatre années hors de son pays, on perd bien des choses, autant des opportunités que des illusions. Réal Plourde se sentait dépassé. Il décida donc de retourner aux études pour réorienter sa carrière en s'inscrivant à temps plein à une maîtrise en administration des affaires (MBA) de l'école des Hautes Études commerciales de Montréal.

Puis, un vendredi après-midi, il s'en souvient encore très bien, un commissaire industriel lui fit rencontrer un certain Alain Bouchard, dont l'entreprise recyclait de vieux téléphones de Bell Canada. « C'était, dit-il avec un brin d'ironie, la période où les entrepreneurs québécois se croyaient bons en tout. »

Alain Bouchard a souvent des airs bourrus lorsqu'il négocie un prix, ou un salaire. « Je lui ai demandé : "Combien veux-tu qu'on te paie ?" » La présentation de Réal Plourde l'avait impressionné. Ingénieur et administrateur, c'est ce qu'il lui fallait. Et l'homme avait visiblement du talent pour les relations humaines, ce qui serait utile pour constituer une équipe capable de rentabiliser l'usine. La réponse de Réal Plourde l'a ravi. « Il m'a dit : "Paye-moi ce que tu peux payer, ce que tu crois que je vaux ; et lorsque j'aurai démontré ce que je suis capable de faire, tu me paieras à ma valeur." »

Les deux hommes parlaient le même langage, celui de la confiance mutuelle et du respect pour le travail. Ils venaient tous les deux de loin : Alain Bouchard d'une famille démunie de six enfants sur la Côte-Nord, Réal Plourde, d'une famille de sept enfants habitant de l'autre côté du fleuve, dans le Bas-Saint-Laurent, l'une des régions les plus pauvres du Québec. Tout juste installés dans les environs de Montréal, lui et son épouse n'y connaissaient personne. En apprenant qu'ils allaient passer la période des fêtes de Noël seuls, loin des leurs, Alain Bouchard les invita à la maison le 25 décembre, « comme si j'étais un membre de sa famille », se rappelle avec reconnaissance Réal Plourde.

Alain Bouchard découvrit rapidement que Réal Plourde possédait le don de l'horloger, le génie d'imbriquer engrenages, leviers et ressorts en un tout cohérent et fonctionnel. Il savait manœuvrer avec les employés, répartir les tâches et responsabilités, segmenter les étapes et motiver les équipes à atteindre des objectifs réalistes. Il était un maître de l'organisation, doté d'un sens exceptionnel pour la compréhension de l'âme humaine. On ne revient pas indemne d'un long séjour en Afrique.

Estimant que « l'entreprise était trop petite pour un tel talent », Alain Bouchard acquit ensuite d'autres petites sociétés manufacturières dont il confia la responsabilité à Réal Plourde. L'une fabriquait des modules de sécurité que l'on installe à l'entrée des magasins pour détecter les vols. Une autre produisait des lentilles de verre pour lunettes. « Nous avons fait de l'argent, mais c'était une grande distraction », dit Alain Bouchard à propos de ces aventures manufacturières qui se situaient en dehors de sa zone de confort. Il décida rapidement d'y mettre fin, d'autant que Réal Plourde, après avoir pris la direction de l'entreprise de verres d'ordonnance, conclut que la compétition était trop forte dans ce domaine et qu'il valait mieux la revendre au plus vite. L'acquéreur, une firme française, exigea qu'il demeure en poste pendant un an. Il aurait pu y rester plus longtemps, mais le refus de son employeur de lui permettre de participer au capital de la société l'incita à partir. Une fois de plus, il se tourna vers Alain Bouchard, qui était disposé à lui faire une place, mais, là encore, Réal Plourde demanda d'y être accueilli en tant qu'associé. Il connaissait sa valeur, et sa proposition tombait bien.

En 1984, Serge Bouchard venait de quitter l'entreprise fondée avec son frère et de réorienter sa carrière. Il y avait un Bouchard de trop dans cette affaire, et un de trop à vouloir la diriger. Il choisit de devenir courtier en valeurs mobilières. Lorsque, peu de temps après, Réal Plourde demanda de se joindre à l'équipe, les trois actionnaires restants acceptèrent de l'accueillir comme partenaire même s'il ne disposait pas d'une somme d'argent lui permettant d'investir dans le capital de l'entreprise. Dans ce contexte, le mieux qu'on pouvait lui offrir était un lot d'options d'achat.

« Alain m'a dit : "Tu es ingénieur, tu vas t'occuper de la construction des magasins." » La tâche semblait modeste pour celui qui avait dirigé de grands travaux d'infrastructures impliquant des centaines d'ouvriers, mais cela pouvait toujours aller puisque, au moins, ce qu'il allait construire lui appartiendrait en partie. Il ignorait cependant à quel point son temps serait accaparé par les requêtes des employés de magasins réclamant des réparations d'urgence. « Ma couverture coule, j'ai deux tuiles arrachées sur mon comptoir, pourriez-vous réparer ça ? » Il avait le sentiment de tomber de haut, reconnaît-il : « Il fallait tout faire nous-mêmes parce que nous n'avions pas de marge de manœuvre. Je me suis posé quelques questions ! Qu'est-ce que je fais là ? »

Il estimait par ailleurs que la structure hiérarchique de l'entreprise était démesurée : quatre partenaires et gestionnaires à temps plein, pour à peine une douzaine de petits commerces. Ses doutes étaient renforcés par cette perception. « Je me disais qu'on était trop lourds à la tête, bien qu'on ne se prenait pas de gros salaires à l'époque. Mais Alain avait une vision, une grande ambition, et il reconnaissait qu'il ne pouvait pas tout faire seul. Il voulait bâtir son équipe pour l'avenir. »

Ils ne le savaient pas encore, mais ils venaient de former un des groupes d'entrepreneurs les plus performants et durables de l'histoire canadienne. Qui aurait pu le soupçonner d'une entreprise si modeste qu'elle venait à peine de se donner de véritables bureaux, en louant un espace dans un édifice commercial de Laval ? Jusque-là, chacun des partenaires avait dû se trouver un recoin à l'étage, à l'arrière ou au sous-sol d'un des dépanneurs. Aucun n'était assez grand pour y tenir une réunion prolongée avec les autres partenaires, de sorte qu'ils se donnaient généralement rendez-vous à la résidence d'Alain Bouchard pour leurs rencontres. Les affaires côtoyaient ainsi l'intime, contribuant à souder l'équipe.

* * *

Fin décembre 1984, il y avait de quoi célébrer lors de la fête de Noël organisée pour tous les employés de l'entreprise qui venait d'ouvrir son premier magasin tout neuf, érigé sur le site d'une ancienne station-service. Cela faisait longtemps qu'Alain Bouchard n'avait vécu ce moment de fébrilité qu'il appréciait tant, celui de l'arrivée des premiers clients au matin de l'inauguration d'un dépanneur. Sa confiance décuplée, il s'avança dans la petite salle de réception louée pour boucler cette année dans la bonne humeur, et il prit la parole devant les quelques dizaines de personnes présentes. Il remercia les employés pour leurs efforts soutenus et, surprenant tout le monde, il déclara que l'entreprise deviendrait la chaîne de dépanneurs la plus importante au Québec. «Moi et les autres partenaires, nous nous sommes regardés, se rappelle Jacques D'Amours, et on s'est dit qu'on avait du chemin à faire avant de rattraper Provi-Soir qui avait 200 magasins, ou Perrette qui en avait 125. Nous, on en avait 12!»

Richard Fortin était aussi sous le choc. «Alain ne nous avait pas informés à l'avance de ce qu'il dirait. Réal Plourde et moi, on s'est dit que c'était un bel objectif, mais est-ce qu'on pouvait l'atteindre?»

CHAPITRE 8

La bannière Couche-Tard

Les partenaires d'Alain Bouchard le savaient ambitieux et un brin obstiné. « Aussitôt qu'il se commettait pour un projet, il fallait qu'il le réalise », dit de lui Jacques D'Amours. Mais devenir les plus gros au Québec ? Cette fois, ils le trouvaient rêveur. Ce que personne n'avait anticipé, pas même Alain Bouchard, c'est que l'industrie des dépanneurs connaîtrait bientôt trois années de perte de vitesse et que cela créerait de grandes opportunités pour des acquisitions.

Trop de joueurs s'étaient lancés en même temps. Le succès de Perrette, puis l'expansion fulgurante de Provi-Soir avaient convaincu toutes les grandes chaînes d'alimentation de se doter d'un réseau de petits commerces de proximité où elles pourraient distribuer leurs produits en profitant d'heures d'ouverture plus étendues. Les dépanneurs devenaient les armes d'une guerre par procuration entre géants alimentaires. IGA approvisionnait les Boni-Soir, la bannière sous laquelle fonctionnaient les commerces du groupe d'Alain Bouchard. La chaîne Métro était liée aux dépanneurs Sept Jours. Pour leur part, les épiceries de la famille Steinberg avaient lancé le concept La Maisonnée en 1982, en donnant à Gaétan Frigon le mandat de créer « la prochaine génération de dépanneurs ». Ils furent les premiers à offrir du café en grains et des sandwiches frais, ouvrant ainsi la voie au modèle des dépanneurs comme lieu de restauration hyper rapide. Et c'est sans compter les centaines de petits indépendants qui se mirent à pousser à tous les coins de rue, comme si le Québec était atteint d'une maladie contagieuse de micro-entrepreneuriat. Ces «sans-bannière» en avaient trouvé une les identifiant comme membres d'une même famille : ils s'affichaient tout bonnement comme «dépanneurs». Cela leur suffisait.

À l'automne 1985, Alain Bouchard rencontra un représentant de la pétrolière Texaco qui lui parla d'un petit réseau de magasins implanté dans la ville de Québec et dont le propriétaire songeait à se départir. Il avait eu l'originalité de donner une personnalité distincte à ses commerces, qui étaient exploités sous le nom de Couche-Tard.

Ce nom évoque des souvenirs heureux chez plusieurs Québécois et Franco-Canadiens. Au début des années 1960, la télévision publique nationale diffusait une émission appelée *Les couche-tard* qui a fait le bonheur de toute une génération. Animée par deux joyeux lurons, Jacques Normand et Roger Baulu – surnommé «le roi des annonceurs» –, l'émission fut le premier talk-show de fin de soirée au Canada, d'où son nom. Elle était un passage obligé pour les chanteurs et comédiens les plus en vue, de même que pour les personnalités politiques soucieuses de se présenter de manière sympathique et décontractée. Certains allaient s'y brûler les ailes, foudroyés par les questions irrévérencieuses de Jacques Normand, le fou du roi de ce tandem imprévisible.

L'enseigne Couche-Tard, accompagnée du dessin en silhouette d'un somnambule en pyjama avec un bonnet de nuit enfoncé sur la tête, était à la fois un clin d'œil à cette émission rassembleuse et festive, et un indice des heures d'ouverture prolongées de ces commerces.

Couche-Tard était constitué de quatre magasins appartenant au propriétaire du réseau, histoire de conserver le privilège de vendre de la bière, et de sept autres commerces affiliés, en somme, des franchises. Dix des dépanneurs se trouvaient dans la région immédiate de Québec et un autre à quelques centaines de kilomètres de là, dans la ville de Magog. Leur acquisition représenterait le coup le plus fumant de la jeune entreprise dirigée par Alain Bouchard, qui ne comptait alors que 20 magasins. D'un seul coup, elle connaîtrait une expansion de 50 %. Mais en avait-elle les moyens financiers, dans le contexte difficile qu'affrontait l'industrie ? Comment arriverait-elle à intégrer ces nouveaux commerces situés en dehors de son territoire naturel, soit la couronne Nord de Montréal ? On peut facilement s'étouffer en prenant une trop grosse bouchée.

Les quatre partenaires adoptèrent une stratégie qui les guiderait dans toutes leurs acquisitions à venir. C'est en groupe qu'ils iraient à la chasse. Ils s'engageraient personnellement dans l'évaluation des commerces, jusque dans les moindres détails et, une fois le dossier bien maîtrisé, chacun devrait donner son accord avant de procéder. C'est ainsi qu'ils partirent tous les quatre visiter les dépanneurs Couche-Tard de Québec, pour juger de la valeur de leur emplacement, de leur état, de leur achalandage. Puis ils s'enfermèrent pendant tout un week-end avec le représentant du propriétaire afin de vérifier les livres comptables et de régler les détails de l'offre. Habiles négociateurs, ils parvinrent à convaincre le vendeur de leur accorder un solde de vente, c'est-à-dire de leur prêter une partie du coût d'acquisition.

Deux des quatre dépanneurs appartenant à l'homme d'affaires de Québec étaient situés dans des immeubles qu'il possédait et qu'il leur cédait dans la transaction. Richard Fortin eut l'idée de s'en servir comme d'une banque pour financer l'opération. Les quatre partenaires achetèrent les deux immeubles à titre personnel et les hypothéquèrent au maximum de leur valeur, dégageant un surplus qui servit de mise de fonds dans la transaction. Ils empruntèrent aussi de l'argent en mettant les équipements des magasins en garantie. Dans les faits, raconte Richard Fortin, « on est revenus avec du *cash*. Sur la route nous ramenant vers Montréal, nous étions tous euphoriques », se rappelle-t-il. Ils avaient acquis 11 dépanneurs et deux immeubles en ne versant que 20 000 $ de mise de fonds. Au surplus, les quatre partenaires venaient de se donner leur propre marque de commerce, Couche-Tard, dont ils allaient bientôt orner tous leurs autres dépanneurs.

Ils étaient partis pour la gloire !

* * *

Qui du vendeur ou de l'acheteur avait fait le meilleur coup ? La réponse à cette question n'allait pas de soi, car le secteur des dépanneurs vivait une profonde transformation, conséquence de changements à la loi sur la vente de la bière dans les super-marchés. La chaîne Steinberg, alors l'un des principaux joueurs au Québec dans le domaine de l'alimentation, avait lancé le bal grâce à un habile subterfuge. Elle se porta acquéreur d'un épicier indépendant ayant plus de cinq établissements, et dont l'entreprise était assez vieille pour disposer d'un droit acquis lui permettant de vendre de la bière comme cela était possible avant l'adoption de la loi visant à protéger les petits commer-çants. Non seulement Steinberg avait acheté cette petite entre-prise, elle avait légalement fusionné avec elle, une aberration commerciale et une fiction juridique qui ne trompait personne sur son objectif: prétendre que la « clause grand-père » s'appli-quait à l'ensemble de son réseau de supermarchés et que cela lui permettait d'y vendre de la bière. Ce geste déclencha un mouvement général de protestation de la part des dépanneurs et lança une course opposant les grandes chaînes alimentaires désireuses d'acheter de vieilles épiceries disposant d'une clause grand-père semblable. La bataille se déplaça devant les tribunaux, Provigo se joignant à Steinberg pour contester la loi qui n'accordait qu'aux petits commerçants le droit de vendre de la bière. Le gouvernement québécois décida finalement de modifier la législation afin de permettre la vente de la bière dans tous les commerces alimentaires, supermarchés comme dépanneurs.

Les dépanneurs allaient ainsi perdre une portion substantielle de leurs revenus et, donc, de leurs bénéfices. Leur achalandage s'en trouverait réduit et, donc, leur valeur aussi. Le modèle économique de ces petits commerces était remis en question, l'équilibre des forces en présence était modifié. Bien sûr, ils conservaient l'avantage de la proximité et celui des heures d'ouverture prolongées, mais la perte de l'exclusivité de la vente de bière fit mal. Elle s'accompagnait cependant d'un gain qui ne fit pas les manchettes, bien qu'il eût par la suite un impact majeur dans le développement de ce secteur, et en particulier pour Couche-Tard : la réforme mettait fin à la politique limitant le nombre de commerces que peut détenir une entreprise ou un particulier autorisé à vendre de la bière. Au moment où toute la chaîne Steinberg s'en était exclue par un tour de passe-passe juridique, cette politique n'avait plus de sens. La limite de quatre établissements abolie, cela donnait une plus grande flexibilité dans l'organisation de la structure d'entreprise de Couche-Tard. Il devenait possible de bâtir une entreprise qui soit propriétaire de centaines de dépanneurs. Cela tombait bien, il y en avait beaucoup à vendre pour pas cher.

* * *

L'acquisition des magasins Couche-Tard de Québec représenta un point tournant pour l'entreprise. Alain Bouchard estime que cela lui apporta un «gros C», comme dans Crédibilité. «C'était très important de réussir cette transaction, ajoute Richard Fortin, car elle nous a donné confiance en notre capacité d'en faire d'autres.»

Chose certaine, le petit groupe d'investisseurs commença dès lors à apparaître sur le radar médiatique. Quelques articles de journaux rapportèrent la transaction, qui donnait naissance à un septième regroupement de dépanneurs au Québec après les Perrette, Provi-Soir, Boni-Soir, Sept Jours, La Maisonnée et Mac's[18]. Chez les grands de l'alimentation qui venaient de remporter une victoire qu'ils croyaient décisive, l'arrivée de ce nouveau joueur fut davantage une source d'étonnement que de crainte.

---

18. Les dépanneurs Mac's, surtout présents en Ontario, appartenaient à la firme Silcorp basée à Toronto.

CHAPITRE 9

« Une économie de dépanneurs »

La société Alimentation Couche-Tard inc. fut officiellement créée le 4 mai 1986, quelques mois à peine avant de se lancer en Bourse et de devenir… la risée générale. Elle fut dénoncée comme l'exemple à ne pas suivre, le symbole de la cupidité de gens d'affaires sans autre ambition que de s'en mettre plein les poches. Chacun des quatre partenaires en garde un souvenir à la fois amer et amusé, tant l'avenir a prouvé à leurs détracteurs qu'ils avaient eu tort.

Pour payer l'acquisition des Couche-Tard de Québec, Richard Fortin avait dû étirer l'élastique de l'endettement à un niveau qu'il jugeait trop risqué. Responsable des finances de l'entreprise, il a toujours refusé d'utiliser à outrance le principe de l'effet de levier, « car ça nous met à la merci des banquiers », dit-il. C'est toutefois ce qu'il venait de faire pour doubler la taille de leur société. Cela compromettait la capacité de poursuivre son expansion. Il fallait donc trouver du capital nouveau, et les circonstances ne pouvaient être plus favorables, puisque le Québec était alors atteint d'une fièvre boursière.

Quelques années plus tôt, en 1979, le gouvernement du Parti québécois se préparait à tenir un référendum sur l'indépendance du Québec (qui eut lieu en mai 1980). En guise d'antidote à la peur de l'aventure, il devait trouver un moyen de donner confiance aux Québécois en leur capacité de développer leur propre économie. Il fallait susciter une ferveur entrepreneuriale, encourager le capital de risque, établir une culture du succès. C'est ainsi que le ministre des Finances Jacques Parizeau, lui-même issu du monde des affaires, créa le Régime d'épargne-actions, le RÉA. La mesure était aussi un moyen de réduire l'écart important entre le taux d'imposition des contribuables québécois et celui en vigueur dans la province voisine, l'Ontario. Le Québec ayant un système fiscal plus progressif, on assistait, selon l'expression de Jacques Parizeau, à une «révolte des bien nantis». Le RÉA allait leur permettre de déduire de leurs revenus imposables jusqu'à 12 000 $ par année, pourvu qu'ils aient investi dans l'achat d'actions d'entreprises ayant leur siège social au Québec.

Alain Bouchard a toujours évité de parler de politique, mais il arrive mal à cacher son admiration pour les réalisations du gouvernement dirigé par René Lévesque. Sa première loi, la loi 101, a fait du français la langue officielle du Québec, non seulement dans l'administration publique et les tribunaux, mais aussi dans l'affichage commercial et au travail. Cela, dit Alain Bouchard, a eu un effet «formidable» pour permettre aux francophones de prendre leur place. Bien sûr, la Révolution tranquille des années 1960 avait commencé le travail, mais à ses yeux, l'arrivée au pouvoir du Parti québécois en 1976 et l'ensemble des réformes courageuses adoptées par ce gouvernement ont été «un plus grand choc pour donner aux Québécois confiance en eux et leur permettre de croire que c'était possible de monter dans les entreprises».

Il fallut un certain temps avant que le RÉA ne démontre son plein potentiel en incitant de nouvelles sociétés à s'inscrire en Bourse pour profiter de cet appel d'air, «l'appel public à l'épargne». En plus du rabais fiscal accordé aux investisseurs, le programme offrait aussi, à ses débuts, une aide financière aux petites entreprises pour remplir le prospectus leur permettant de se qualifier auprès de la Commission des valeurs mobilières du Québec avant leur inscription à la Bourse de Montréal.

En 1984, 24 entreprises profitèrent du programme, allant chercher auprès des investisseurs une somme de 218 millions $. L'année suivante, les 55 émissions d'actions admissibles au RÉA permirent de récolter 1,4 milliard $. Dans la première moitié de 1986, lorsque Couche-Tard annonça son intention d'être inscrite à la Bourse, les 32 appels publics à l'épargne déjà lancés cumulaient plus d'un milliard de dollars de recette. Ce montant allait doubler d'ici la fin de l'année. La progression était fulgurante. Trop.

En 1986, la popularité du RÉA était telle que le gouvernement décida d'en réduire quelques incitatifs, comme le remboursement des frais de préparation du prospectus, document essentiel pour l'inscription en Bourse d'une entreprise. Couche-Tard n'y eut donc pas droit. En conséquence, la seule aide dont elle bénéficia fut indirecte, celle accordée sous forme de congé fiscal aux contribuables ayant choisi d'y investir. La somme en jeu pour cette première émission en Bourse de Couche-Tard était ridiculement faible, moins de 2,5 millions $. Néanmoins, Alain Bouchard n'oubliera jamais la nervosité qui s'empara de lui lorsqu'il alla rencontrer les courtiers pour leur présenter son projet. « J'ignorais tout de ce monde-là. Ma voix tremblait. Richard Fortin était avec moi et il a dû prendre la relève pour me calmer un peu. On part de loin. On part de très loin. On était des petits culs à l'époque. »

Le 26 juin de cette même année, la nouvelle société Alimentation Couche-Tard inc., fondée un mois plus tôt de la fusion des quatre entreprises[19] appartenant à ses fondateurs,

---

19. 118466 Canada ltée, 118491 Canada ltée, Les développements Orano ltée et Dépanneur Super Plus inc. La nouvelle entité est alors détenue à 56,95 % par son président-directeur général Alain Bouchard, à 28,07 % par Jacques D'Amours, vice-président à l'exploitation, et à 14,98 % par Richard Fortin, vice-président aux finances.

la principale étant la société de portefeuille (*holding*) d'Alain Bouchard, les Développements Orano, apparut pour la première fois dans les journaux. De simples entrefilets de quelques lignes dans les pages financières des grands quotidiens québécois annonçaient que Couche-Tard avait déposé un prospectus préliminaire en vue d'une offre publique à l'épargne. Dans le *Journal de Montréal*, on mentionna que l'entreprise comptait « un réseau de 34 magasins de commodités au Québec » ; dans *La Presse*, simplement qu'elle exploitait « des dépanneurs ».

Quelques jours plus tard, l'un des journalistes économiques les plus respectés du Québec, Jean-Philippe Décarie, signa dans le *Journal de Montréal* un article au ton ironique portant sur les prochaines émissions en Bourse. « Commençons par la nouvelle venue dans le monde trépidant de la haute finance, la compagnie Alimentation Couche-Tard inc. » Il y décrivait le plan d'affaires de l'entreprise, soit de transformer en franchises les quatre dépanneurs qu'elle possédait en propriété exclusive, qui s'ajouteraient aux 30 autres franchises situées dans les régions de Québec et Montréal. Couche-Tard, rapportait-il, était une entreprise modeste, mais tout de même rentable. Et surtout, elle affichait une forte croissance. En 1985, elle avait réalisé des ventes de 13 millions $. Au 3 mai 1986, sur une base annualisée, elle en serait à 20 millions $. Les profits avaient suivi, à 610 000 $, en hausse de 82 %.

C'était le genre de performance à faire rêver. Et les rêves d'Alain Bouchard sont chiffrés. Quelques semaines avant l'entrée officielle de Couche-Tard en Bourse, il confia à un magazine spécialisé, *Le Dépanneur au Québec*, que Couche-Tard avait pour objectif d'atteindre une centaine de magasins, donc de tripler de taille, au cours des trois années suivantes. Au bout de cinq à huit ans, prédisait-il, l'entreprise en compterait 200.

De son bureau de vice-président chez Métro, Gaétan Frigon fut témoin de cette arrivée claironnante de Couche-Tard. «Voyons! Tu ne vas pas en Bourse pour aller chercher 2,5 millions de dollars!» Bien qu'il estime que le Régime d'épargne-actions fut un «coup de génie» pour propulser l'entrepreneuriat qui végétait au Québec, il considérait qu'Alain Bouchard était très téméraire de s'y lancer si tôt dans le développement de son entreprise.

* * *

Le 22 août 1986, le titre de Couche-Tard fit son apparition au tableau de la Bourse de Montréal sous les symboles DCT et DCT.W, ce dernier identifiant le bon de souscription qui permettait à son détenteur d'acheter une demi-action de l'entreprise à une date et à un prix prédéterminés. Le nombre d'actions, 1,1 million, émises à 2,25 $, représentait le quart des actions de l'entreprise, les trois fondateurs se partageant les 3 millions d'actions restantes.

Réal Plourde, qui avait exprimé le souhait de devenir le quatrième partenaire de l'entreprise l'année précédente, attendait ce moment avec impatience. Ne disposant pas d'un capital personnel, il n'avait pu acheter sa part de la société. Tout au plus en possédait-il une part virtuelle, sous la forme d'options d'achat. Dans la mesure où le titre de la société performerait bien en Bourse, il pourrait exercer ces options et les convertir en actions. Sinon, elles ne vaudraient rien. Entretemps, il avait le loisir comme tout le monde d'acheter des actions, maintenant qu'elles étaient sur le marché. Il hypothéqua sa maison entièrement payée pour acheter 50 000 actions dès leur mise en vente. Sa conjointe était loin d'être ravie. La maison familiale leur appartenait à tous les deux. Or, les actions étaient à son nom à lui. Bien sûr, il promettait de rembourser l'hypo-thèque, mais elle redoutait que l'argent ne provienne du bud-get familial.

Puis, ce fut la tempête. Médiatique. Coup sur coup, des journalistes parmi les plus crédibles du Québec se mirent à dénoncer les «abus criants dans le monde des RÉA» et à faire de Couche-Tard le symbole de cette dérive.

Le 3 octobre 1986, Simon Durivage ouvrit son émission d'affaires publiques quotidienne, *Le Point*, diffusée immédiate-ment après le *Téléjournal* de fin de soirée sur les ondes de la télévision publique de la Société Radio-Canada, en affirmant: «on est en train [...] de détourner carrément de ses objectifs du début» le Régime d'épargne-actions. «Est-ce bien légitime, demanda-t-il, que des individus profitent de ce régime pour s'en mettre plein les poches au passage?»

Dans le reportage qu'il présenta, on faisait état de six cas illustrant ces abus présumés. Le deuxième exemple était celui de Couche-Tard. «Voici quatre propriétaires de dépanneurs», dit l'animateur, qui émettent pour plus de deux millions de dollars d'actions. «Pour quoi faire?» demandait-il avant d'of-frir lui-même la réponse: «Essentiellement pour racheter quatre dépanneurs [...] qui étaient déjà hypothéqués énormé-ment.» Il concluait la démonstration en affirmant qu'en échange des 2,2 millions $ investis dans la société, les action-naires se retrouvaient «avec ces [quatre] dépanneurs, des fran-chises, éventuellement, et 21% des actions seulement d'Alimentation Couche-Tard».

Cela allait se poursuivre le lendemain dans le quotidien *La Presse*, sous la plume de l'éditorialiste Alain Dubuc. Le titre de sa diatribe, «Une économie de dépanneurs», ne laissait aucun doute sur ce qu'il pensait de la présence de magasins de proximité parmi les titres en Bourse admis au RÉA. «Ça frise le ridicule », écrivait-il, invitant les autorités à se demander « au nom de quelle logique un nombre non négligeable de "bineries" ont pu profiter de cette aide gouvernementale [...] comme si l'avenir du Québec reposait sur la vente au détail ». Le RÉA, conclut-il, « est un outil de développement, pas une vache à lait ».

Même le sérieux journal *Les Affaires* entra dans le bal de la dénonciation des « abus de l'épargne-actions » en prenant Couche-Tard à partie. « Peut-on sérieusement payer 12,5 millions $ pour quatre dépanneurs hypothéqués et une vingtaine de franchises qui n'ont pas un an d'existence ? » demanda la publication. Le montant de 12,5 millions $ ne représentait pas le montant de l'émission en Bourse, mais la valeur totale du capital de l'entreprise.

Dans les jours qui suivirent ce tir groupé contre Couche-Tard, le titre de l'entreprise dégringola en Bourse, perdant 25 % de sa valeur. Trop furieux pour le faire lui-même, Alain Bouchard délégua son avocat, Me Michel Pelletier, et son responsable des finances, Richard Fortin, pour rencontrer l'animateur Simon Durivage et le rédacteur en chef de son émission afin d'exiger une rétractation. Simon Durivage en avait vu d'autres. Pendant plusieurs années, il avait animé l'émission *Consommateurs avertis*, qui s'était fait une spécialité de dénoncer les fraudes en tous genres commises par les fabricants et les commerçants, petits et grands. Cela lui avait valu son lot régulier de menaces de poursuites. Il avait la peau épaisse et rien à perdre, puisqu'en cas de procès, c'est Radio-Canada qui garantirait sa défense et, si l'affaire devait mal tourner, paierait les dommages. Du point de vue de Couche-Tard, le calcul de l'atteinte à sa réputation était facile à faire. L'action de l'entreprise avait fondu de un dollar en Bourse. Il y en avait 1,1 million. Voilà le montant qui serait réclamé en l'absence d'une rétractation. «J'ai essayé d'être gentil au début», se souvient Richard Fortin. Puis le ton a monté. «Vous avez dit qu'on a quatre dépanneurs, alors que c'est 32», lança-t-il à l'animateur. «Vous avez dit qu'on s'en est mis plein les poches», ajouta-t-il, avant de lancer sur la table le certificat de dépôt de 2,5 millions $ dans le compte de l'entreprise à la Banque de Montréal. «L'argent est dans les coffres pour servir à notre croissance.» Malgré le refus de Simon Durivage d'admettre son erreur, le directeur de l'information trancha. «Monsieur Fortin, nous allons nous rétracter.»

Visiblement, le cœur n'y était pas du côté de Simon Durivage. Quelques jours plus tard, il revint sur le sujet lors d'une entrevue portant sur la dérive du Régime d'épargne-actions avec celui qui l'avait créé, le ministre des Finances Jacques Parizeau. Dans le préambule de l'entrevue, il rappela son reportage de la semaine précédente et en profita pour apporter quelques précisions à propos de Couche-Tard, soit que l'entreprise comptait 32 magasins plutôt que quatre, et que les fonds recueillis lors de son émission en Bourse se trouvaient toujours dans les coffres de l'entreprise. «Personne n'a compris que c'était une rétractation envers Couche-Tard, en dit Alain Bouchard, mais le mal était fait et on a dû vivre avec.» Il aurait pu intenter une poursuite en diffamation, mais c'est une arme à double tranchant qui risquait de donner un écho encore plus large aux critiques formulées envers Couche-Tard. Surtout, estimait Alain Bouchard, une action en justice gruge-rait ses énergies et l'empêcherait d'avancer. Il valait mieux tourner la page, ravaler son orgueil et prouver à ses détracteurs qu'ils avaient tort de se moquer de son projet de construire une grande entreprise de petits magasins. Le commerce de détail est si banal qu'il est facile d'en rire et de lui préférer les spectaculaires aventures technologiques. «C'est sûr que des dépanneurs, ce n'est pas *glamour*, admet Jacques D'Amours. On ne construit pas des avions, mais on a toujours été profitables. »

* * *

Malgré les sarcasmes, l'entreprise lança le processus d'unification de ses bannières. Le dépanneur de Saint-Jérôme, situé à proximité de la résidence d'Alain Bouchard, fut le premier à se convertir en Couche-Tard, avec ses lettres rouges sur fond blanc accompagnées de son sympathique somnambule arborant un grand sourire, les bras tendus vers l'avant, un bonnet sur la tête enfoncé jusqu'au nez.

L'arrivée en Bourse signifiait la sortie de l'anonymat, mais surtout, dit Alain Bouchard, une obligation de rigueur. L'entreprise devait désormais rendre des comptes à ses actionnaires, faire connaître son plan d'affaires et accélérer sa croissance. Couche-Tard emprunta la route la plus rapide, celle qui nécessitait le moins de ressources financières, et la structure de gestion la plus légère, soit la formule des franchises. Pour maximiser le rendement de chaque unité, elle annonça que la plupart des nouveaux magasins offriraient de l'essence en libre-service. Les franchises coûtaient alors 20 000 $ et Couche-Tard touchait 5 % de la valeur des ventes, en échange de quoi l'entreprise offrait aux franchisés de la formation technique et financière, de même qu'une aide pour la mise en marché. Couche-Tard ne fournissait aucune marchandise à son réseau de franchisés, mais négociait pour eux les contrats d'approvisionnent auprès du grossiste Hudon et Deaudelin.

Un mois après son entrée en Bourse, Couche-Tard acheta trois nouveaux dépanneurs. Puis, trois autres le mois suivant, ce qui lui permit de terminer l'année avec une écurie de

40 magasins. Le titre de l'entreprise se remit graduellement de sa mauvaise publicité de départ, atteignant en novembre 3,20 $ l'action, soit un gain de près de 30 % par rapport au prix initial. Il s'agissait de la deuxième meilleure performance parmi la centaine de titres émis cette année-là dans le cadre du RÉA. Les quatre dirigeants de Couche-Tard venaient de faire mentir les Cassandre.

Stimulée par ces progrès, disposant désormais d'un butin lui permettant de multiplier les acquisitions, l'entreprise se mit à claironner ses ambitions : dépasser la barre des 200 magasins d'ici cinq ans, puis s'implanter à l'extérieur du Québec, en Ontario et aux États-Unis.

* * *

L'année suivante, en 1987, l'engouement pour les RÉA prit fin dans un écrasement boursier généralisé. Plusieurs des titres inscrits grâce à ce programme ayant en effet une valeur douteuse, leur échec entraîna tous les autres. La crise de confiance fit chuter l'action de Couche-Tard sous les 2,00 $. Pour Réal Plourde qui avait hypothéqué sa maison afin d'acheter un bloc d'actions à 2,50 $, le coup fut doublement difficile à encaisser.

CHAPITRE 10

Le mariage avec Métro

« Couche-Tard se réveille », titrait avec humour le *Journal de Montréal* du 13 janvier 1987. La veille, le titre de l'entreprise avait bondi de 20 % – à 4,70 $ – à la suite d'une annonce étonnante : l'acquisition des 75 dépanneurs Sept Jours appartenant à la chaîne Métro-Richelieu. Couche-Tard passait d'un seul coup de 42 à 117 magasins, devenant ainsi le deuxième plus important réseau de dépanneurs au Québec, derrière Provi-Soir qui en avait près du double.

Pour un coup d'éclat, c'en était tout un. Non seulement la petite entreprise dont les ventes annuelles atteignaient à peine 17 millions $ achetait un concurrent ayant deux fois sa taille, mais elle l'achetait de Métro-Richelieu, un colosse cent fois plus gros qu'elle avec un chiffre d'affaires de 1,7 milliard $. Mieux encore, la transaction ne lui coûtait pas un sou ! Métro-Richelieu cédait en effet tous ses dépanneurs en échange d'un million de nouvelles actions de Couche-Tard, ce qui représentait une part de 17 % de l'entreprise.

Comment Alain Bouchard et ses associés avaient-ils réussi ce tour de force ?

* * *

La chaîne de dépanneurs Sept Jours n'était pas à vendre, mais pour Métro-Richelieu, il s'agissait d'un boulet. Comme tous les autres grands épiciers, Métro était entré dans la danse après que Provigo eut lancé la chaîne Provi-Soir. L'important était de maintenir ses parts de marché. « C'était comme une obligation, pas pour faire de l'argent », se rappelle Gaétan Frigon, qui occupait le poste de vice-président de Métro-Richelieu au moment où l'entreprise prit la décision d'investir dans ce secteur d'activité. « Nos tripes n'étaient pas là », dit-il, pas plus que celles de tous les autres groupes alimentaires. Personne ne croyait vraiment aux dépanneurs sur une base structurée car, lance-t-il dans le langage fleuri dont il a fait une spécialité, « les dépanneurs, c'était de la m... ! ».

De trop petits volumes, une trop forte rotation du personnel, une supervision difficile étant donné les horaires prolongés, des vols à l'étalage et dans l'arrière-boutique incontrôlables. La liste des problèmes à gérer s'allongeait sans cesse, et Métro-Richelieu perdait de l'argent.

Habitué à cogner aux portes, Alain Bouchard avait approché la direction de Métro en 1986, avant même l'inscription de Couche-Tard en Bourse. Accompagné de Richard Fortin, il avait rencontré Jacques Maltais, le président de Métro-Richelieu, et son premier vice-président, Raymond Bachand, futur ministre des Finances du Québec. Il fallait avoir un certain cran, celui de la grenouille qui parle au bœuf dans la fable de La Fontaine, pour leur dire que la gestion des Sept Jours était inefficace, que leur modèle n'était pas rentable et, se souvient Richard Fortin, « qu'ils ne pouvaient pas avoir du succès avec leur façon d'exploiter la chaîne de dépanneurs ».

Se l'entendre dire fut sans doute un choc pour l'orgueil de la direction de Métro-Richelieu, mais pas une surprise, et les deux parties s'entendirent rapidement sur un prix d'acquisition. Toutefois, Métro-Richelieu recula au dernier moment, lorsqu'elle décida de se lancer elle aussi en Bourse. Mais Alain Bouchard était persistant et il disposait d'un argument de taille. Métro-Richelieu devant désormais rendre des comptes à ses actionnaires, elle ne pouvait se permettre de conserver le fardeau financier que représentait son réseau de dépanneurs. Mieux valait le remettre à des exploitants ayant fait leurs preuves et qui étaient en forte croissance. Richard Fortin croyait avoir conclu la transaction quand un coup de fil du premier vice-président de Métro-Richelieu, Raymond Bachand, vint changer la donne. Le CA acceptait de se départir de la chaîne de dépanneurs, mais à deux conditions. D'abord, il ne se ferait pas payer en argent comme l'aurait souhaité Couche-Tard, mais plutôt en actions de l'entreprise. Ils deviendraient donc associés, ce qui permettrait à Métro-Richelieu de maintenir une présence dans le secteur. La deuxième condition découlait de la première : Métro-Richelieu exigeait le contrat exclusif d'approvisionnement de Couche-Tard/Sept Jours pour une durée de 15 ans. « Un contrat de 5 ans, c'est déjà une éternité, dit Richard Fortin, alors imaginez 15 ans ! » C'était pourtant le prix à payer pour tripler de taille.

« Le seul but de Métro-Richelieu était d'obtenir le contrat d'approvisionnement de Couche-Tard », reconnaît Gaétan Frigon, et ainsi de grignoter des parts de marché à sa rivale Steinberg – « Ce n'était pas de faire de l'argent avec les actions. » Pourtant, il s'agira – et de loin – de l'investissement le plus rentable de l'histoire de Métro-Richelieu. Ses 75 dépanneurs déficitaires lui rapporteraient par la suite des milliards de dollars !

La relation avec Métro ne fut pas un long fleuve tranquille. L'opération visant à absorber les dépanneurs Sept Jours et à les rentabiliser devait nécessairement faire des malheureux, parmi lesquels se trouvaient les propriétaires des immeubles abritant ces commerces. Or, c'est la direction de Métro qui avait pris des engagements envers eux, c'est elle qui avait signé les baux que Couche-Tard voulait maintenant revoir à la baisse. « Nous avons fait des choses assez extrêmes », reconnaît Alain Bouchard, qui avait confié cette sale besogne à son partenaire Jacques D'Amours. D'un naturel timide, voire taciturne, ce dernier pouvait tout de même s'avérer un négociateur redoutable. Il convoqua les locateurs un à un pour leur demander de réviser le coût des loyers, leur expliquant que Couche-Tard n'était pas une entreprise milliardaire comme Métro, de qui ils avaient réussi à obtenir un prix exagérément élevé en profitant d'une période de vive concurrence pendant laquelle toutes les chaînes alimentaires cherchaient à établir des dépanneurs. Ils avaient fait monter les enchères. Cette époque était révolue. Plusieurs recevaient entre 40 000 $ et 80 000 $ par année pour leur local, certains jusqu'à 120 000 $. Souvent, ils avaient signé un bail de 20 ans, ce qui leur promettait une confortable retraite. « Nous, chez Couche-Tard, dit Jacques D'Amours, on payait entre 20 000 $ et 24 000 $ par année. C'est la raison pour laquelle nous étions rentables. »

La réaction des locateurs était prévisible, le refus de renégocier leurs contrats compréhensible. « Nous leur disions, se rappelle Alain Bouchard : "On va rouvrir le bail quand même. Sinon nous fermons le magasin et nous ne payons plus." » Pour faire pression sur eux, Jacques D'Amours conservait les chèques des loyers mensuels dans un tiroir tant qu'une entente n'était pas intervenue. Cela avait tendance à inciter les propriétaires à se présenter à son bureau, où il leur montrait le bilan financier du dépanneur qu'ils abritaient, immanquablement déficitaire. « Est-ce que toi, tu serais capable de rester en affaires avec un tel bilan ? » leur demandait-il. Chacun faisait une colère, invoquant ses droits, ses recours. Jacques D'Amours leur répliquait que la loi impose à chaque partie impliquée dans une dispute commerciale l'obligation de mitiger ses pertes. Il leur proposait des solutions, par exemple une prolongation de la durée du bail en échange d'une réduction du loyer ou encore le versement d'une indemnité pour annuler le bail. Cela a fonctionné dans presque tous les cas, et Couche-Tard n'a jamais eu à valider devant les tribunaux son argument voulant que les locateurs étaient tenus de chercher un arrangement: «Nous n'étions pas sûrs de la légalité de notre point de vue, admet Alain Bouchard, mais on l'a utilisé quand même.» Un seul magasin a été fermé, mais à plusieurs reprises des propriétaires ont appelé la direction de Métro, avec qui ils avaient signé le bail original, et menacé de la poursuivre en justice, d'autant que cette entreprise, elle, était rentable et n'avait donc pas l'excuse d'être menacée de disparaître. «Ils n'avaient pas tort», reconnaît Jacques D'Amours.

Le président de Métro, Pierre H. Lessard, n'appréciait pas beaucoup ces manières et il le faisait savoir à Alain Bouchard: «Tu n'as pas le droit de faire ça», lui disait-il, d'autant plus inquiet que son entreprise était un partenaire important dans le capital de Couche-Tard et détenait un poste à son conseil d'administration. Aux yeux des locateurs, cela contribuait à maintenir le lien de responsabilité contractuelle avec Métro. Alain Bouchard lui répondait en l'assurant qu'il était convaincu de son bon droit. «Je sais ce que je fais, Pierre, ne te mêle pas de ça, lui disait-il. Le jour où tu seras obligé de payer, tu m'appelleras.» Cela ne s'est jamais produit.

À défaut d'être assuré de la légalité de cette opération, qui se poursuivit pendant plusieurs années, Jacques D'Amours l'était de sa nécessité: «Si les locateurs n'avaient pas accepté, probablement qu'on ne serait plus là aujourd'hui. On n'aurait pas passé au travers.»

* * *

Réal Plourde étant l'ingénieur du groupe, il se vit confier la supervision des rénovations et de l'entretien, mais aussi la gestion des ressources humaines, un domaine qu'il affectionnait particulièrement et pour lequel tous ses partenaires lui reconnaissaient un talent naturel. En triplant la taille de l'entreprise, il fallait en repenser la structure logistique, revoir l'organigramme, redéfinir les rôles de chacun. Avec doigté, il vit à ce que les rouages de l'organisation s'imbriquent bien les uns dans les autres, que les niveaux de responsabilité soient définis pour correspondre aux attentes élevées. La structure centrale se voulait minimale, car chacun était conscient que le cœur des opérations se trouve dans les magasins, dans la relation avec le client. La décision de ne pas avoir de siège social découlait de cette philosophie, elle en était le symbole. Trop souvent, dans ses postes antérieurs chez Perrette et Provi-Soir, Alain Bouchard avait senti l'arrogance et le mépris des gens du siège social envers les simples exécutants qu'étaient les employés ou même les franchisés. Il tenait à inverser cette culture, et cela devait commencer par l'absence d'un «bureau-chef». L'opération centrale serait plutôt un centre de services. Comme son nom l'indique, il serait au service des magasins, par exemple en offrant des formations aux franchisés et à leurs employés.

Des coordonnateurs furent désignés pour s'occuper chacun d'une dizaine de dépanneurs, qu'ils devaient visiter régulièrement afin de les guider dans leurs opérations courantes. Une fois par année, les quatre fondateurs de l'entreprise effectuaient eux-mêmes la tournée de tous les établissements[20]. C'était l'occasion d'entendre de vive voix

---

20. Ces tournées annuelles des quatre fondateurs de Couche-Tard se sont poursuivies jusqu'en 2006, alors que l'entreprise détenait 5000 dépanneurs. Il leur était alors évidemment devenu impossible de visiter chaque établissement.

les doléances des franchisés, d'échanger avec eux sur le fonctionnement de l'entreprise, d'écouter leurs suggestions. Étaient-ils satisfaits de l'attitude des employés à qui ils s'adressaient en appelant au centre de services? De la rapidité de réponse en cas de problème informatique? Quel nouveau produit ou service souhaitaient-ils pouvoir offrir en magasin? Comment pouvait-on améliorer le service aux clients, l'accélérer? Cette démarche des propriétaires leur permettait de se reconnecter avec la réalité, de faire le plein de nouvelles idées, de tester des pistes de solution, d'anticiper les besoins de formation des employés. «Nous avons servi des clients, dit Jacques D'Amours. Des problèmes de caisse, de lumières brisées, de fournisseurs, on a connu ça. Nous sommes conscients que tout se passe dans les magasins.»

Pierre Peters[21] fut l'un des premiers employés engagés par la direction de Couche-Tard après l'acquisition des Sept Jours, pour agir comme coordonnateur régional. Dès son embauche, on lui confia la supervision de plus d'une vingtaine de franchisés dans la partie ouest de l'île de Montréal. Les dépanneurs, il connaissait. Sa mère possédait une franchise La Maisonnée où il avait travaillé adolescent. Lorsqu'elle s'en était départie, il fut recruté à titre de gérant temporaire de magasins en difficulté, le temps que de nouveaux investisseurs reprennent le commerce. Le jeune homme avait de l'ambition et du talent. Le poste de coordonnateur à l'aménagement qu'on lui offrit ensuite ne le satisfaisait pas. Il souhaitait devenir superviseur, mais aucun poste n'était disponible ni ne le deviendrait dans un avenir prévisible. Les temps étaient durs dans le monde des dépanneurs. La Maisonnée devait limiter sa croissance. En fait,

---

21. Au moment de la rédaction de ce livre, Pierre Peters était vice-président de la région de l'est du Québec de Couche-Tard, et donc responsable de plusieurs centaines de dépanneurs.

lui dit le directeur des opérations, un seul réseau semblait avoir le vent dans les voiles, Couche-Tard, à qui il lui conseilla de s'adresser. Étrangement, Pierre Peters n'avait encore jamais entendu parler de cette entreprise !

Il fut vite emballé par le dynamisme des dirigeants de Couche-Tard, des gens venant d'un milieu modeste, comme lui, et ayant fait tous les boulots dans un dépanneur. «C'était un petit qui venait d'avaler un gros. Je les trouvais ambitieux, ils voyaient grand.»

Trois mois après son embauche, la direction de Couche-Tard réalisa que le réseau des Sept Jours de la région de Québec n'avait eu aucune supervision depuis huit mois. Laissés à eux-mêmes, «les franchisés faisaient un peu ce qu'ils voulaient», dit Pierre Peters, à qui on confia le mandat de s'installer pendant un an dans la Vieille Capitale pour y redresser la relation franchiseur-franchisé et assurer la transformation des Sept Jours en Couche-Tard.

* * *

Les trois années qui suivirent l'acquisition de la chaîne Sept Jours furent un dur apprentissage dans l'art du métissage des cultures d'entreprise et du redressement des bilans financiers. Il fallait digérer une énorme bouchée dans un contexte économique défavorable, avec l'effondrement du Régime d'épargne-actions.

Après ses débuts difficiles en Bourse à l'automne 1986, l'action de Couche-Tard s'était redressée de manière spectaculaire au début de l'année suivante. En janvier 1987, le titre se transigeait à 4,10 $. En tenant compte de la valeur du bon de souscription, il affichait une croissance de 100 % en seulement six mois d'existence. Alain Bouchard eut beau recevoir des mains du premier ministre du Québec, Robert Bourassa, le prix « Grande entreprise commerciale de l'année » en juillet 1987, en décembre l'action de Couche-Tard ne valait plus que 2,10 $, soit moins qu'à son entrée en Bourse. En septembre 1989, elle atteignit 1,55 $, soit moins que la valeur comptable de l'entreprise, évaluée à 2,03 $ par action.

Que s'était-il donc passé pour que Couche-Tard connaisse une telle dégelée ?

Bien sûr, la morosité des marchés suivit ou entraîna la disparition de plusieurs entreprises inscrites au RÉA. Mais il y avait davantage. Après deux années de croissance fulgurante, Couche-Tard n'arrivait plus à épater. Ses dirigeants semblaient s'embrouiller dans d'étranges chemins de traverse, comme en juin 1987, lorsqu'ils achetèrent pour 5 millions $ Pro-Optic, le plus important fabricant de lentilles ophtalmologiques au Québec, qu'ils revendirent finalement deux ans plus tard. En 1988, les quatre fondateurs de Couche-Tard avaient aussi transféré leurs avoirs dans une société de fiducie, Actidev, par laquelle ils détenaient désormais leur bloc d'actions, soit 59 % de l'entreprise. D'une assemblée générale des actionnaires à l'autre, Alain Bouchard évoquait l'annonce imminente d'une importante acquisition, parfois aux États-Unis, parfois en Ontario. Il avait déjà dévoilé le nom que porterait la chaîne en territoire anglophone : Wee Hours Convenience Store. L'année suivante, il dut expliquer que cela ne s'était pas encore produit, que les négociations avaient échoué, que pour l'instant il misait sur l'ajout de nouveaux magasins sur le territoire québécois au rythme projeté d'une vingtaine par année. Mais depuis l'acquisition des magasins Sept Jours au début de 1987, et jusqu'en 1990, c'est à peine une dizaine de nouveaux dépanneurs par année que Couche-Tard parvint à lancer. Et puis, malgré une progression du chiffre d'affaires, le bénéfice net se mit à régresser. En 1988, il était de 1,42 million $, soit 23 cents par action. En 1989, il tombait à 1,25 million $, soit 20 cents par action.

Et tout cela, c'était avant que ne se lève la tempête parfaite.

CHAPITRE 11

La tempête parfaite

Il y a des moments qui définissent les êtres. Le plus souvent, ce sont des périodes de crise. Il en va parfois de même pour les entreprises : les périodes critiques les façonnent... à condition qu'elles y survivent. Ce fut le cas pour Couche-Tard au début de la décennie 1990, alors que quatre phénomènes se sont produits simultanément, engendrant une tempête qui a failli le faire sombrer.

En toile de fond, une récession économique mondiale survint, frappant particulièrement l'ensemble du continent nord-américain. Puis vint la décision du gouvernement québécois d'autoriser les supermarchés à ouvrir leurs portes le soir et le dimanche, faisant ainsi perdre aux dépanneurs l'un de leurs principaux avantages compétitifs. À elle seule, cette mesure allait entraîner une baisse de 10 % des ventes dans l'industrie des dépanneurs. Les chaînes d'alimentation considéraient sans doute que l'on venait ainsi de rétablir un certain équilibre dans le rapport de force les opposant aux dépanneurs, qui avaient connu une croissance fulgurante au cours des deux décennies précédentes. En effet, ces petits commerces ne détenaient que 2 % du marché total de l'alimentation au Québec en 1974. Dix-sept ans plus tard, forts de 6000 points de vente dans la province, ils revendiquaient une part de 20 % des dépenses alimentaires. Même Yves Rondeau, le directeur des opérations de Provi-Soir, la chaîne de dépanneurs la plus importante au Québec, le reconnaissait : il y en avait beaucoup trop.

Deux autres mesures adoptées par les gouvernements allaient heurter l'industrie des dépanneurs. Le 1er janvier 1991, une nouvelle taxe entra en vigueur au Canada, la TPS (taxe sur les produits et services), inspirée du modèle européen de la TVA (taxe sur la valeur ajoutée). Tous les commerces de détail durent investir des sommes considérables pour adapter leurs caisses enregistreuses, leurs systèmes informatiques et leurs méthodes comptables, car ils se retrouvaient en première ligne de la perception de cette ponction fiscale. On estime que 85 % des ventes des dépanneurs étaient soumises à la TPS, seuls les aliments de base lui échappant.

Les ventes de cigarettes occupaient une bien plus grande place que tous les produits d'épicerie réunis, soit environ le quart des revenus. Et c'est là que fut assené le dernier coup dur. Au printemps 1991, on imposa une augmentation considérable de la taxation sur le tabac : la taxe d'accise fédérale, à laquelle s'ajouta la TPS, grimpa de 138 %. Les taxes provinciales firent un bond de 23 %. Et comme par magie, le marché des cigarettes plongea de 20 %, puis de 25 %, puis de 40 %. En à peine six mois ! L'effet combiné de la TPS et des autres taxes sur le tabac, dit Alain Bouchard, « c'était comme un train qui nous frappait ».

Si au moins cela avait été pour les bonnes raisons ! Les gouvernements avaient haussé les taxes afin, disaient-ils, de promouvoir la santé publique en incitant les fumeurs à abandonner leurs mauvaises habitudes, surtout les jeunes, par définition plus sensibles à des prix élevés. Or, la chute des ventes de cigarettes n'était qu'apparente. Ce sont les ventes légales qui s'effondraient. Les prix gonflés par une taxation trop lourde venaient de créer une nouvelle industrie, celle des cigarettes de contrebande. On apprendra quelques années plus tard que plusieurs grands producteurs canadiens de cigarettes étaient complices du subterfuge, exportant leurs produits aux États-Unis – sans taxes – tout en sachant que les intermédiaires à qui ils les vendaient les faisaient aussitôt revenir illégalement au Canada, généralement par les réserves autochtones situées à cheval sur la frontière entre les deux pays. Un réseau de revendeurs calqué sur celui des *dealers* de marijuana se chargeait par la suite de la distribution de la marchandise dans les bars, les restaurants, les lieux de travail et même dans les cours d'école. Et, aussi, sous le comptoir dans certains dépanneurs. Bien que vendues 25 dollars la cartouche, soit la moitié du prix légal, ces cigarettes alimentaient un commerce très lucratif pour tous les intermédiaires.

Y avait-il un avenir pour les dépanneurs ? Alain Bouchard donnait l'impression de ne plus trop y croire. Après avoir complété la transformation de ses 162[22] magasins en franchises, il annonça en septembre l'ouverture d'une première station-service portant le nom d'ActiGaz. Cette nouvelle bannière, dit-il, allait compter 14 emplacements au Québec avant la fin de l'année courante, et à terme, 60, chacun des sites regroupant une station-service en libre-service, un lave-auto et… un « mini-dépanneur » qui ne serait pas un Couche-Tard. Car, expliqua Alain Bouchard en procédant à l'ouverture du premier ActiGaz à Sherbrooke, le temps était venu de se montrer prudent dans le développement de nouveaux dépanneurs.

Cette aventure commerciale relevait directement d'Actidev, le *holding* des quatre fondateurs de Couche-Tard par lequel ils détenaient près de 60 % du capital de la chaîne de dépanneurs. Cela lançait un curieux signal aux actionnaires, qui étaient en droit de se demander où se trouvaient les véritables priorités

---

22. 130 Couche-Tard et 32 dépanneurs Sept Jours.

de l'équipe de direction au moment où les profits de Couche-Tard continuaient à chuter. C'était aussi ce qui inquiétait le banquier de l'entreprise.

La veille de Noël 1991, Alain Bouchard reçut une lettre du vice-président de la Banque de Montréal, l'informant qu'il avait mandaté un expert pour réaliser une analyse des finances de Couche-Tard, de son modèle d'affaires et de son équipe de direction. La banque s'inquiétait de la viabilité à long terme de la société. Aux États-Unis, les deux géants 7-Eleven et Circle K s'étaient mis sous la protection de la loi sur les faillites. La chaîne canadienne la plus importante, Silcorp, éprouvait aussi de sérieuses difficultés. «Les banquiers, partout, se demandaient s'il y avait un avenir dans les dépanneurs, se rappelle Alain Bouchard. Moi-même, je me suis posé la question.»

En fin de journée, ce 24 décembre, il invita ses trois partenaires à son bureau et déposa de manière solennelle une bouteille de cognac sur la table. Il s'agissait d'un moment de vérité dont chacun allait longtemps conserver le souvenir. «Est-ce qu'on devrait tout vendre et aller faire autre chose?» leur demanda Alain Bouchard. Richard Fortin, ce grand gaillard toujours optimiste, s'en souvient comme d'un moment «pathétique».

Couche-Tard allait afficher des pertes. Tous le sentaient bien. Les rapports réguliers en provenance des magasins le montraient clairement. Et cela serait confirmé dans le prochain rapport trimestriel. Ces pertes seraient modestes, 150 000 $ pour le trimestre se terminant en février 1992, mais il s'agirait tout de même de pertes. Chacun était invité à réfléchir au cours de la période des Fêtes. Que voulaient-ils faire du reste de leur vie?

Au retour du congé, les quatre hommes en étaient arrivés à la conclusion qu'il fallait tenir bon. D'abord, dit l'ancien banquier Richard Fortin, parce qu'aucune banque n'oserait couper les vivres à une entreprise ayant un flux de trésorerie positif de 3 millions $. « Nous devons continuer à opérer, dit-il, mais nous retrousser les manches » pour améliorer le rendement.

Plus philosophe, Réal Plourde se rappelle avoir plaidé : « Si c'était difficile pour nous, c'était extrêmement difficile pour les autres, car nous étions l'exploitant le plus efficace. » En devenant partenaire dans cette entreprise quelques années auparavant, il s'était engagé à y demeurer tant qu'il y aurait du plaisir. Loin d'être découragé par la situation, il y voyait un défi stimulant. « Une contrainte crée une opportunité », dit-il. Selon lui, une fois la crise passée, Couche-Tard pourrait faire main basse sur ses concurrents affaiblis.

* * *

Justement, 1992 s'ouvrit sur une perspective positive. Après quelques années passées à digérer l'acquisition des dépanneurs Sept Jours, Couche-Tard annonça en janvier la signature d'une lettre d'intention visant à mettre la main sur les 109 dépanneurs détenus par la firme ontarienne Silcorp au Québec, soit 72 La Maisonnée et 37 Mac's. « Couche-Tard devient numéro un du dépanneur au Québec », claironnent alors les manchettes des journaux. En effet, avec 271 magasins, l'entreprise en compterait désormais une vingtaine de plus que Provi-Soir. C'était l'objectif fou que s'était donné Alain Bouchard cinq ans plus tôt en espérant le réaliser en l'an 2000. Il était maintenant à portée de main, avec huit ans d'avance sur l'échéancier.

Cependant, les marchés n'ont pas sauté de joie. Au contraire, l'action de Couche-Tard perdit plus de 10 % de sa valeur dans les jours suivant l'annonce, tombant à 1,75 $. Les explications de la direction de Silcorp pour justifier sa décision de se retirer du marché québécois y étaient sans doute pour quelque chose. Le vice-président Vladimir Romanchych déclara en effet que la division québécoise était l'une des principales responsables de la mauvaise performance de son groupe, à cause du climat économique défavorable prévalant dans la province : « On ne fait tout simplement plus d'argent au Québec », dit-il.

L'équipe d'Alain Bouchard savait bien pourquoi. Lorsque Steinberg avait mis en vente La Maisonnée quatre ans plus tôt, les dirigeants de Couche-Tard s'étaient montrés intéressés. Ils avaient même présenté une offre, tout en sachant que le réseau souffrait de sérieux problèmes. « Croyant nous copier, ils [les dirigeants de Steinberg] s'étaient mis à acheter des dépanneurs existants, mais ils ne savaient pas ce qu'ils faisaient », tranche Alain Bouchard. À la clôture des enchères, le responsable de la vente de La Maisonnée l'appela pour lui communiquer les résultats. Sur un ton joyeux, il lui annonça que Couche-Tard n'avait pas remporté la mise, qu'elle n'était même pas en deuxième place – c'était la position qu'occupait Provi-Soir. Elle arrivait plutôt troisième. Le nouvel acquéreur était Silcorp. « Quelle erreur ! » estimait Alain Bouchard. Les dépanneurs Mac's perdaient déjà de l'argent au Québec. Avec La Maisonnée payée beaucoup trop cher et dont le modèle d'affaires était à revoir, Silcorp se mit à en perdre énormément. « On les avait vus, les chiffres, dit Jacques D'Amours, on se disait que c'était impossible qu'ils y arrivent au prix qu'ils avaient payé. »

Ce n'était donc qu'une question de temps avant que Silcorp n'appelle la direction de Couche-Tard – cela se produisit fin 1991 – pour lui offrir de tout reprendre à meilleur prix afin de se débarrasser de ce « trou » financier. L'entente conclue, Couche-Tard examina de près les livres de l'entreprise. Ce

n'était pas un trou, dit Alain Bouchard, mais «un trou béant! ».
L'une des principales raisons tenait aux conditions imposées
au moment de la vente par Steinberg, qui avait conservé la propriété des immeubles abritant les dépanneurs La Maisonnée et
s'était négocié des baux de 20 ans. Or, ceux-ci prévoyaient des
loyers deux fois plus élevés que ceux en vigueur à l'époque
pour des locaux équivalents. Pire, Steinberg, elle aussi en difficulté financière, refusait de renégocier ces loyers à la baisse.

Alain Bouchard se vit donc forcé d'annoncer la mauvaise
nouvelle au patron de Silcorp, Derek Ridout. Il lui dit: «Il faut
que tu fermes des magasins. Il y en a qui perdent 200 000 $ par
année! J'ai vécu mon calvaire avec les magasins Sept Jours, je
ne le referai pas avec La Maisonnée.» En clair, l'équipe de
Couche-Tard était prête à acheter 70 des 109 établissements
de Silcorp au Québec, ceux qu'elle avait bon espoir de rendre
rentables, mais pas les autres.

Plutôt que de vendre ses commerces à la pièce, Silcorp mit
fin aux négociations. Quatre mois plus tard, l'entreprise de
Mississauga recourut à la protection de la loi sur les arrangements avec les créanciers, qui lui permettait de renier ses baux
les plus prohibitifs. Elle ferma donc, un à un, près de 40 magasins. Malgré un chiffre d'affaires de 750 million $ par année
avec ses 972 dépanneurs répartis au Canada et aux États-Unis
et ses 197 magasins de crème glacée Baskin-Robbins situés au
Canada, Silcorp affichait des pertes de 30 millions $. Sa chute
coïncida avec celle de son principal associé au Québec, la véné-
rable chaîne de supermarchés Steinberg, qui demanda elle
aussi à être protégée de ses créanciers. Comme deux personnes
ne sachant pas nager, jetées au milieu d'un lac et s'agrippant
l'une à l'autre, Steinberg refusait d'approvisionner les Mac's et
La Maisonnée dont elle était pourtant le grossiste attitré et le
locateur.

« L'âge d'or des dépanneurs est révolu », déclara Alain Bouchard. L'heure était venue d'« ouvrir la voie à la deuxième génération de l'industrie de l'accommodation au Québec ».

* * *

La direction de Couche-Tard n'avait pas chômé pendant la première moitié de 1992. Les quatre partenaires s'étaient engagés à réduire les coûts d'exploitation, et aucun secteur n'y avait échappé. Il n'y avait pas de petites économies. Il fallait retourner chaque pierre, chaque contrat. Les quatre fondateurs de Couche-Tard se devaient de donner personnellement l'exemple.

Le centre de services de l'entreprise, à Laval, comptait près de 60 employés. « Nous les avons tous réunis pour leur expliquer la situation », se remémore Alain Bouchard. Il leur annonça que, compte tenu des circonstances, chacun des partenaires allait réduire sa rémunération de 25 %. « Il avait d'abord fallu qu'on se convainque de ça nous-mêmes ! » Puis il annonça un gel des salaires général et immédiat pour tous les employés, mais qui serait conditionnel. Dans l'éventualité où l'entreprise parviendrait à redresser la courbe de ses profits, promit Alain Bouchard, alors chacun recevrait un montant rétroactif équivalent au taux d'inflation. Beaucoup en doutaient, mais c'est ce qui allait pourtant se produire.

Alain Bouchard aurait souhaité des mesures plus agressives, inspirées de Jack Welch qui dirigeait d'une main de fer le conglomérat General Electric depuis 1981. Surnommé Neutron Jack[23] pour ses méthodes consistant à éliminer des emplois

---

23. L'expression fait référence à la bombe à neutrons qui tue les espèces animales – dont les humains – sans pour autant occasionner la destruction des édifices ou des infrastructures.

par milliers, principalement dans les postes administratifs qu'il qualifiait de «bureaucratie», Welch préconisait une formule aussi simple que cruelle: chaque directeur de département devait congédier tous les ans les 10% de ses employés qu'il jugeait les moins productifs. Année après année, comme au jeu de la chaise musicale. La méthode faisait école en cette période de récession, et Alain Bouchard demanda à Réal Plourde si Couche-Tard ne devait pas s'en inspirer. Après tout, l'entreprise avait sans doute, elle aussi, des employés «au fond du panier».

« Ce sont des théories de gestionnaires sans aucune sensibilité », lui rétorqua son responsable des ressources humaines. Mais alors, que comptait-il faire des gens les moins productifs ? «Nous allons les mettre au bon endroit, là où ils le deviendront», lui répondit-il. C'était le prix à payer afin d'obtenir la loyauté des employés plutôt que leur obéissance, leur adhésion à long terme plutôt que leur soumission. Et c'est ainsi, croit Alain Bouchard, que Réal Plourde a contribué à définir la culture d'entreprise qui prévaut toujours chez Couche-Tard. Il n'y a peut-être pas de petites économies, mais il y a des économies qui, somme toute, n'en sont pas.

* * *

«J'avais essayé de rencontrer le président de la banque, et il avait refusé», se souvient Alain Bouchard avec amertume. Il était d'autant plus furieux que non seulement la Banque de Montréal avait décidé de commander une étude sur son entreprise sans même le consulter auparavant, mais elle lui avait annoncé que Couche-Tard allait devoir en acquitter la facture. Et le comble, c'était qu'elle refusait de lui en remettre une copie !

Il dut insister et il ne le regretta pas. Le rapport rédigé par Bernard Gouin se concluait par une phrase prophétique qu'Alain Bouchard récite encore de mémoire près d'un quart de siècle plus tard : « S'il y a une entreprise en Amérique du Nord qui réussit à survivre dans ce domaine d'activité, ce sera Couche-Tard. »

« C'est bien beau, ça, commente Richard Fortin d'un ton amusé, mais après, il faut le prouver ! »

Or, la banque n'avait ni la patience ni la confiance nécessaires pour leur laisser la chance d'en faire la démonstration. Au printemps 1992, l'un des émissaires de la Banque de Montréal se présenta aux bureaux de Couche-Tard, boulevard Saint-Martin à Laval. « Même si la situation économique était mauvaise, nous étions confiants, se rappelle Alain Bouchard, nous avions un plan d'affaires à lui présenter. » Sitôt l'exposé complété, l'homme se prit en exemple du consommateur moderne : « Moi, je vais faire mes achats chez Club Price[24] et je remplis mon chariot. Je n'ai plus jamais besoin d'aller au dépanneur. » Sa conclusion était sans appel : « Les dépanneurs, c'est obsolète, c'est fini. » Les dirigeants de Couche-Tard eurent beau lui parler de l'avantage de la proximité dont disposent les dépanneurs et du temps d'attente limité à leur caisse – les Club Price avaient la réputation méritée d'exiger une patience à toute épreuve au moment de régler la note –, rien n'y fit. « Trouvez-vous un autre banquier », dit-il. Entretemps, il transféra le dossier de crédit de Couche-Tard de la succursale de Laval à celle qui était responsable des cas de « redressement ». Le message était on ne peut plus clair.

---

24. Club Price est l'ancêtre de Costco, une chaîne de commerces de style entrepôt qui vendent de tout, du téléviseur aux vêtements, des pneus de voiture à l'épicerie, généralement en favorisant les grands formats.

Ainsi, il fallait retourner toutes les pierres pour trouver des économies. Cela risquait de déplaire à beaucoup de gens. L'opération fut particulièrement inconfortable lorsque l'un des principaux actionnaires de Couche-Tard dut en faire les frais. Le groupe Métro détenait près de 20 % des actions de la chaîne depuis qu'il lui avait cédé ses dépanneurs Sept Jours. En contre-partie, c'est lui qui agissait comme grossiste en alimentation auprès de tous ses commerces, le principe étant de pouvoir offrir des prix plus avantageux en considération du grand volume combiné des deux entreprises. Au passage, Métro rece-vait évidemment un profit sur les ventes, et jouissait possible-ment de quelques autres avantages pécuniaires dont il ne faisait pas nécessairement profiter Couche-Tard. Cela pouvait à la rigueur se justifier pour les produits d'alimentation qui transitaient par ses entrepôts, exigeant manutention et trans-port, mais Métro prenait aussi sa part sur tout ce qui était livré directement dans les dépanneurs par les manufacturiers : croustilles, boissons gazeuses, lait, pain. En somme, une bonne moitié de tout ce qui était acheté par les dépanneurs ne passait pas par les entrepôts de Métro, qui touchait néanmoins sa commission sur les ventes. Les relations devenaient tendues. « Pierre H. Lessard, de Métro, chaque fois qu'il me donnait quelque chose, il me demandait toujours ce que ça allait lui rapporter – à lui », résume Alain Bouchard.

Profitant d'un renouvellement de la convention le liant à Métro, Couche-Tard lui annonça donc avoir créé ses propres ser-vices d'achats et de comptes recevables. Désormais, l'entreprise allait négocier directement avec ses principaux fournisseurs. « Métro n'a pas eu le choix », dit Alain Bouchard, qui trouva dans cette fronde le moyen d'élargir ses marges bénéficiaires sans devoir hausser les prix de détail. Avec plus de 150 magasins et des ventes annuelles dépassant les 100 millions $, Couche-Tard arrivait à obtenir un minimum d'attention de la part des manu-facturiers, assez en tout cas pour justifier son pari. Les gens de Métro étaient furieux, dit l'ancien vice-président de l'entreprise, Gaétan Frigon. « Mais c'est comme ça que Bouchard faisait son argent. C'est génial ! »

Une autre opération, par ailleurs, trottait dans la tête du fondateur de Couche-Tard. Alain Bouchard y rêvait depuis longtemps. Son épouse l'avait prédite sur le ton de la menace au moment où des huissiers étaient venus les expulser de leurs deux premiers dépanneurs : il allait acheter la chaîne Provi-Soir, celle-là même qu'il avait contribué à bâtir à ses débuts. Seul un petit problème se posait : Couche-Tard n'en avait absolument pas les moyens financiers. Au bout de plusieurs mois à discuter avec ses fournisseurs, il parvint à les convaincre de lui avancer les fonds suffisants pour financer l'acquisition. En échange, il avait promis à certains d'entre eux que les dépanneurs leur accorderaient l'exclusivité. Il n'y aurait qu'une marque de produits laitiers, un seul fournisseur de boissons gazeuses ou de croustilles. Ils estimaient que cela valait le coût de l'investissement. « Alain avait réussi ce tour de force, commente avec admiration Richard Fortin, mais la journée où lui et moi nous sommes présentés pour rencontrer le pré-sident de Provigo, il a refusé de regarder notre offre. » Le des-tin venait de leur jouer un mauvais tour. Ce jour-là, des acheteurs potentiels se trouvaient au siège social de Provigo dans le but d'étudier la possibilité d'acquérir l'entreprise en entier. Il n'était donc pas question de se départir entretemps d'une de ses composantes. Alain Bouchard avait fait tout ce travail pour rien.

* * *

En avril 1992, Couche-Tard choisit de se donner une nouvelle identité, une nouvelle mission, de nouveaux moyens. D'abord dans ses 34 dépanneurs de la région de Québec, puis, l'automne suivant, dans tout le reste de son réseau, l'entreprise fit peau neuve. *Exit* les vieilles bannières Couche-Tard et leur somnambule souriant. Place au « Dépan-E$compte » en grosses lettres sous le dessin d'une tirelire en forme de cochonnet, le nom Couche-Tard n'apparaissant plus qu'en minuscules.

Pour un pari, c'en était tout un.

Les supermarchés voulaient se battre sur son terrain en ouvrant leurs portes les soirs et le dimanche ? Soit. Couche-Tard les affronterait en se mutant en magasins à bas prix. Personne d'autre n'avait jamais tenté un coup pareil en Amérique du Nord.

« Nous n'avons plus le choix, expliqua Alain Bouchard. Nos clients nous disent qu'à part leur journal et leur billet de loto, ils ne veulent plus acheter chez nous, car les prix sont trop élevés. » Le conseil d'administration de Couche-Tard était divisé sur la stratégie, et pour cause. Il s'agissait, admet Alain Bouchard, d'un « gros coup de dés ». Selon lui, c'est cependant ce qui a sauvé l'entreprise et lui a permis de résister à la plus grosse tempête qui ait jamais frappé l'industrie des dépanneurs.

Cette transformation avait nécessité la renégociation des ententes avec tous les fournisseurs et avec les franchisés. Jusqu'alors, Couche-Tard obtenait de ses franchisés une redevance allant de 11 à 13 % sur les ventes réalisées dans chaque magasin, ce qui couvrait les frais de loyer, de gestion, de formation et de publicité. Désormais, les franchisés devraient payer une somme fixe pour le loyer, mais la redevance ne serait plus que de 5 %, ce qui était un incitatif supplémentaire à augmenter le volume des ventes. Et c'est là que se trouvaient les changements les plus audacieux: Couche-Tard avait mis les fabricants en compétition en leur promettant l'exclusivité sur les tablettes de ses magasins. L'espace était limité de toute façon, alors pourquoi offrir quatre marques de piles ou de croustilles? Que la moins chère gagne! Les prix réguliers furent ajustés à la baisse pour se situer au même niveau ou plus bas que ceux des supermarchés. Ainsi, tous les mois, une centaine de produits étaient offerts à prix réduit, souvent appuyés par une mise en marché groupée encore plus agressive, offrant deux articles à un coût à peine plus élevé que celui d'un seul.

Cette nouvelle incarnation de Couche-Tard s'accompagna d'une campagne publicitaire qui fit école. Pour la première fois, une chaîne de dépanneurs s'annonçait à la télévision. Et avec quelle audace! Le message de 30 secondes mettait en scène, sous forme de marionnettes, quatre des hommes politiques les plus en vue dans l'actualité canadienne: le premier ministre fédéral Brian Mulroney, le chef de l'opposition libérale Jean Chrétien, le premier ministre du Québec Robert Bourassa et l'ancien chef du Parti québécois Jacques Parizeau, le père du Régime d'épargne-actions qui avait permis à Couche-Tard de se lancer en Bourse. Coup de chapeau à son endroit en forme de clin d'œil nationaliste, on l'entendait dire à propos de Couche-Tard : «C'est une entreprise de chez nous.» Ce à quoi son adversaire politique de toujours, Jean Chrétien, répliquait par un commentaire à la fois positif pour Couche-Tard, mais tout de même légèrement ridicule: «Le Pepsi est pas cher.» Avec sa voix mielleuse de baryton, Brian Mulroney lançait ensuite: «Pour une fois, on est tous d'accord», une référence presque cruelle à ses multiples tentatives – infructueuses – de conclure un accord constitutionnel pour réconcilier le Québec avec le reste du pays et dont la dernière, l'accord de Charlottetown, faisait justement cet automne-là l'objet d'un référendum national. La publicité se terminait dans la joie par cette conclusion faisant écho à la récession qui s'éternisait : « Dépan-E$compte Couche-Tard, on dépanne aussi l'économie. »

Cette campagne publicitaire audacieuse se verra décerner quatre premiers prix par le Bureau de la télévision du Canada, dont la médaille d'or, toutes catégories.

CHAPITRE 12

La sélection naturelle

En octobre 1992, une semaine avant le lancement officiel du nouveau concept Dépan-E$compte, les marchés avaient parié sur l'échec de ce qui semblait être un geste de désespoir. L'action de Couche-Tard toucha un creux historique, à 1,00 $, échappant de peu à l'appellation de « *penny stock* ». Pourtant, aux livres, l'avoir des actionnaires était de 2,62 $ par action. C'est dire le peu de confiance qu'on accordait à la stratégie de la direction, alors même qu'elle déployait des efforts magistraux pour rationaliser l'entreprise. Elle avait éliminé des fonctions de directeur, allégé la structure administrative, revu tous les postes de dépenses, resserré les mesures de contrôle des vols à l'étalage et de ceux commis par les employés ou les fournisseurs et, enfin, elle avait tourné la page sur sa plus récente aventure de diversification en se défaisant de la filiale de stations-service ActiGaz, après y avoir englouti plus de 2 millions $. Ce que les marchés ne soupçonnaient pas, c'est à quel point cette période difficile avait eu un effet mobilisateur dans l'équipe de direction de Couche-Tard. « Ça a été extraordinaire, dit Alain Bouchard. On travaillait fort, et ça a regroupé les troupes d'une manière formidable. »

Ils étaient devenus des combattants, des guerriers, mus par l'instinct de survie et le désir de vaincre. On ne les aurait pas !

* * *

Malgré la baisse des ventes attribuable à la contrebande de cigarettes, Couche-Tard avait réussi à maintenir sa présence et même à grignoter des parts de marché avec sa stratégie audacieuse de prix compétitifs. Il fallait cependant reconnaître que la performance n'était pas à la hauteur des attentes. Le volume des ventes avait bien crû de 10%, mais la marge de profit avait été rétrécie pour y parvenir. Au final, le bénéfice net atteignait à peine un demi de un pour cent du chiffre d'affaires, la moitié d'un cent pour chaque dollar obtenu des clients. C'était tout de même un peu mieux que l'année précédente, de sorte que les employés, dont les salaires avaient été gelés, reçurent une augmentation rétroactive, tel que promis. Les compétiteurs, eux, en arrachaient vraiment.

Le 26 octobre 1993, le président de Silcorp, Derek Ridout, annonça la vente à Couche-Tard de ses 54 magasins Mac's et La Maisonnée situés au Québec. Il avait effectué le grand ménage, comme le lui avait recommandé Alain Bouchard l'année précédente, en se défaisant des baux prohibitifs signés avec Steinberg et de ses magasins les plus déficitaires, mais l'état du marché québécois ne lui laissait plus le choix. Il devait vendre. Et encore, pas cher. Couche-Tard fit l'acquisition des 54 magasins – 23 Mac's et 31 La Maisonnée – pour moins de 5 millions $, soit pas même 100 000 $ par commerce, tout inclus. Quarante d'entre eux étaient des franchisés et 14 étaient des magasins corporatifs, donc appartenant en propre à l'entreprise, équipement et inventaire compris. Dans d'autres circonstances, on aurait pu dire qu'il s'agissait d'un prix d'ami. C'était plutôt une vente de feu. Silcorp dut rayer 3 millions $ de ses livres au terme de cette percée infructueuse en sol québécois.

L'achat était peut-être une aubaine, mais la Banque de Montréal demeurait réfractaire à s'engager davantage dans Couche-Tard, à moins que ses dirigeants ne déposent une mise de fonds importante. Or, tous leurs avoirs se trouvaient désormais dans Couche-Tard. Alain Bouchard dut se résoudre à aller quémander l'aide de Métro-Richelieu, mais à quel prix ! « Ils ont fait la mise de fonds à notre place en demandant qu'on offre l'entreprise en garantie », se rappelle avec effroi Richard Fortin. La Banque de Montréal avançait le reste de la somme tout en imposant de sévères conditions « qui hypothéquaient notre marge de manœuvre », ajoute Alain Bouchard. C'était quitte ou double. En cas de pépin, s'ils n'arrivaient pas à respecter les échéances, Couche-Tard leur échapperait, permettant à Métro-Richelieu de s'en emparer à peu de frais. Heureusement pour eux, La Maisonnée fut rentabilisée rapidement, ce qui leur permit de rembourser le prêt de Métro en à peine un an et d'ainsi se débarrasser de la menace d'une reprise.

La transaction conclue, le réseau de Couche-Tard comptait 212 dépanneurs sous trois bannières distinctes : Dépan-E$compte Couche-Tard, Sept Jours et La Maisonnée. Il commençait à talonner sérieusement le leader québécois, Provi-Soir.

* * *

La contrebande de cigarettes avait assez duré. Les exhortations publiques des détaillants semblaient pourtant tomber dans l'oreille d'un sourd, malgré l'évidence que le trop lourd tribut fiscal imposé aux fumeurs avait fini par se retourner contre les gouvernements. Une étude canadienne évaluait entre 500 et 700 million $ les pertes encourues par le Trésor fédéral pour 1991, première année d'application de la hausse des taxes sur le tabac. Or, depuis, la contrebande avait pris des proportions épidémiques, au point où la vente légale des cigarettes dans les dépanneurs avait chuté de 60 %. Couche-Tard évaluait qu'il lui en avait coûté un million de dollars par année en bénéfices perdus, soit deux fois les profits de l'entreprise. Il était temps de monter aux barricades.

L'Association des détaillants en alimentation du Québec, où siégeait Alain Bouchard, créa en sous-main un regroupement de ses membres les plus volontaires : le MATRAC, le Mouvement pour l'abolition des taxes réservées aux cigarettes. L'étrange acronyme, on le comprendra, n'avait pas été choisi au hasard. Il affirmait la volonté des propriétaires de dépanneurs de frapper un grand coup. Le 24 janvier 1994, par une température de 20 degrés sous zéro, ils installèrent des stands improvisés à Saint-Eustache, à l'ouest de Montréal, le long d'une autoroute menant à Oka et à sa réserve autochtone où prospérait un lucratif commerce de cigarettes de contrebande. Il s'agissait d'un bras d'honneur aux autorités policières et politiques, qui semblaient impuissantes à mettre fin à cette activité commerciale s'exerçant au grand jour sur un territoire revendiquant le droit ancestral de ne pas percevoir la « taxe des Blancs ».

C'est donc par dérision, par provocation, que des propriétaires de dépanneurs paralysèrent l'autoroute en y vendant des cigarettes au prix de la contrebande. Ce geste de défi, répercuté par les médias, attira des centaines de clients sans doute intéressés par les aubaines, mais qui y trouvaient aussi une manière de manifester leur sympathie à la cause des petits détaillants. Deux des fondateurs de Couche-Tard, Alain Bouchard et Réal Plourde, furent les seuls patrons de chaîne de dépanneurs ou de marchés d'alimentation à oser participer au mouvement. Alain Bouchard avait appelé personnellement les présidents de Métro, IGA et Provigo pour les inciter à se joindre à la protestation, mais aucun ne voulait risquer d'être arrêté et accusé de commettre un geste illégal. C'était un risque que la direction de Couche-Tard était prête à courir, car elle estimait que l'avenir de l'entreprise en dépendait.

La manifestation valut plutôt à Alain Bouchard d'être convoqué au bureau du ministre de la Sécurité publique du Québec, Claude Ryan. Il s'y présenta en compagnie de Michel Gadbois, le président de l'Association des détaillants en alimentation du Québec. Claude Ryan en menait large dans le gouvernement. Son influence s'étendait bien au-delà de ses responsabilités de « ministre de la police ». Il était donc important de le convaincre du bien-fondé de la cause défendue par les commerçants et de montrer qu'il s'agissait d'une affaire qui menaçait l'ordre social et l'état de droit. Or, Claude Ryan contestait l'ampleur du marché de contrebande que lui décrivaient les deux hommes, soit plus de 60 % des ventes totales. Alain Bouchard répliqua que le problème était tellement répandu que, dans l'entrée de tous les immeubles du centre-ville de Montréal, on pouvait maintenant trouver un concierge qui vendait des cigarettes au noir. « Vous exagérez », trancha le ministre sur le ton cassant qui lui était familier. « Dans cet édifice même, insista Alain Bouchard, dans vos bureaux, il y a quelqu'un qui vend des cigarettes de contrebande. » Pas au ministère responsable de l'ordre public ! C'était impossible, protesta Claude Ryan. « Alors venez avec moi, lui dit Alain Bouchard, nous allons descendre et en acheter », une invitation à laquelle l'attaché politique du ministre s'empressa de s'objecter. « Monsieur Ryan, vous ne pouvez pas y aller. » Le ministre se tourna vers son adjoint et, dans son regard honteux, il prit la mesure de la crise. « Monsieur Bouchard a raison », balbutia l'attaché politique. Cela signifiait que la mafia avait étendu ses tentacules jusque sous les pieds du protecteur de l'ordre public. Il n'était pas question que l'austère ministre se rende lui-même

Alain Bouchard, à l'âge de 8 ans, assis sur la camionnette de son père, à Chicoutimi. C'était la belle vie, avant que le malheur ne frappe à la porte de la famille Bouchard.

Le groupe de musique formé par Alain Bouchard et ses amis, en plein spectacle à Micoua, sur la Côte-Nord, une région de l'est du Québec. Alain Bouchard, à gauche, joue de la batterie.

En 1985, Alain Bouchard et ses partenaires font l'acquisition de 11 dépanneurs Couche-Tard situés dans la région de Québec. Cette raison sociale deviendra leur marque de commerce.

La photographie officielle de l'une des équipes d'entrepreneurs les plus performantes et durables jamais réunies. De gauche à droite, Richard Fortin, Alain Bouchard, Jacques D'Amours et Réal Plourde, en 1987.

À l'été 1986, Couche-Tard fait son entrée en Bourse avant de devenir le symbole de la cupidité des hommes d'affaires québécois. De gauche à droite, trois des quatre fondateurs de l'entreprise: Jacques D'Amours, Alain Bouchard et Richard Fortin.

Malgré les moqueries dont Couche-Tard a fait l'objet l'année précédente, Alain Bouchard reçoit en 1987 des mains du premier ministre du Québec, Robert Bourassa, le prix Dunamis de la grande entreprise commerciale de l'année, décerné par la Chambre de commerce de Laval.

En haut, un dépanneur Perrette situé dans l'arrondissement Verdun à Montréal.
En bas, le même commerce, reconverti en Couche-Tard après l'acquisition
rocambolesque de la chaîne Perrette par Couche-Tard en 1994.

Alain Bouchard en compagnie de Derek Ridout, en 1999, lors de l'acquisition de Silcorp, une entreprise qui avait deux fois la taille de Couche-Tard. «C'était incroyable. Lui, il détestait ça, les dépanneurs!»

En 2001, Couche-Tard effectue une première percée aux États-Unis avec l'acquisition de Bigfoot. À gauche, Brian Hannasch, qui dirigeait alors les opérations de cette entreprise du Midwest américain. À droite, Alain Bouchard en compagnie du fondateur de Bigfoot, Dick Johnson.

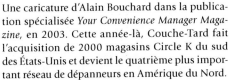

Une caricature d'Alain Bouchard dans la publication spécialisée *Your Convenience Manager Magazine*, en 2003. Cette année-là, Couche-Tard fait l'acquisition de 2000 magasins Circle K du sud des États-Unis et devient le quatrième plus important réseau de dépanneurs en Amérique du Nord.

La publicité de la Sloche «Rosebeef» cherche à plaire aux adolescents par son audace rebelle.

Un dépanneur Mac's situé en Ontario, arborant le hibou de Couche-Tard, en 2004.

L'un des magasins aménagés selon Concept 2000 porte sur le thème de la course automobile, une activité majeure dans la région d'Indianapolis (2005).

La conquête spatiale a inspiré la décoration de ce dépanneur Couche-Tard situé au Québec. Cette photo fut prise en 2001... comme dans le titre du film *2001: L'odyssée de l'espace.*

Alain Bouchard est un grand amateur de pêche depuis son adolescence sur la Côte-Nord.
Il la pratique aux quatre coins de la planète.

Les quatre fondateurs de Couche-Tard lors de l'une de leurs expéditions de pêche
annuelles en famille dans les Laurentides. Ils ont de quoi célébrer: en 2000, moins
de quinze ans après sa création, Couche-Tard est devenue la chaîne de dépanneurs la plus
importante au Canada. De gauche à droite: Réal Plourde, Alain Bouchard, Richard Fortin
et Jacques D'Amours.

Alain Bouchard en compagnie de ses quatre enfants: Rose, Karinne, Camille et Jonathan, réunis en 2015 à l'occasion de l'annonce de la création de la Chaire de recherche en déficience intellectuelle Jonathan-Bouchard, à l'hôpital Sainte-Justine de Montréal.

La Fondation Sandra et Alain Bouchard a accordé un million de dollars en 2013 pour l'agrandissement du Musée national des beaux-arts du Québec. Sandra Chartrand et Alain Bouchard lors de l'annonce de ce don. (Photo: Isabelle Le Maléfan)

Alain Bouchard pose devant une station-service de Statoil Fuel and Retail (SFR) en Norvège, au moment de la plus importante acquisition de l'histoire de Couche-Tard, en 2012. À droite, il est accompagné de Raymond Paré, vice-président et chef de la direction financière de Couche-Tard, et de Brian Hannasch qui lui succédera comme président de l'entreprise.

Alain Bouchard, en compagnie d'employés de SFR, lors de la visite d'un commerce en 2013.

SFR ne se limite pas aux dépanneurs. Elle est impliquée dans la transformation et la distribution de produits pétroliers et gaziers. On voit ici Alain Bouchard, en 2013, accompagné de Brian Hannasch (à droite) et de Raymond Paré (en avant, à gauche) lors d'une visite des installations de l'entreprise en Europe.

Alain Bouchard tient à visiter régulièrement les magasins de son entreprise partout dans le monde et à échanger avec les employés. On le voit ici dans un commerce de la bannière Circle K aux États-Unis, en 2005.

Circle K possède un réseau international de franchises, comme ce magasin situé en Malaisie.

En 2015, l'entreprise décrète que son rayonnement mondial passera par l'unification de ses différentes bannières. Tous ses commerces adopteront la marque Circle K... sauf au Québec. À gauche, Brian Hannasch, président et chef de la direction de Couche-Tard, accompagné de trois des fondateurs de Couche-Tard, Richard Fortin, Réal Plourde et Alain Bouchard.

La conversion des magasins de SFR en Europe sous la nouvelle marque mondiale a débuté en 2016.

La bannière Couche-Tard et son hibou sympathique maintiennent leur présence sur la devanture de près de 600 dépanneurs au Québec, comme celui-ci, à Saint-Canut dans les Laurentides.

acheter des cigarettes de contrebande, ne serait-ce que pour les fins de la démonstration. S'il fallait que ça se sache…

En février 1994, le budget du gouvernement canadien accorda à l'industrie des dépanneurs ce qu'elle réclamait à cor et à cri. Dans un geste concerté avec le gouvernement québécois, on annonça une réduction considérable des taxes sur les cigarettes, permettant de couper de moitié le prix au détail, dans certains cas davantage. Le paquet de 25 cigarettes, vendu jusque-là 6,25 $, pouvait maintenant être soldé à aussi peu que 2,75 $. Un mois plus tard, la photo d'un Alain Bouchard souriant occupait toute la une du *Journal de Montréal*, ornée du titre : « Les clients sont revenus ». En moyenne, rapportait l'article, les Couche-Tard avaient connu une hausse de fréquentation de 600 clients par semaine, certains jusqu'à 800. Les ventes de cigarettes en magasin avaient triplé, parfois quintuplé. Et, une fois au dépanneur, les clients en profitaient souvent pour acheter d'autres produits, un journal, une friandise, du lait. Bref, le pire était derrière, le meilleur devant.

C'est à ce moment que les quatre partenaires de la direction de Couche-Tard décidèrent de donner un signal au marché, pour lui indiquer qu'ils y croyaient vraiment eux-mêmes. En mai, ils annoncèrent leur intention de mettre fin à la confusion créée par l'existence de deux compagnies publiques, Actidev et Couche-Tard, la première étant l'actionnaire de contrôle de la seconde, dont les titres constituaient son seul actif. Pourquoi deux entreprises en Bourse pour une seule et même activité commerciale ? Laquelle valait-il mieux acheter ? Où les profits allaient-ils se retrouver ? « Il n'y aura plus de dilemme dans la tête des investisseurs », déclara Richard Fortin, en présentant l'offre d'achat par Actidev de toutes les actions de Couche-Tard en circulation au prix de 3,00 $, à peine un peu mieux que sa valeur en Bourse le jour de l'annonce, soit 2,90 $. C'était tout de même le triple de ce qu'elle valait un an et demi plus tôt. Actidev, société de gestion contrôlée par les quatre fondateurs de Couche-Tard, mais aussi cotée en Bourse, fusionna ainsi son destin à celui de la chaîne de dépanneurs, dont elle prendrait plus tard le nom déjà inscrit dans ses gènes, soit ses premières lettres, ACT, pour Alimentation Couche-Tard.

Encouragé par sa victoire dans le dossier des cigarettes, Alain Bouchard annonça qu'il lançait d'autres batailles contre les gouvernements ou leurs agences. Une première contre la Société des alcools du Québec afin d'élargir la gamme des vins offerts dans les dépanneurs. Ils étaient souvent l'objet de blagues de mauvais goût... à propos de leur mauvais goût. Jalousement protectrice de son monopole sur les vins d'appellation contrôlée, la SAQ résistait aux appels des épiciers et des dépanneurs désireux d'offrir à leurs clients des vins de meilleure qualité. Le conflit d'intérêts était évident. Alain Bouchard disait aussi vouloir affronter Loto-Québec, un autre monopole, une autre vache à lait gouvernementale, pour que les détaillants obtiennent une meilleure marge de profit sur la vente des billets de loterie.

* * *

Le mardi 21 juin 1994, un des cadres de la chaîne Perrette joignit Alain Bouchard au téléphone. «Alain, veux-tu encore acheter le réseau? Nous sommes au bord de la faillite, il faut vendre.» Bien sûr qu'il souhaitait acheter la chaîne où il avait fait ses premières armes! Une fois par année, tous les ans, il invitait d'ailleurs Robert Bazos au restaurant pour lui manifester son intérêt. Mais le propriétaire des Perrette lui répétait qu'il voulait remettre l'entreprise à son fils, encore aux études.

Il aura trop attendu. La tempête parfaite avait renversé le pot au lait. Malgré la fermeture des magasins les plus déficitaires, Perrette sombrait. Son grossiste en produits alimentaires, IGA, venait d'annoncer qu'il lui coupait les vivres à moins d'être payé comptant, sachant très bien que cela serait impossible, et espérant ainsi pouvoir racheter la chaîne pour une chanson. C'était bien mal connaître Robert Bazos.

Alain Bouchard répondit à son interlocuteur qu'il acceptait d'aller en discuter avec lui la semaine suivante. Il avait mal saisi l'urgence de la situation. « Non, tout de suite, aujourd'hui même ! » La faillite était imminente. Au siège social de Perrette, non loin de ses propres bureaux à Laval, on lui remit un document décrivant chacun des magasins du groupe, et on lui fixa un rendez-vous avec Robert Bazos et son avocat dès le lendemain, 22 juin. Alain Bouchard n'eut pas le temps de préparer une offre. Elle se trouvait sur la table lorsqu'il se présenta chez l'avocat. Pour 15 millions $, il achèterait les 86 magasins et leur inventaire, 56 immeubles logeant la majorité d'entre eux, et la laiterie de Laval. C'était à prendre ou à laisser. IGA, le plus important créancier de Perrette et qui voulait faire main basse sur l'entreprise, serait entièrement remboursé en priorité, de manière, justement, à lui enlever son statut de créancier, ce qui l'empêcherait de bloquer la transaction. Ça lui apprendrait ! Ensuite, après s'être mise à l'abri de la loi sur les arrangements avec les créanciers, Perrette offrirait à ses autres fournisseurs un dédommagement allant de 50 à 75 % des sommes qui leur étaient dues, une fois la banque CIBC, créancier privilégié, remboursée intégralement des 3 millions $ que lui avait empruntés Perrette. Des créances impayées, il y en avait pour 20 millions $!

Le lendemain, 23 juin 1994, après 35 ans d'existence, Perrette déclara faillite et licencia les 180 employés de sa laiterie de Laval. L'entreprise annonça que la gestion de ses 84 magasins était cédée à Couche-Tard en vertu d'une offre d'achat conditionnelle à l'examen de ses livres. C'est ainsi que le 24 juin, jour de la Fête nationale du Québec, Couche-Tard prit le contrôle des magasins Perrette, devenant le numéro un des dépanneurs dans la province avec 300 établissements, 60 de plus que Provi-Soir.

Alain Bouchard venait de réaliser son rêve, mais il vivait un véritable cauchemar !

Couche-Tard ne savait que faire d'une laiterie, d'autant plus qu'il y avait surproduction de lait au Québec. L'entreprise ne disposait pas des 15 millions $ nécessaires à l'achat. Et elle manquait de temps. Plus personne ne voulait livrer de marchandises à ces magasins en faillite qu'elle administrait, mais qui ne lui appartenaient pas encore. Heureusement, Métro était dans le coup. Trop content de couper l'herbe sous le pied d'IGA et disposant de moyens financiers solides, le groupe alimentaire accepta d'approvisionner les Perrette et d'être patient quant au règlement de la facture. Tant mieux, car l'argent des ventes quotidiennes devait être entièrement remis au syndic chargé d'administrer la faillite. Les livreurs des sociétés pétrolières appelaient Alain Bouchard chez lui, à 3 h du matin, exigeant d'être payés immédiatement pour approvisionner l'une ou l'autre des 32 stations-service reliées aux magasins Perrette. Or, un chargement d'essence, ça coûte cher, surtout lorsqu'on ne peut toucher les revenus des ventes. Alors, Couche-Tard s'endetta pendant que l'on cherchait une solution.

Le prix d'acquisition de Perrette était « extraordinaire », estime Richard Fortin. N'empêche, les banques ne se précipitaient pas pour financer l'opération, au contraire. « Je sortais du bureau d'un banquier avec l'impression que c'était réglé, dit-il, puis le dossier s'en allait à Toronto et tout changeait. »

Les banques canadiennes avaient été échaudées par plusieurs faillites dans le secteur du «magasin d'accommodation»; elles avaient perdu foi en cette industrie, convaincues que l'avenir était aux grandes surfaces alimentaires. Devant le refus de la Banque de Montréal de lui prêter davantage d'argent, Couche-Tard se tourna vers une nouvelle institution financière, la plus petite des grandes banques canadiennes et la seule ayant son siège social à Montréal, la Banque Nationale. Elle acceptait de reprendre tous les prêts existants consentis par la Banque de Montréal et de couvrir les frais de l'acquisition de Perrette. «Heureusement que des institutions financières québécoises solides ont cru en nous», dit Richard Fortin. Estimant qu'il s'agissait d'un bluff, la Banque de Montréal refusa de revoir sa position, et c'est ainsi qu'elle perdit pour de bon le compte de Couche-Tard.

La course contre la montre était donc engagée. Dès le 28 juin, on réunit les gérants des dépanneurs Perrette dans un hôtel de Laval pour les rassurer. Couche-Tard tenait à eux, comptait sur eux pour passer à travers cette période d'incertitude. Tous les magasins, sauf deux, seraient protégés. Leurs superviseurs et gérants de district allaient conserver leur emploi. La rationalisation se ferait au siège social où la moitié des 60 postes, ceux des cadres supérieurs, seraient éliminés.

Très vite, une entente fut conclue avec la laiterie Sealtest, qui accepta de verser 5,6 millions $ pour acheter celle de Perrette et ainsi se débarrasser d'un concurrent. Elle ne rouvrit jamais ses portes. Sealtest déplaça une partie de sa machinerie dans son usine de Montréal.

Cela permit à Couche-Tard de déposer enfin son offre d'achat formelle le 4 juillet: sa part à payer était de 9,5 millions $, ce qui incluait le remboursement de 5,5 millions $ sur les hypothèques impayées. Ainsi, chacun des 56 édifices commerciaux dont elle faisait l'acquisition lui revenait en moyenne à 100 000 $, et chacun des 86 commerces à 50 000 $. Ceux qui étaient locataires bénéficiaient de baux parfois encore valides pour plus de 10 ans, avec des loyers inférieurs à 1000 $ par mois! Une aubaine dont aurait bien voulu profiter IGA. Son président, Pierre Croteau, s'adressa directement à Alain Bouchard sur un ton menaçant: «Enlève-toi de là, c'est à nous, on va te compenser», lui dit-il. Mais le patron de Couche-Tard n'avait aucune intention de se laisser intimider. «Perrette commençait à s'en sortir, lui répliqua-t-il, la contrebande de cigarettes est terminée, la reprise est là. L'entreprise aurait survécu, mais tu as tout fait pour qu'elle se plante. Jamais je ne la laisserai aller!»

IGA s'adressa aux tribunaux pour bloquer la transaction, prétendant qu'on l'avait empêché de présenter aux créanciers de Perrette une offre qui leur aurait été plus favorable lors de l'assemblée du 21 juillet, au cours de laquelle la majorité avait accepté la proposition de règlement.

La scène de ce coup de théâtre tient du vaudeville. On avait convoqué les 500 créanciers dans la grande salle du restaurant Bill Wong, sur le boulevard Décarie à Montréal. C'était la canicule et la climatisation tomba en panne. Des gens hurlaient pour réclamer qu'on passe au vote afin de sortir au plus vite de ce four, d'autres protestaient qu'on avait fait la part belle à IGA en le remboursant jusqu'au dernier sou alors qu'il ne s'agissait pourtant pas d'un créancier privilégié, tandis qu'on offrait aux autres à peine 30 % de leur dû. Les plus expérimentés savaient qu'un rejet de la proposition signifiait la faillite pure et simple, auquel cas ils risquaient fort de ne rien recevoir du tout.

L'assemblée se prolongeait, plusieurs créanciers exigeant un effort supplémentaire. Entre gens d'affaires, on sait que tout est négociable en insistant un peu. « Il fallait rajouter 500 000 $ », résume Alain Bouchard. L'assemblée fut donc levée pendant quelques minutes, le temps d'aller parlementer dans le corridor avec Robert Bazos, à qui il proposa de partager la somme additionnelle en deux. Bazos aussi savait que tout est négociable, et il refusa. Pendant ce temps, à côté, une mariée en robe blanche faisait les cent pas dans le corridor, au bord de la crise de larmes. C'était SA salle de noces qui était prise en otage par cette assemblée interminable. On réussit finalement à dénouer l'impasse en convainquant la direction de Sealtest, jointe au téléphone, de contribuer à l'effort supplémentaire. Robert Bazos allongea 100 000 $, Sealtest, 150 000 $, et Couche-Tard, 250 000 $. Les créanciers approuvèrent la proposition à 90 %, et le mariage put être célébré. Celui de Couche-Tard et Perrette aussi, quoique la poursuite intentée par IGA retarda un peu la nuit de noces, le temps que le tribunal donne le feu vert à l'union.

Alain Bouchard eut alors un double frisson de plaisir. Sa revanche sur IGA, et une autre, remontant à plus loin, mais combien plus satisfaisante, sur Robert Bazos qui l'avait un jour renvoyé chez lui en taxi après l'avoir congédié. Il admet avoir goûté ce jour-là à « une émotion », sans doute à mi-chemin entre la fierté et le sentiment de vengeance.

D'autres se seraient satisfaits d'être devenus les leaders dans leur marché. Avec 300 dépanneurs, plus de 1600 employés, des ventes annuelles de 325 millions $, Couche-Tard commençait à peser lourd. Pourtant, Alain Bouchard ouvrit un nouveau front quelques semaines après la transaction. Dans une entrevue au magazine *Entreprendre*, il déclara que sa prochaine cible était l'acquisition de son principal concurrent, Provi-Soir. « Pour nous, ce n'est qu'une question de temps », dit-il. L'affirmation était en soi prodigieusement audacieuse, mais il en rajouta : « Je ne comprends pas, dit-il, ce que Provigo fait encore dans notre marché, celui du dépanneur. »

Et tant qu'à faire, pourquoi s'arrêter en si bon chemin ? « La formule du franchisé, affirma-t-il, a fait son temps. » Pourtant, la grande majorité des 300 magasins de Couche-Tard étaient des franchises !

* * *

Tant que les dépanneurs étaient les seuls à pouvoir vendre des produits d'épicerie les soirs et le dimanche, les consommateurs étaient prêts à payer une prime. Lorsque les supermarchés ont obtenu le droit de rester ouverts en soirée, sept jours sur sept, l'écart de prix n'avait plus sa raison d'être. Même les pharmaciens s'étaient mis de la partie. La chaîne de pharmacies Jean Coutu avait transformé l'ancienne formule de l'austère comptoir de médicaments en un véritable bazar où l'on vendait une variété considérable de produits : papeterie, cadeaux, appareils électroniques, jouets, livres et journaux, billets de loterie, service de développement de photographies, produits de beauté et d'hygiène personnelle, aliments secs, en conserve et congelés. On y trouvait « de tout, même un ami », disait le slogan publicitaire. Et au fond du commerce, on arrivait même à trouver... un comptoir de médicaments d'ordonnance ! Il s'agissait en somme d'un dépanneur sans le nom et sans la bière, mais qui vendait tout de même des cigarettes, une absurdité dans un commerce dont la fonction principale se voulait liée à la santé.

La mutation des Couche-Tard en Dépan-E$compte offrant des prix compétitifs avec ceux des supermarchés eut pour effet de réduire la marge bénéficiaire. Elle variait de 26 à 28 % sous l'ancienne formule, dit Jacques D'Amours. Elle se situait maintenant entre 20 et 22 %. « La profitabilité du marchand avait disparu. Nos franchisés n'étaient plus heureux, ils nous appelaient pour vendre. »

Il n'y avait pas beaucoup d'acheteurs pour ces franchises, en cette période où tous les types de commerces favorisaient cette formule. Restauration rapide, nettoyeurs, accessoires d'automobile, vêtements en tous genres, la franchise était au goût du jour. L'offre excédait la demande. Et c'est ainsi que Couche-Tard se mit à racheter les contrats de ses franchisés et à exploiter lui-même de plus en plus de dépanneurs, jusqu'à les reprendre tous. Cela exigea une réorganisation majeure de l'entreprise, une réforme menée par Réal Plourde. « C'est là qu'il a fallu construire tout un système opérationnel pour s'assurer qu'on pouvait gérer des magasins corporatifs par nous-mêmes. »

Ce fut un dur apprentissage, se souvient Pierre Peters, l'un des cadres impliqués dans cette transformation. « Au début, on perdait de l'argent, dit-il, on n'était pas structurés, on n'avait pas les contrôles en place. » Comment, en effet, s'assurer que chacun des éléments de cette constellation commerciale fonctionne au maximum de son potentiel sans un patron sur place, comme c'était le cas avec un franchisé ? C'est la réponse à cette question, dit-il, qui a permis à Couche-Tard de devenir ce qu'il est aujourd'hui.

Les gérants de dépanneurs n'ont généralement pas fréquenté l'université ou les grandes écoles de commerce. C'est souvent le hasard de la vie qui les a conduits sur cette route avec, parfois, à peine un diplôme d'études secondaires en poche. « Ils manquaient de formation, alors on a ouvert l'école Couche-Tard », dit fièrement Réal Plourde. Des salles de classe furent aménagées dans les bureaux de l'entreprise, des enseignants à temps plein furent engagés. Cours de comptabilité, de service à la clientèle, de gestion d'inventaires, de marketing, Couche-Tard se mit à investir massivement dans la compétence de sa main-d'œuvre en y consacrant 3,5 % de la masse salariale de la société. « Quand tu formes tes employés, estime Réal Plourde, ils deviennent de meilleurs exploitants, mais c'est aussi mobilisant pour eux de savoir que l'entreprise investit dans leur développement. »

À ceux qui montrent de l'intérêt pour gravir les échelons, on offre un plan de carrière, des cours supplémentaires de finance, de gestion des ressources humaines et de leadership. Les plus motivés reçoivent des bourses d'études pour aller à l'université et même obtenir un MBA. Couche-Tard s'est aussi associé au cégep Montmorency de Laval pour créer un programme de Gestion en commerce de détail.

Ce sont surtout des femmes qui ont bénéficié de ces formations, car le travail dans les dépanneurs attire principalement deux types d'employés : des étudiants, pour qui il s'agit d'une première expérience et d'un poste à temps partiel leur procurant un revenu d'appoint, et, pour beaucoup, des femmes de plus de 40 ans qui effectuent un retour sur le marché du travail après s'en être retirées pour s'occuper de leurs jeunes enfants. Elles manquent souvent de formation, mais pas d'ambition.

Selon Pierre Peters, on aurait tort de croire que, parce qu'il y trouvait un avantage financier direct, un propriétaire de franchise parvenait à mieux gérer son dépanneur qu'un gérant salarié. Beaucoup de franchisés, dit-il, par manque de formation et d'outils adéquats, n'arrivaient pas à contrôler les horaires de travail, les vols, les dépassements de coûts. « En effet, un franchisé aurait dû être plus en contrôle qu'un gérant, puisque c'est son argent qui est en cause. Mais ce n'était pas le cas. Grâce au système de contrôle qu'on a mis en place, on faisait mieux. »

Ainsi, on informatisa les caisses en les munissant de lecteurs optiques, on installa des caméras pour contrôler les vols, les états financiers produits aux trois mois par les franchisés devinrent un exercice beaucoup plus fréquent, toutes les quatre semaines. Chaque gérant devait présenter un plan d'affaires, un budget d'exploitation dont il connaissait toutes les variables. «On était assez avant-gardistes», dit Réal Plourde, qui admet que cette transparence ne faisait pas l'unanimité. «Des gens disaient que les gérants qui ne gagnaient que de modestes salaires allaient réaliser que leur magasin faisait de bons profits et qu'ils allaient se dire qu'on ne les payait pas assez.» C'est entre autres là, croyait-il, que la formation était importante. Il fallait inculquer à chacun le sentiment d'appartenir à un réseau où les commerces les plus profitables contribuent à ceux qui sont en développement.

* * *

Dans le cadre de ces transformations, Couche-Tard installa un nouveau système informatique capable de produire un inventaire perpétuel, l'un des outils essentiels au contrôle serré des opérations. C'est alors qu'Alain Bouchard eut une révélation à l'occasion d'une de ses «visites présidentielles» annuelles. Plusieurs gérants étaient insatisfaits du fonctionnement du système à ses débuts et lui confièrent qu'ils recevaient souvent des appels du «bureau-chef» pour résoudre différents problèmes. Au terme de sa tournée des magasins, Alain Bouchard loua une salle de réception pour s'adresser à tous les employés du centre administratif à Laval, maintenant si nombreux que les locaux de Couche-Tard étaient trop exigus pour les réunir. «Je n'ai pas de bonnes nouvelles à vous donner, leur dit-il. Il faut qu'on comprenne tous ensemble que dans cette organisation, aujourd'hui et plus tard, vous et moi sommes au service des magasins, pas le contraire. » Et cela, leur expliqua-t-il, devait se refléter dans le vocabulaire de chacun. « Il n'y a pas de *bureau-chef* dans cette entreprise. Il n'y en aura jamais, ordonna-t-il. Je ne veux pas entendre les mots *head office*, *siège social* ou *bureau-chef*. Nous avons un centre de services et un centre de formation, c'est tout ! »

Par la suite, Couche-Tard insisterait pour que ce soit le cas dans chacune de ses divisions, où que ce soit dans le monde. Il s'agit d'une marque distinctive de l'entreprise, un trait de sa personnalité, de sa culture.

CHAPITRE 13

Une offre hostile pour sortir du Québec

La recette fonctionnait à plein pour Couche-Tard. Fin 1995, l'entreprise annonça des profits records de 3,2 millions $, presque 10 fois ceux de l'année précédente. La valeur du titre avait quadruplé en deux ans et dépassait maintenant les 4,00 $. Si bien que le gigantesque fonds de placement américain Fidelity, fort de ses 300 milliards $US d'actifs, décida d'acquérir 10 % des actions de Couche-Tard, un signe de confiance qui ne trompe pas.

Pendant ce temps, dans la province voisine de l'Ontario, deux grandes chaînes de dépanneurs de taille équivalente se partageaient le marché avec des résultats mitigés. Becker's, de la famille Bazos, possédait 560 magasins et accumulait des pertes depuis quatre ans. Sa concurrente, Silcorp, avait dû se placer sous la protection de la loi des arrangements avec les créanciers trois ans plus tôt afin de redresser son bilan. Le coût de l'opération avait cependant été énorme, soit la disparition de la moitié de ses magasins. Il lui en restait tout de même 528, des Mac's et des Mike's Mart, auxquels s'ajoutaient 50 Hop In dans l'État du Michigan. La réduction des taxes fédérales sur le tabac, l'année précédente, avait contribué à améliorer sa rentabilité, mais son incursion dans l'Ouest canadien plombait ses résultats.

À l'été 1996, profitant d'un repli de l'action de Silcorp, Couche-Tard présenta une offre d'achat non sollicitée de 16,50 $ par action, l'équivalent de 74 millions $. Cela représentait une prime de 26 % sur le prix moyen du titre dans le mois précédent. Le cours de l'action de Silcorp bondit immédiatement à 17,00 $, signe que les marchés anticipaient une surenchère. Ils furent servis !

L'achat de Silcorp n'était pas le premier choix de Couche-Tard. « Notre plan de match était d'acheter d'abord Provi-Soir », admet Richard Fortin. En compagnie d'Alain Bouchard, il avait rencontré Pierre Michaud, le président du CA du géant de l'alimentation, et Pierre Migneault, le président et chef de la direction, dans un club privé du centre-ville de Montréal, espérant obtenir une oreille plus réceptive que lors de la tentative précédente de Couche-Tard. Or, les deux dirigeants de Provigo tenaient à leur chaîne de dépanneurs. Richard Fortin serait le dernier à leur en faire le reproche, car il s'agissait, reconnaît-il, du réseau le plus rentable au Québec. Le tandem Michaud-Migneault proposa plutôt une fusion des deux groupes, dont les parts seraient réparties sur la base de la valeur des actifs de chacun. C'était un marché de dupes. « On avait moins de magasins qu'eux, explique Richard Fortin, et les nôtres étaient moins rentables. Nous n'aurions eu que 30 % de la société, alors que nous étions ceux qui possédaient la meilleure connaissance des modes d'exploitation. » L'offre fut rejetée sur-le-champ. « Alors on s'est dit qu'on n'avait pas le choix : on est une entreprise publique, il faut faire de la croissance, allons voir Silcorp. »

Sauf qu'ils n'allèrent pas « voir Silcorp » pour parlementer. Ils se préparaient plutôt à la prendre d'assaut, ce qui allait nécessiter beaucoup de munitions, soit près de 75 millions $. Richard Fortin entreprit donc, avec l'aide du courtier Gordon Capital, de longues et difficiles négociations confidentielles impliquant plusieurs banques pour réunir les capitaux nécessaires. Les principaux appuis vinrent de la Banque Nationale et de la Caisse de dépôt et placement du Québec. L'institution, créée au moment de la Révolution tranquille, dans les années 1960, disposait d'une capitalisation dépassant les 100 milliards $. Elle gère, entre autres, les fonds provenant des caisses de retraite des employés du secteur public de la province et de celle de la Régie des rentes, le régime de retraite universel auquel doivent cotiser tous les travailleurs québécois.

Malgré l'endossement de la Banque Nationale et de la Caisse, il en manquait encore un peu. Les portes des grandes banques de Toronto s'étant refermées, Couche-Tard dut faire appel à un joueur extérieur, la banque de Tokyo Mitsubishi, pour boucler le financement.

L'affaire était à peu près réglée lorsque la direction de Becker's approcha Couche-Tard. Avant de couler, l'entreprise cherchait une bouée à laquelle s'accrocher, mais il était trop tard aux yeux des dirigeants de Couche-Tard. Leurs préparatifs en vue d'acquérir Silcorp étaient trop avancés, les ententes de financement conclues. Et puis Silcorp, elle, était déjà rentable.

Les quatre fondateurs de Couche-Tard se retrouvèrent le samedi soir, 24 août, chez Alain Bouchard pour célébrer autour d'un bon repas le début de l'aventure pancanadienne qui s'annonçait pour eux. Ils devaient en planifier le calendrier d'exécution. C'est alors qu'au milieu du souper, le téléphone de Richard Fortin sonna. Un directeur de la Caisse de dépôt avait une bonne et une mauvaise nouvelle à lui communiquer. Le comité de crédit de l'institution acceptait de financer l'opération, mais à la condition de revoir à la hausse le taux d'intérêt que Couche-Tard devrait acquitter. Au risque de saborder la transaction, Richard Fortin répliqua qu'il n'était pas question de revenir sur l'accord de principe qu'ils avaient conclu. Sinon, la parole donnée ne vaut plus rien. Le reste du souper fut moins festif. À moins que les financiers ne reculent, il faudrait renoncer au projet.

Le lendemain, Alain Bouchard et Richard Fortin devaient prendre l'avion pour Toronto, où ils espéraient présenter lundi leur offre surprise au président de Silcorp, qui ignorait encore tout de cette démarche. Tant mieux, car allait-elle vraiment avoir lieu ? Le dimanche matin, Richard Fortin le passa à marcher de long en large chez lui dans l'espoir d'entendre sonner le téléphone. Son objection tranchée à une modification de dernière minute des conditions d'emprunt avait-elle secoué la Caisse ou l'avait-elle braquée ? Le verdict tomba avant midi : l'entente initiale serait respectée, il avait le feu vert pour lancer le processus d'acquisition. De justesse, mais tout de même.

Alain Bouchard et Richard Fortin se précipitèrent alors à l'aéroport. Ce n'est qu'une fois en vol qu'ils entreprirent de joindre au téléphone le président de Silcorp, Derek Ridout, pour prendre rendez-vous avec lui tôt le lendemain afin de lui présenter l'offre. Incapables de le localiser, ils réussirent à parler au président du conseil d'administration de l'entreprise, qui leur donna le numéro de téléphone confidentiel du chalet du P.-D.G. Le rendez-vous fut pris pour le lendemain matin.

*　*　*

Le pari de Couche-Tard était ambitieux : acheter une entreprise qui avait plus de deux fois sa taille, dans un marché que ses dirigeants ne connaissaient pas et dont ils parlaient à peine la langue ! « Je n'étais tellement pas à l'aise en anglais, reconnaît Alain Bouchard, qu'avant d'avoir une conversation avec un fournisseur, je devais écrire mes questions. » C'est donc avec une certaine nervosité qu'il anticipait son premier contact avec Derek Ridout. Heureusement, lui et Richard Fortin seraient accompagnés par leur courtier de Gordon Capital, qui pourrait entretenir la discussion. Il connaissait bien le dossier et il s'était occupé de tout. Il avait même réservé une voiture pour les prendre à leur hôtel du centre-ville et les conduire au siège social de l'entreprise, à Scarborough, en banlieue de Toronto. Quel ne fut pas leur étonnement de la voir arriver! La limousine blanche était tellement longue qu'on aurait pu y faire entrer tout le conseil d'administration de l'entreprise! De quoi auraient-ils l'air en se présentant à bord d'un tel engin, digne de patrons de la mafia se rendant à un mariage? Avec un peu de chance, espéraient-ils, seul un employé du stationnement de Silcorp les remarquerait. Le sort en voulut autrement. Ils arrivèrent en même temps que Derek Ridout qui ne put que les reconnaître au premier coup d'œil. Quelle suffisance, quel manque de classe! dut-il se dire en les voyant à bord de ce carrosse de nouveaux riches… alors qu'ils en étaient les premiers consternés!

La réunion fut courtoise, sans plus. Ils présentèrent leur offre d'achat à 16,50 $ l'action. On les en remercia poliment. La proposition serait soumise au conseil d'administration qui en disposerait. Au revoir.

Le jour même, la direction de Couche-Tard annonça par voie de communiqué qu'elle venait de présenter une offre d'achat non sollicitée de Silcorp, une offre que son président qualifia de « surprise ». C'est sans doute qu'il ne parlait pas français, car Couche-Tard n'avait pas fait beaucoup de cachette de sa volonté de pénétrer le marché ontarien. Un an plus tôt, lors de l'assemblée générale des actionnaires de Couche-Tard, Alain Bouchard avait nommément identifié Becker's et Silcorp comme les deux cibles les plus probables grâce auxquelles il atteindrait son objectif de sortir du marché québécois. Les analystes hésitaient à qualifier cette stratégie inhabituellement ouverte dans le monde des affaires : était-ce de la candeur ou de l'arrogance ? Au moins, c'était clair.

Le dévoilement de cette proposition survint quelques jours à peine avant l'assemblée générale annuelle de Couche-Tard. L'ambiance y était joyeuse. Une fois la transaction conclue, l'entreprise deviendrait le numéro un des dépanneurs au Canada, avec près de 1000 magasins et des ventes avoisinant le milliard de dollars. Alain Bouchard annonça à ses actionnaires qu'il déménagerait à Toronto avec sa famille et son partenaire responsable des opérations, Réal Plourde, afin de superviser pendant deux ans l'intégration du nouveau groupe. Pas question de gérer cela à distance, dit-il. Les magasins Mac's appartenant à Silcorp devraient arborer les couleurs jaune et bleu de Couche-Tard. Ainsi va la loi des conquérants.

* * *

Sauf que ce ne serait pas si facile. Le 19 septembre 1996, Silcorp annonça que son conseil d'administration avait rejeté unanimement la proposition « inadéquate » de Couche-Tard car, à ses yeux, elle ne reflétait pas la valeur réelle de l'entreprise. C'était la guerre, et tous les coups seraient permis. Silcorp refusa à Couche-Tard l'accès à ses livres, mais les ouvrirait à tout autre groupe intéressé à présenter une meilleure offre ; Silcorp refusa de présenter la proposition à ses actionnaires pour leur permettre de se prononcer ; elle refusa de dévoiler à Couche-Tard la liste de ses actionnaires ; elle menaça de s'endetter pour verser un juteux dividende à ses actionnaires de manière à se vider de sa valeur et à devenir ainsi moins attirante.

Et ce n'était qu'un début. Le 30 septembre, Silcorp annonça sa fusion avec Becker's, effective à la mi-novembre.

Pour 33 millions $, Silcorp proposait donc d'acheter son principal rival ontarien à la famille Bazos qui, par la même occasion, devenait le principal actionnaire de Silcorp, avec 20 % de son capital. Ce n'était pas un mariage d'amour ni un mariage de raison, mais plutôt un mariage obligé[25]. Rejetée par Couche-Tard deux mois plus tôt, Becker's trouvait dans la bataille menée par Silcorp un prétexte pour s'unir à un partenaire solide. Désirée par Couche-Tard, Silcorp voyait dans sa fusion avec Becker's l'occasion de gonfler son tour de taille, à un point tel qu'elle en perdrait tout son attrait.

C'est du moins ce que croyaient les dirigeants des deux firmes ontariennes. Bien qu'elle l'ait nié publiquement, la direction de Couche-Tard envisagea sérieusement la possibilité d'avaler les deux tourtereaux, ce qui lui aurait coûté plus de 100 millions $. « On avait analysé l'affaire et on s'apprêtait à faire une offre augmentée pour les deux compagnies », confirme l'argentier de Couche-Tard, Richard Fortin. « Ils ont cru qu'ils avaient réussi à nous chasser, mais ce n'était pas le cas », dit-il.

En fait, une fois l'offre de Couche-Tard échue, Silcorp lui fit un appel du pied, laissant entendre qu'il serait ouvert à considérer une proposition de 19 $ l'action. À d'autres ! Alain Bouchard jugeait que les dirigeants de Silcorp étaient incompétents. Il avait d'ailleurs déclaré publiquement qu'ils n'avaient « ni l'expertise ni la vision » pour rentabiliser Becker's, et que leurs dépanneurs avaient 15 ans de retard sur ceux du Québec. Qu'ils se démerdent ! « J'ai dit : "On va les laisser faire le ménage et on verra ensuite." »

Il y avait une autre raison, encore plus importante, d'abandonner le projet ontarien, raconte Richard Fortin : « Entretemps,

---

25. « Mariage obligé » est une expression désuète qui désigne un mariage organisé de manière précipitée lorsqu'on découvre que la femme est enceinte. Son objectif est avant tout de sauver les apparences.

le téléphone a sonné. C'était les gens de Provigo qui nous disaient : "Si Provi-Soir vous intéresse toujours, nous sommes prêts à discuter." »

Il y avait une limite à jouer à Pac-Man[26]. Couche-Tard ne pouvait dévorer en même temps les 1000 magasins de Silcorp/Becker's au Canada et les 300 que détenait Provigo en Ontario, en Alberta et surtout au Québec. Et puis, la perspective d'acheter la chaîne Provi-Soir et d'ainsi consolider la base arrière de Couche-Tard était beaucoup plus alléchante que celle de déménager à Toronto pour y faire la sale besogne.

« Les dirigeants de Provigo avaient perdu confiance », estime Alain Bouchard. La politique des bas prix de Couche-Tard les avait forcés à réduire leurs marges. Ils n'arrivaient plus à rentabiliser leurs opérations et ils se dirent que si Couche-Tard mettait la main sur Silcorp, la bouchée serait tellement énorme qu'il faudrait attendre longtemps avant que le groupe de Laval n'ait les moyens de les racheter. Or, aucune autre entreprise ne semblait en mesure de le faire. Dans leur esprit, il fallait agir au plus vite avant que les choses ne s'aggravent. Le président de Provigo, Pierre Migneault, n'a même pas tenté de bluffer. « Je n'aime pas les dépanneurs, le conseil d'administration non plus, c'est une industrie en perdition », dit-il à un Alain Bouchard ravi. « Je rêvais de l'acheter depuis toujours ! »

Pour Alain Bouchard, c'était plus qu'une simple décision d'affaires. Il avait le sentiment d'avoir bâti Provi-Soir de ses propres mains. Il en connaissait tous les emplacements par cœur. Il avait même contribué au choix de sa mascotte, un hibou faisant un clin d'œil exorbité, un insomniaque rivalisant avec le somnambule de Couche-Tard. Il n'entretenait plus

---

26. Pac-Man fut l'un des jeux vidéo les plus populaires dans les années 1980. Il mettait en scène un personnage à l'appétit vorace qui avalait différents caractères, permettant au joueur qui contrôlait ses déplacements de marquer des points.

aucun sentiment de vengeance, bien que leur histoire se soit mal terminée. Au fond, il aurait fait la même chose que Provi-Soir s'il avait dû affronter un franchisé aussi insoumis que lui-même l'avait été. Il était à la fois heureux et excité d'acquérir cette entreprise que, dit-il, « j'ai toujours aimée ».

Quatre-vingt-cinq millions de dollars. C'est le prix qu'offrit Couche-Tard pour acheter son principal rival au Québec. Il comptait 245 Provi-Soir auxquels il fallait ajouter 21 dépanneurs Winks en Ontario et 28 autres en Alberta, exploités sous deux bannières, Winks et Red Roaster. Leur chiffre d'affaires combiné avoisinait les 300 millions $, une peccadille dans l'univers de Provigo qui cumulait des ventes annuelles de 5,7 milliards $. Le prix élevé par magasin s'explique par le fait qu'il s'agissait peut-être surtout d'une transaction immobilière. Provi-Soir possédait des emplacements de choix, sur des rues ou des routes très fréquentées. De plus, 40 % de ses commerces étaient dotés d'une station-service.

Si Provigo voulait s'en débarrasser, ce n'était pas une vente de feu pour autant. « On ne nous a pas fait de cadeau », déclara Alain Bouchard. D'autres joueurs avaient été approchés : Silcorp, trop occupé à se refaire en Ontario, mais surtout les grandes pétrolières Shell, Ultramar, Pétro-Canada, dont les stations-service cohabitent souvent avec un dépanneur. Finalement, c'est Couche-Tard qui a présenté la meilleure offre, entièrement financée par un prêt bancaire des trois mêmes institutions qui avaient offert de l'appuyer dans son offensive contre Silcorp. L'entente prévoyait que Provigo demeurerait le fournisseur de produits alimentaires des magasins de son ancienne division, alors que Métro continuerait à approvisionner le reste des magasins Couche-Tard.

Les franchisés de Provi-Soir étaient nerveux, et à juste titre. Depuis une quinzaine d'années, plusieurs d'entre eux s'étaient regroupés pour intenter devant les tribunaux de multiples poursuites contre Provi-Soir, l'accusant de pratiques déloyales – sinon criminelles – à leur endroit dans le but de leur soutirer un maximum de profits. Voilà qu'une entreprise concurrente, plus dynamique et combative, devenait le patron. Les franchisés pouvaient redouter le pire. Réal Plourde en eut la démonstration la plus éloquente lorsqu'il convoqua ceux de la région de Montréal, dès la conclusion de l'achat de Provi-Soir. Après avoir présenté la philosophie de l'entreprise et expliqué que tous les contrats seraient respectés à la lettre, il leur indiqua que Couche-Tard était aussi disposé à racheter les franchises de ceux qui le souhaiteraient. « Et là, je leur demande: "Est-ce qu'il y en a parmi vous qui veulent quitter?" se souvient-il. La moitié de la salle a levé la main! »

Ils étaient tellement nombreux à espérer quitter le navire qu'il fallut établir un ordre de priorités. Ceux qui avaient déjà manifesté leur intention à l'ancien propriétaire, Provigo, furent les premiers servis.

*   *   *

Pendant ce temps, la vie personnelle d'Alain Bouchard prenait l'eau; son couple faisait naufrage. Celle qui avait lancé à un huissier sous le coup de la colère, près de 20 ans auparavant, qu'un jour ils rachèteraient Provi-Soir s'en allait au moment où sa prédiction se réalisait. Et elle partait sans bagages, laissant derrière elle les deux enfants nés de cette union, Jonathan, qui lui avait demandé tellement d'attention, et Karinne, née deux ans plus tard, en 1979, l'année où Alain Bouchard avait ouvert son premier dépanneur.

Les souvenirs d'enfance de Karinne se confondent d'ailleurs avec les premières années de vie de Couche-Tard. Ils ont l'odeur du bureau en désordre de son père, au-dessus du dépanneur de Saint-Jérôme où elle l'accompagnait souvent, assise sur une vieille caisse de contenants de lait. Pendant qu'il faisait et refaisait ses comptes – c'était l'époque où son banquier estimait qu'il était en faillite technique –, Karinne s'amusait à l'imiter, en jonglant avec les chiffres. « Quand j'étais à la maternelle, se rappelle-t-elle, je n'aimais pas les jeux. Mon père m'avait donné un petit calepin avec des calculs à faire. Je me souviens que je faisais ça pendant que les amis jouaient ! » La pomme n'était pas tombée loin de l'arbre. Elle en a même pris certains travers. « Avec lui, j'ai appris à marchander sur tout, dit-elle. Je ne veux jamais payer le plein prix, sur rien. Ça énerve mon mari ! »

Elle était adolescente au moment où ses parents se sont séparés et où son père a assumé seul la responsabilité de ses deux enfants. Malgré ses obligations, Alain Bouchard n'était pas un père absent, se souvient-elle. « Il était toujours là pour le souper. »

Cela est d'ailleurs une source d'étonnement pour un visiteur au centre de services de Couche-Tard, à Laval, le cœur d'une multinationale multimilliardaire de commerces aux heures d'ouverture prolongées. À 18 h, on n'y trouve plus un chat. L'immense stationnement est vide, tout le monde est rentré à la maison. L'exemple vient de haut. Alain Bouchard a personnellement grondé des employés « pris sur le fait » à trop travailler. Un soir qu'il passait à son bureau pour prendre un dossier, le grand patron trouva un avocat nouvellement embauché par le service juridique de Couche-Tard en train de préparer un contrat. Il le sermonna copieusement. « Tu as une famille, une femme, des enfants. Qu'est-ce que tu fais encore ici à cette heure ? Rentre chez toi ! » lui ordonna-t-il. Le jeune employé expliqua qu'il était normal pour un avocat de travailler de longues heures, que c'est ce qu'on leur apprenait à faire dans les cabinets privés où il avait œuvré auparavant. «Pour moi, ce n'est pas normal, rétorqua Alain Bouchard. Il faut une vie équilibrée pour donner son plein rendement, et je te paye pour que tu aies les idées claires, alors rentre chez toi au plus vite, avec ta famille, et que je ne te reprenne jamais au bureau tard le soir!»

*   *   *

La fusion de Couche-Tard et de Provi-Soir n'allait pas de soi. Normal. De taille équivalente, les deux entreprises étaient rivales depuis des années, une période pendant laquelle l'industrie des dépanneurs avait connu la pire crise de son histoire. La bataille avait laissé des traces. Il fallait les réconcilier, et cela commença par un geste symbolique: le hibou de Provi-Soir devint l'emblème du groupe tout entier. Le somnambule pouvait retourner se coucher. Un oiseau calme mais alerte, un prédateur attendant la meilleure occasion pour s'emparer de sa proie, cela représentait bien mieux ce qu'était devenu Couche-Tard qu'un égaré, aussi sympathique fût-il.

L'équipe de direction fit ensuite ce qui lui avait le mieux réussi dans ses acquisitions récentes: aller sur le terrain, rencontrer les employés, fixer des objectifs, mais aussi donner des moyens, offrir des formations et apprendre. «On ne fait pas table rase pour dire: "Voici nos politiques et comment ça fonctionne", explique Jacques D'Amours. On prend ce qui se fait de mieux pour l'amener dans nos magasins.» De la même manière, les pratiques les plus efficaces de Couche-Tard seraient intégrées aux nouvelles acquisitions.

Cette attitude est un trait de la philosophie de Couche-Tard, ancrée dans son ADN par ses quatre fondateurs. Elle constitue également la recette de leur succès. « Les opérations, ça a toujours été notre force », dit Richard Fortin. Pour eux, chaque magasin doit être considéré comme un laboratoire où peuvent pousser les meilleures idées. Mais encore faut-il aller les cueillir et les disséminer plutôt que de les piétiner.

L'achat des actifs de Provi-Soir en Ontario et en Alberta fut un test pour cette ouverture. Les structures étaient différentes, les modèles d'exploitation aussi. Comment les comparer ? Sur quelles bases ? Ce qui est différent peut être aussi bon ou même donner de meilleurs résultats. L'acceptation de la diversité – vue comme une force plutôt que comme un signe de faiblesse – serait un jour un des atouts majeurs de Couche-Tard. Pour le moment, le temps était à l'apprentissage.

Que diable pouvaient-ils faire de 28 petits dépanneurs Red Roaster et Winks perdus au milieu des vastes plaines de l'Ouest canadien ? Alain Bouchard et ses partenaires se posaient la question en ces termes négatifs, qui préfiguraient de leur réponse, alors qu'ils se rendaient en Alberta où ils avaient convoqué les dirigeants et employés de cette minuscule opéra-tion. « Trop loin, pas le temps », il fallait en finir, se disaient-ils. Dans son anglais approximatif, Alain Bouchard expliqua aux employés que Couche-Tard avait pour ambition de bâtir un vaste réseau capable de rivaliser avec les plus grands. Il y avait un seul moyen d'y arriver : la croissance, encore et toujours. Or, en Alberta, Mac's et 7-Eleven dominaient le marché. À quoi bon conserver ces 28 commerces ? Il leur annonça donc son intention de vendre l'affaire, mais les gens se mirent à protes-ter. « D'accord, leur dit-il, alors aidez-moi à me convaincre du contraire. Je vous donne deux heures ! » Et il quitta la salle, les laissant délibérer. À son retour, les employés lui présentèrent un plan d'affaires persuasif et lui dirent qu'ils adhéraient à la volonté de croissance de Couche-Tard. Mieux, qu'ils l'avaient réclamée de tous leurs vœux dans le passé, mais que Provigo s'était opposé à toutes leurs initiatives, préférant dicter ses politiques élaborées à plusieurs milliers de kilomètres de distance.

Alain Bouchard fut conquis par leur enthousiasme, par leur volonté de faire évoluer le concept des magasins. Pourquoi ne pas laisser une chance au coureur ? se dit-il. Il revint donc de ce voyage en parlant de la possibilité d'ouvrir 70 nouveaux dépanneurs dans l'ouest du pays et en étant convaincu d'au moins une chose : il devait améliorer son anglais s'il voulait vraiment, comme il venait de le dire à ses employés albertains, faire croître Couche-Tard. L'expérience récente de Silcorp l'avait prouvé. S'il avait maîtrisé la langue anglaise, il aurait pu appeler son P.-D.G., Derek Ridout. « Il m'aurait parlé », dit-il, et ils auraient peut-être trouvé un terrain d'entente. « J'ai été malhabile à cause de mon handicap, mon anglais trop faible. » Il embaucha donc un professeur privé et se mit à l'apprentissage intensif de la langue des affaires.

See you next time in Toronto !

CHAPITRE 14

La naissance d'un modèle d'affaires

Pour ses 50 ans, Alain Bouchard s'offrit un gros cadeau : Silcorp, qui avait deux fois la taille de Couche-Tard !

Depuis la tentative ratée d'acheter la société mère des magasins Mac's deux ans plus tôt, les deux groupes avaient pris le temps de rationaliser leurs opérations. Couche-Tard avait digéré Provi-Soir, Silcorp avait fait de même avec Becker's, chacun consolidant sa position de meneur dans son propre marché. Au cours de cette période, Alain Bouchard avait demandé à son homme de confiance en Ontario, Peter Flach, de maintenir un contact régulier avec le vice-président de Silcorp, Joe Lewis. Peter Flach avait le mandat de diriger l'expansion « agressive » de Couche-Tard dans le reste du Canada. À l'automne 1998, il informa Alain Bouchard que Silcorp serait prêt à accepter une acquisition.

En décembre, Alain Bouchard prit donc le téléphone pour parler au P.-D.G. de Silcorp, Derek Ridout. Malgré ses progrès en anglais, il était encore loin de pouvoir entretenir une conversation fluide, ce qui l'avait incité à rédiger un texte pour l'aider dans la discussion. À sa grande surprise, Derek Ridout ouvrit son jeu, lui avouant qu'il n'avait jamais aimé l'industrie des dépanneurs. Alain Bouchard croyait avoir mal compris. « Quoi ? Vous n'aimez pas ce que vous faites et vous continuez de le faire tous les jours ? »

« C'était incroyable. Il était président de la compagnie et, lui, il détestait ça, les dépanneurs ! Il n'allait jamais dans les magasins, il n'allait jamais à la rencontre des exploitants. » Tout le contraire des fondateurs de Couche-Tard, pour qui la tournée des commerces, les leurs ou ceux des concurrents, représentait l'une des activités les plus ludiques de leur travail.

Alain Bouchard proposa à Ridout de se rendre à Toronto pour partager un repas en tête-à-tête avec lui, afin de voir s'il était possible de lancer des négociations pour une acquisition qui serait, cette fois, amicale. Il comprit que l'équipe de direction de Silcorp ne jetterait pas de sable dans l'engrenage, à condition que Couche-Tard ne soit pas trop regardante sur la quantité de lubrifiant nécessaire à son bonheur. Ce serait une question de prix.

* * *

La Banque Nationale serait certainement encore au cœur du financement de l'opération. Or, depuis la tentative infructueuse d'achat de Silcorp, deux ans plus tôt, la banque avait acheté une firme de courtage portant le nom de ses fondateurs, Lévesque, Beaubien, Geoffrion inc., et elle espérait que cette société agisse à titre de consultant dans la transaction. Malheureusement pour elle, Alain Bouchard a la mémoire longue. Il se rappelait avec amertume comment Lévesque, Beaubien, Geoffrion inc. avait traité Couche-Tard plusieurs années auparavant. Le regard hautain jeté par les dirigeants de la firme sur ce petit boutiquier lui avait laissé un désagréable souvenir. « Nos chances d'avoir le contrat n'étaient pas très fortes », dit Réal Raymond, alors vice-président responsable du secteur corporatif à la Banque Nationale dont il deviendrait en 2002 le président[27]. Il parvint tout de même à convaincre Richard

---

27. Réal Raymond fut président de la Banque Nationale de 2002 à 2007. Au moment de la rédaction de ce livre, il occupait la présidence du conseil d'administration de Métro.

Fortin de lui permettre de rencontrer Alain Bouchard pour tenter de le faire changer d'idée.

Réal Raymond avait fait la connaissance de Richard Fortin au hasard d'une partie de golf une dizaine d'années plus tôt, peu après qu'il eut quitté la vice-présidence de la succursale canadienne de la Société générale de France pour aller gérer des dépanneurs dans un sous-sol. C'était une décision qui lui avait semblé à tout le moins étrange. « Je lui ai dit : "Il faut que tu m'expliques ça ! " » C'est alors que Richard Fortin lui avait parlé d'Alain Bouchard et de son projet de bâtir le plus important réseau de commerces de proximité au Québec. « Le gars est extraordinaire, dit-il, il m'a offert de devenir partenaire et j'ai sauté parce que je crois en ce gars-là. » Le temps lui avait donné raison. Il était maintenant l'heure de passer à l'étape qui ferait de Couche-Tard le premier réseau au Canada et l'un des 10 plus grands en Amérique du Nord. Réal Raymond voulait y participer, car le montage financier d'une telle opération peut être extrêmement lucratif, mais il ne se faisait pas d'illusions : il devrait surmonter la résistance d'Alain Bouchard. « Avant de nous rencontrer, il avait dit : "Il n'est pas question que j'engage ces gars-là" », se rappelle Réal Raymond. Contre toute attente, il parvint tout de même à décrocher le contrat. Les choses se sont ensuite déroulées très rapidement. En à peine deux mois, l'affaire était bouclée.

Cela permit à Réal Raymond d'apprendre à connaître Alain Bouchard pour ses qualités d'entrepreneur, son désir féroce de faire croître son entreprise, sa capacité de bien s'entourer et ses talents de dur négociateur. « Il me disait : "Toi, le banquier, tu factures des frais de montage financier et de consultation. Moi, je gagne mon argent un demi-cent à la fois en vendant de la gomme balloune. Arrête de me facturer ! " Il vient de ce milieu-là où chaque demi-cent d'efficacité est extrêmement important. »

L'offre d'achat fut déposée le 1er mars 1999. Le montant était considérable : 220 millions $ pour les 974[28] magasins de Silcorp situés principalement en Ontario, mais aussi dans les provinces de l'Ouest. La proposition, à 23,00 $ l'action, représentait une prime de 45 % sur la valeur moyenne du cours de l'entreprise dans les 60 jours précédents. Sans surprise, elle obtint l'appui unanime de la haute direction de Silcorp, qui y trouvait personnellement son compte.

« On a payé cher, mais ça valait le coup », affirme Alain Bouchard. D'un seul mouvement, Couche-Tard triplait le nombre de ses magasins, à 1600, et doublait son chiffre d'affaires, à 1,6 milliard $, sautant ainsi de la 22e à la 9e position des plus grands réseaux de dépanneurs en Amérique du Nord. Le nombre de ses employés passait de 4500 à 11 500 et, puisque les deux entreprises œuvraient sur des territoires différents, ce mariage d'intérêts[29] entraînerait très peu de pertes d'emplois. « Cette acquisition en est une de croissance, pas de rationalisation », déclara Alain Bouchard lors d'une conférence de presse en compagnie du président de Silcorp, Derek Ridout. Ce dernier rassura les investisseurs en s'engageant à rester en poste pour encore quelques années. C'était faux. Le 1er juin 1999, à peine plus d'un mois après la conclusion de la transaction, Derek Ridout, le directeur des opérations Joe Lewis et le directeur des finances Mike Rousseau quittaient tous l'entreprise.

* * *

---

28. Les magasins fonctionnent alors sous différentes bannières : Mac's, Becker's, Mike's Mart et Daisy Mart.

29. Plusieurs journaux anglophones qualifièrent la transaction de « *marriage of convenience* », un jeu de mots référant à l'industrie du « *convenience store* », mais aussi une reconnaissance du caractère rationnel de ce regroupement.

Deux ans plus tôt, alors qu'elle espérait acquérir Silcorp, l'équipe des fondateurs de Couche-Tard avait décidé de se scinder en deux afin de gérer la nouvelle entité. Il ne semblait pas y avoir d'autre moyen que d'aller habiter à Toronto, du moins pendant quelques années. « On s'était dit : on va y aller ensemble, Réal Plourde et moi, lui l'exploitant et moi le bâtisseur », raconte Alain Bouchard.

Cette fois, les choses se présentaient différemment pour plusieurs raisons, dont une très personnelle : Alain Bouchard était de nouveau en couple. Il avait rencontré Sandra Chartrand professionnellement trois ans plus tôt alors que, travaillant pour Centraide du Grand Montréal, elle avait pris rendez-vous avec lui dans l'espoir de le recruter à titre de bénévole pour la campagne de financement de l'organisme de charité. Elle y était parvenue et, chaque année par la suite, il avait renouvelé sa participation à l'événement. Après son divorce, il s'était mis à fréquenter cette femme de 12 ans sa cadette, déjà mère d'une jeune fille, Camille. Lui qui avait toujours souhaité avoir un autre enfant venait de trouver la partenaire idéale. Il appréciait ses qualités de cœur, son ouverture aux autres, sa générosité et son affection sincère pour son fils Jonathan. Puisqu'elle avait alors 38 ans, il n'y avait pas de temps à perdre pour élargir la famille ! Eh bien, ils n'en ont pas perdu. L'année suivante, naissait leur fille Rose.

Réal Plourde n'envisageait pas non plus la possibilité de s'installer en Ontario. En fait, le penseur de l'organisation de Couche-Tard songeait à adopter un mode de fonctionnement plus décentralisé mettant à contribution les compétences locales. Pendant les négociations, d'autant plus qu'elles étaient amicales, il s'était rendu à Toronto en compagnie d'Alain Bouchard pour rencontrer tous les dirigeants de Silcorp. « Réal avait un anglais encore plus approximatif que le mien, un accent à couper au couteau », se rappelle avec amusement Alain Bouchard. Malgré cette contrainte, ou peut-être en partie à cause d'elle, Réal Plourde avait conclu très rapidement que la haute direction de Silcorp faisait partie du problème bien plus que de la solution. Ridout, Lewis, Rousseau, « leur ego ne passait plus dans les portes », estimait Alain Bouchard. Il vit chez eux une attitude condescendante envers ces Québécois qui croyaient pouvoir mieux faire qu'eux. Comme des monarques gouvernant un royaume qu'ils ne prenaient jamais la peine de visiter, ils s'étaient entourés d'une cour chargée de leur faire rapport de la situation dans les villages environnants. Réal Plourde avait été frappé par sa rencontre avec l'un des principaux responsables des opérations de Silcorp à qui il avait demandé de décrire son travail. L'homme lui avait répondu que la moitié de son temps était – malheureusement – consacrée à la préparation de tableaux pour le conseil d'administration. « C'est le problème lorsqu'une entreprise devient bureaucratique et trop hiérarchisée, dit Réal Plourde, cela engendre un système de production de rapports et d'analyses, alors qu'on oublie les vraies choses, le client qui entre dans un magasin et qu'on doit bien servir pour qu'il revienne. »

« On a conclu que tout cet étage-là, ça ne fonctionnerait pas », résume Alain Bouchard. Puis ils convoquèrent les exploitants de Silcorp sur le terrain, les responsables des différents secteurs géographiques, du nord de l'Ontario ou du centre-ville de Calgary. Enfin des gens qui pensaient comme eux, motivés par les défis quotidiens de faire fonctionner l'entreprise, des combattants ! « La décision qui a alors été prise s'applique encore aujourd'hui à travers toute notre organisation, dit Alain Bouchard. C'est de travailler de manière décentralisée. »

Le bureau de Toronto fut décapité et perdit son statut de siège social. Pourquoi y en aurait-il un en Ontario, alors que Couche-Tard n'en avait pas à Laval ? Alain Bouchard le répéta sans cesse à sa nouvelle équipe : « *Head office does not exist.* » Toronto devint un centre de services. Calgary obtint aussi le sien. L'entreprise fut ainsi structurée en trois divisions : une pour le Québec, une pour l'Ontario et une pour l'Ouest canadien. C'est d'ailleurs la rencontre avec les dirigeants de Calgary, Kim Trowbridge et David Rodgers, qui fut déterminante dans cette décision, selon Réal Plourde. « Je leur ai demandé ce qu'on pouvait faire pour améliorer l'entreprise », dit-il, et leur réponse sembla étrangement familière aux oreilles de ce Québécois : « Toute la mise en marché est pensée par les gens en Ontario. Ils ne connaissent pas nos clients. Ils nous envoient des promotions qui ne s'appliquent pas. Nous devrions déterminer notre propre stratégie. »

Tant d'entreprises pancanadiennes avaient le même travers, se contentant de traduire en français leurs publicités pour le marché québécois sans se donner la peine de comprendre les codes culturels de ce marché distinct. Les fondateurs de Couche-Tard partageaient instinctivement cette frustration. Ils décidèrent donc d'adopter le mode d'opération inverse. Aux yeux de Richard Fortin, ce fut la décision la plus importante de toute l'histoire de l'entreprise, celle de déléguer les pouvoirs aux régions. « C'est le modèle qui allait ensuite nous permettre d'acheter des dépanneurs un peu partout dans le monde. »

* * *

Richard Fortin n'oubliera jamais la conférence de presse au cours de laquelle Alain Bouchard annonça l'acquisition de

Silcorp, le 1er mars 1999. La première question posée par l'un des journalistes présents l'avait choqué : « *What's next ?* » (Quelle est la prochaine étape ?). Comme si la transaction du jour n'était pas en soi une nouvelle assez importante et qu'il fallait anticiper tout de suite la prochaine ! « Ça m'avait fâché parce qu'on avait travaillé tellement fort pour ficeler cette opération. » La réponse d'Alain Bouchard acheva d'assommer son confrère. Il lança au journaliste, à brûle-pourpoint : « On s'en va aux États-Unis. »

Les marchés eurent le même sentiment. L'homme devait être un bipolaire en plein épisode maniaque ! L'action de Couche-Tard perdit 7,5 % de sa valeur ce jour-là, tombant à 18,50 $. Pourtant, le marché américain constituait logiquement l'étape suivante. Devenu le numéro un au Canada, Couche-Tard se devait d'envisager une expansion aux États-Unis pour poursuivre sa croissance. C'est en fait justement parce qu'elle dominait le marché canadien que l'entreprise pouvait s'y aventurer. Elle venait en tout cas d'acquérir la crédibilité requise, estime Réal Raymond. « N'eût été cette transaction, je ne crois pas que Couche-Tard aurait pu s'en aller dans le marché américain, il n'avait ni la taille, ni l'expertise, ni la reconnaissance du marché pour se financer. »

Encore fallait-il que Couche-Tard réussisse à exploiter ses 1000 nouveaux magasins à l'extérieur du Québec. Le programme de modernisation des installations était ambitieux : tripler le nombre de dépanneurs dotés d'une station-service, revoir leur aménagement intérieur avec l'objectif d'accroître l'offre de prêt-à-manger, augmenter la présence de guichets automatiques, installer des lecteurs optiques reliés au centre de services, où l'on regroupa les achats afin de profiter des économies d'échelle que permettait la taille de l'entreprise. Couche-Tard put ensuite s'enorgueillir d'être le premier réseau de dépanneurs entièrement connecté en Amérique du Nord. Cela permit d'avoir un contrôle plus efficace des inventaires et d'adapter les achats aux besoins réels de la clientèle, selon les régions. On pouvait ainsi pratiquer le « micro-marketing », soit ajuster l'offre d'un magasin à l'autre en fonction des goûts et des habitudes de chaque marché.

Réal Plourde entreprit de visiter les nouveaux magasins, un à un, en compagnie d'Alain Bouchard pour dialoguer avec les gérants, écouter leurs suggestions, évaluer leur potentiel et leurs besoins. « Le pouls, dit-il, tu l'as dans le magasin. » Or, il y en avait un millier dont il fallait prendre le pouls !

Lorsqu'il était devenu le quatrième mousquetaire de l'équipe des fondateurs de Couche-Tard, presque 15 ans plus tôt, Réal Plourde ne s'était pas engagé à y passer sa vie entière. Malgré l'insistance d'Alain Bouchard qui voulait par là mesurer sa loyauté envers l'entreprise, il lui avait répondu qu'il demeurerait en place « aussi longtemps que j'aurai du plaisir ». Depuis, Couche-Tard avait traversé bien des tempêtes, connu plusieurs transformations. Il n'avait pas eu le temps de s'y ennuyer, mais il sentait poindre le sentiment d'avoir fait le tour du jardin. L'acquisition de Silcorp est arrivée à point pour réveiller son intérêt et souder la direction de Couche-Tard. « Ce qui nous a tenus ensemble, c'est le projet emballant de sortir du Québec », dit-il. Ils venaient de trouver un défi à la mesure de leurs talents respectifs.

* * *

« Habituellement, dit Alain Bouchard, plus une entreprise est puissante, plus elle a tendance à imposer ses procédés à l'ensemble de ses composantes. La force de Couche-Tard tient à ce qu'elle pratique l'inverse. Notre ADN, c'est le modèle d'affaires local, c'est ce qu'il y a de plus important. Ça nous a permis de bâtir ce qu'on a aujourd'hui. »

Il en est tellement convaincu que, au fil de ses nombreux déplacements, Alain Bouchard est comme un lion en cage lorsque les directions locales tentent de le retenir plus de quelques heures dans les bureaux afin de lui présenter leurs résultats, plans ou prévisions. « On passe la semaine où ? » demande-t-il de manière rhétorique, avant de répondre lui-même : « Dans les magasins, parce que c'est là que la culture et les meilleures pratiques se transmettent. On prend des notes. » Il a peut-être un gros accent, mais il parle la même langue d'entrepreneur que ces gens qui côtoient chaque jour leur clientèle. « C'est pour cela qu'on a une si belle organisation, dit-il, on apprend tout le temps. Je n'ai aucun problème d'ego à acheter une entreprise de 20 magasins qui fait des choses mieux que nous et à les transférer dans tous les autres qu'on possède. »

Au moment de l'achat de Silcorp, cette philosophie fut mise à l'épreuve dès la première rencontre d'Alain Bouchard avec les directeurs du siège administratif situé à Scarborough. Après leur avoir expliqué le mode de fonctionnement de Couche-Tard, il demanda s'il y avait des questions. Un des cadres prit alors la parole : « Nous disposons, ici, d'un puissant ordinateur IBM AS400 qui nous donne des rapports très détaillés sur nos opérations, dit-il, alors qu'au Québec, vous avez plusieurs petits ordinateurs mal intégrés. Comment espérez-vous relier tout cela ? »

« C'était plus un éditorial qu'une question », aux oreilles d'Alain Bouchard, mais plutôt que de s'en offusquer, il éclata de rire, puis répondit qu'il n'était pas un spécialiste des systèmes informatiques. « Mais je peux vous dire qu'on a toujours pris les meilleures recettes de toutes les entreprises qu'on a achetées, et nous allons continuer de le faire. » La réponse avait permis de détendre l'atmosphère ; le ton, d'obtenir l'adhésion des directeurs. On n'était pas au hockey ici, dans un match opposant les Canadiens de Montréal aux Maple Leafs de Toronto, où le gain de l'un représente la défaite de l'autre. Les experts des technologies informatiques de Toronto et de Montréal conclurent par la suite que les systèmes de part et d'autre étaient désuets, et tous les ordinateurs furent remplacés. C'était gagnant-gagnant.

* * *

Donner plus de pouvoirs aux régions. Admettre que les employés des magasins sont ceux qui appréhendent le mieux les désirs de leurs clients. Soit. Mais encore faut-il s'y retrouver. Chacun ne peut quand même pas agir à sa guise comme s'il était un commerçant indépendant. Les fondateurs de Couche-Tard, qui connaissent leurs dépanneurs jusqu'à la dernière tablette, n'étaient pas du genre à signer des chèques en blanc. Alors, comment réconcilier deux volontés en apparence contra-dictoires ? Celle, d'une part, de régionaliser les pouvoirs déci-sionnels et de déléguer un maximum de responsabilités aux magasins, tout en permettant à l'entreprise, d'autre part, d'exercer un contrôle serré des opérations dans le but d'aug-menter son efficacité et sa rentabilité.

Au début, Réal Plourde mit en place dans toute l'entreprise le système de rapports standardisés déjà en application chez Couche-Tard au Québec, grâce auquel les dirigeants obtenaient une vue d'ensemble de leur réseau et des performances indivi-duelles de chaque magasin. Il y eut un peu de résistance. Cer-tains affirmaient à juste titre qu'on ne pouvait placer tous les dépanneurs sur un pied d'égalité car, à ce jeu, ceux du Québec où l'on vendait de la bière et du vin étaient nettement avanta-gés. Réal Plourde se rendit à ces arguments et mit au point un système d'analyse comparative[30] plus raffiné, permettant de mesurer la performance des magasins à l'intérieur de chaque division. L'objectif était d'y créer une culture d'émulation. «C'est comme ça qu'on est devenus efficaces», dit-il.

Il en fallait quand même un peu plus. La reddition de comptes exige une certaine régularité pour livrer ses fruits, la consolidation d'un esprit d'équipe aussi. C'est pourquoi Couche-Tard instaura un rendez-vous incontournable, une vidéoconférence lors de laquelle chaque division doit rappor-ter ses résultats toutes les quatre semaines. Le territoire à cou-vrir était trop vaste, les distances trop grandes et le temps des hauts gestionnaires trop précieux pour tenir ces rencontres en personne; et le téléphone était trop impersonnel pour contri-buer efficacement au rapprochement entre les membres de l'équipe de direction.

Ces réunions virtuelles, novatrices à leurs débuts, devien-dront partie intégrante du cycle administratif de Couche-Tard. On y compare les marges brutes réalisées sur chaque gamme de produits – essence, alimentation, cigarettes, etc. Cependant, l'argent n'est pas le seul étalon de mesure de la performance de l'entreprise. L'achalandage des magasins est-il en hausse? Le taux de roulement des gérants dépasse-t-il la limite fixée à 20% sur une base annuelle? «Si une division est à 30%, dit Réal Plourde, c'est qu'il y a un problème de gestion des res-sources humaines. Soit vous ne choisissez pas les bonnes per-sonnes, soit vous ne les intégrez pas ou ne les formez pas comme il faut.» Dans ce cas, c'est le signal qu'il faut y voir, trouver la cause et les correctifs nécessaires, sinon, tôt ou tard,

---

30. En anglais, le *benchmarking*.

cela aura une incidence sur le moral des troupes, le service à la clientèle et, éventuellement, sur le rendement des magasins. On applique la même logique à quantité d'autres indicateurs : le nombre d'accidents de travail, le taux d'absentéisme, le recours au temps supplémentaire, la participation des employés aux formations offertes par l'entreprise. Tout cela est mesuré, comparé et commenté.

Couche-Tard est ainsi devenu un immense laboratoire où chaque division et chaque magasin sont encouragés à prendre des initiatives, mais où leurs résultats sont étudiés par les autres composantes de l'entreprise afin de créer une dynamique d'amélioration constante. Après plusieurs essais-erreurs, cela a permis à Couche-Tard de déterminer que chaque coordonnateur aux ventes[31] ne devait pas superviser plus de 10 à 12 dépanneurs. Au-delà de ce nombre, il peinait à répondre à tous les besoins, à bien encadrer les gérants et à s'assurer que les employés étaient correctement formés. Leur confier un plus grand nombre de magasins constituait donc une fausse économie, preuves chiffrées à l'appui. En mesurant en temps réel les effets des stratégies adoptées, le système d'analyse comparative a permis au réseau de s'autodiscipliner. Ce n'étaient plus les dirigeants de Laval qui prenaient les décisions et les imposaient à leurs succursales. Les meilleures idées, d'où qu'elles viennent, inspiraient les autres composantes de l'entreprise, respectant ainsi la contribution et la dignité de chacun, ce dont Réal Plourde est particulièrement fier : « Si on était arrivés à Toronto en disant : "Voici comment ça va fonctionner", on n'aurait pas eu le même succès qu'en expliquant notre vision aux gens en place pour qu'ils adhèrent au système et en deviennent les porteurs. »

---

31. *Market manager*, en anglais.

En fait, on demanda au vice-président des opérations de chaque région d'établir son plan d'affaires comme s'il était à la tête de sa propre entreprise. La publicité, la mise en marché, les ressources humaines, la comptabilité, tout cela relevait de son autorité. Alain Bouchard se réservait une seule prérogative, celle dans laquelle il était passé maître : le développement des magasins. Pas un seul investissement important, qu'il s'agisse d'agrandir un commerce existant ou d'en construire un nouveau, ne pouvait être réalisé sans d'abord passer par son bureau pour y être scruté à la loupe, données démographiques à l'appui[32].

* * *

Couche-Tard adopta rapidement un concept modèle devant inspirer ses futurs magasins. Baptisé Stratégie 2000, il représente sans doute le plus bel exemple de la capacité des quatre fondateurs de l'entreprise de s'inspirer des meilleures idées provenant des autres membres du groupe. En l'occurrence, il s'agissait d'un projet mis sur pied par la division Mac's, sous l'appellation Store 2000, tout juste avant que Silcorp ne passe aux mains de Couche-Tard. Passablement plus vaste que la majorité des commerces existants, ce dépanneur modèle pouvait atteindre une superficie de 300 mètres carrés. Il comprenait une aire de restauration en libre-service avec un comptoir de boulangerie et de café frais, en plus d'offrir une section de restauration rapide souvent donnée en concession à une chaîne connue comme Pizza Hut ou Subway. Sa plus grande originalité tenait à son décor : ici, un look de magasin général d'antan, là, un intérieur de vaisseau spatial, ailleurs, l'atmosphère d'un

---

32. Au moment de la rédaction de ce livre, bien qu'Alain Bouchard n'occupe plus le poste de P.-D.G. de Couche-Tard, cette pratique a toujours cours.

bistro européen ou une aventure en pleine jungle. Chaque établissement déterminait son aménagement intérieur en fonction de la démographie de sa clientèle, l'idée étant d'en faire une destination attrayante plutôt qu'un lieu de dernier recours, de dépannage.

* * *

À la fin de l'année 1999, Alain Bouchard eut droit à une série d'articles élogieux dans quantité de journaux et de magazines, canadiens et étrangers. Le *Wall Street Journal* publia un long entretien avec cet homme d'affaires dont l'ascension tenait du miracle et le succès du prodige. « Nous avons décidé d'entrer dans le marché américain », annonça-t-il en toute transparence. Il se donnait deux ans pour acheter une entreprise suffisamment importante, comptant de 200 à 300 magasins, qui posséderait une direction assez forte pour représenter un tremplin à partir duquel il créerait une chaîne nationale américaine. Il y avait alors près de 100 000 dépanneurs aux États-Unis. Le joueur le plus important ne détenait que 6 % de cet immense marché. « Il y a de la place pour un consolidateur, déclara Alain Bouchard, et c'est mon intention de prendre le rôle de leader pour y parvenir. »

Décidément, il n'avait peur de rien... sauf de l'eau, une crainte qui lui venait d'un traumatisme d'enfance qu'il n'arrivait pas à surmonter. Lors d'une baignade, pour s'amuser, un oncle lui avait tenu la tête enfoncée sous la surface, trop longtemps pour que le jeune garçon échappe à la peur panique de mourir noyé. Il était maintenant un survivant, un batailleur, mais n'était pas du genre à plonger dans une aventure sans avoir d'abord mesuré la profondeur de l'eau et la puissance du courant.

Dans une autre entrevue accordée à la veille de l'an 2000, il chiffra ses ambitions. D'ici 10 ans, prédit-il, Couche-Tard devrait compter de 2000 à 3000 magasins aux États-Unis ; d'ici 15 ans, entre 1500 et 2000 en Europe de l'Ouest. Son appétit vorace semblait ne pas connaître de limite. Où cela s'arrêterait-il ? À quel âge prendrait-il donc sa retraite ? lui demanda un journaliste de la Presse canadienne. La réponse résonna comme une certitude : « Jamais. »

La boutade eut son effet sur Réal Plourde. Penseur de la structure organisationnelle de Couche-Tard et responsable de ses ressources humaines, il devait se préoccuper de préparer une relève aux quatre fondateurs de l'entreprise, y compris à Alain Bouchard, quoi qu'il en dise. Cela allait demander du temps. Il fallait savoir combien. Lors de leur retraite annuelle consacrée à anticiper les défis et les projets tant personnels que profession-nels qui se dessinaient à l'horizon, Réal Plourde mit donc cartes sur table : « Nous devons décider du moment où nous allons prendre notre retraite », dit-il devant un Alain Bouchard médusé. « Es-tu malade ? lança-t-il. Je suis encore jeune, je ne vois pas quand je pourrai m'arrêter ! » Richard Fortin trouvait pour sa part que la discussion avait son mérite. Réal Plourde prit alors les devants en annonçant son intention de partir à la retraite à 60 ans. Richard Fortin ajouta que l'idée était excellente et qu'il ferait de même. Jacques D'Amours demanda un temps de réflexion, mais à première vue, la perspective de s'arrêter à 60 ans semblait aussi lui convenir. Alain Bouchard se sentait coincé, il devait se commettre. Il dit alors qu'il quitterait son poste à l'âge de 65 ans, mais pas l'entreprise, car il aimait vrai-ment ce qu'il y faisait. Son rôle se transformerait, simplement.

Selon ce calendrier des départs, Richard Fortin serait le premier à quitter, suivi trois ans plus tard par Réal Plourde, deux grosses pointures à remplacer.

Un petit pas de géant aux USA

Le 16 mai 2001, Couche-Tard annonça son entrée dans le marché américain en se portant acquéreur de 225 magasins fonctionnant sous le nom de Bigfoot dans les États de l'Illinois, de l'Indiana et du Kentucky.

L'entreprise propriétaire du groupe, la Johnson Oil Company, avait été fondée en 1957 par Dick Johnson. Au départ, il s'agissait d'un simple distributeur de produits pétroliers. Dans les années 1980, il avait commencé à doter ses stations-service de magasins d'accommodation, jusqu'à en posséder dans chacune d'entre elles. Jamais, en 44 années d'existence, la Johnson Oil n'avait connu un exercice déficitaire. Elle était rentable avec la régularité d'un métronome, mais la famille Johnson souhaitait s'en départir, car la nouvelle génération avait d'autres intérêts que le développement des dépanneurs. Cependant, puisqu'elle était très impliquée dans sa communauté, elle avait ses conditions : l'acquéreur devait s'engager à maintenir les 65 emplois du siège social situé à Columbus, Indiana, et à conserver le nom Bigfoot le plus longtemps possible. En somme, les Johnson voulaient vendre l'entreprise à un joueur ayant la volonté d'en assurer la croissance. C'est exactement ce que souhaitait Couche-Tard.

Cela faisait deux ans qu'Alain Bouchard tentait de trouver la perle rare, voyageant aux États-Unis d'est en ouest et du nord au sud. Il avait eu des discussions sérieuses avec quatre ou cinq entreprises, mais chacune avait achoppé. Il cherchait non seulement une entreprise rentable qu'il paierait à un bon prix, mais il tenait aussi à y trouver une équipe dirigeante solide, capable de la transformer en tête de pont pour son invasion américaine; aux États-Unis, le marché de l'accommodation atteignait 250 milliards $. Il ne faisait pas de cachette de son objectif: d'ici cinq ans, Couche-Tard posséderait davantage de magasins aux États-Unis qu'elle n'en détenait au Canada, et ce, en dépit du fait que ce nombre croissait au rythme de 20 % par année.

Au début de l'année 2001, Alain Bouchard reçut un appel d'Alan Radlo du fonds d'investissement américain Fidelity, l'un des principaux actionnaires de Couche-Tard. «Tu es prêt pour entrer dans le marché américain, lui dit-il, nous allons t'appuyer.» Si la recette fonctionnait au nord du 49e parallèle, pourquoi en serait-il autrement au sud?

Depuis l'acquisition de Silcorp, les choses roulaient en effet rondement pour Couche-Tard au Canada. Les magasins «Stratégie 2000» étaient un franc succès. L'entreprise lançait la construction à Laval d'un gigantesque centre de distribution qui prendrait la relève de Provigo et Métro lorsque les ententes avec les deux géants de l'alimentation expireraient en 2002. Couche-Tard avait maintenant une taille suffisante pour devenir son propre distributeur. Ce geste d'indépendance gonflerait de 10 millions $ ses profits annuels.

Alain Bouchard n'est cependant pas du genre à être satisfait. Il avait construit son entreprise sans l'aide de subventions gouvernementales, ses dépanneurs étaient devenus – comme les autres – de gigantesques machines à récolter des taxes, en particulier sur l'essence, l'alcool, le tabac, sans compter les billets de loterie, et voilà que les gouvernements adoptaient des lois et règlements de plus en plus sévères pour en limiter la vente. Ainsi, si un commis s'avisait de vendre des produits du tabac à des mineurs, fermant les yeux sur leur âge parce qu'il s'agissait de connaissances de son quartier, cela pouvait entraîner de fortes amendes que devait acquitter le propriétaire de l'entreprise.

Lors d'un discours enflammé devant la Chambre de commerce du Montréal métropolitain, le patron de Couche-Tard reprocha aux deux niveaux de gouvernement de demander aux détaillants de jouer à la police après avoir fait d'eux des percepteurs de taxes. « On en a marre, nous les dépanneurs, d'être les boucs émissaires d'une société qui ne s'assume que par la législation de l'hypocrisie. »

Il allait bientôt retourner cette attitude paternaliste des gouvernements à son avantage.

* * *

À l'été 2000, Couche-Tard provoqua une petite révolution dans le monde de la barbotine, ce mélange de glace finement concassée et de jus sucré dont raffolent les jeunes. Jusqu'alors, les dépanneurs de son réseau vendaient les produits de la société américaine Slush Puppie. Comme dans beaucoup d'autres domaines, Alain Bouchard fit le pari d'imposer sa propre marque, dans l'espoir d'en retirer une marge bénéficiaire plus grande.

Couche-Tard investit plusieurs millions de dollars dans l'acquisition de centaines de distributrices de barbotine, dans la mise au point d'essences spéciales et dans une campagne de publicité qui marqua les esprits par son caractère irrévérencieux. La « Sloche » de Couche-Tard, puisque c'est le nom qui fut retenu pour le produit, réfère – dans la culture nordique québécoise – à cette gadoue dégoûtante que l'on trouve dans les rues au dégel du printemps, mi-neige, mi-eau, et immanquablement sale. Tant qu'à faire, pourquoi ne pas jouer le jeu jusqu'au bout? C'est ainsi que la Sloche à la framboise, d'un rouge écarlate, fut baptisée «Sang-froid». Celle au raisin, «Full Zinzin». Le mélange aux bleuets prit le nom de «Schtroumpf écrasé», une référence aux personnages bleus de la célèbre bande dessinée[33]. Une autre, d'un noir inquiétant, s'appellerait «Goudron sauvage».

Clairement, on s'adressait à un public jeune, les 9 à 17 ans, et à leur nature rebelle. La campagne de publicité qui accompagna la sortie de ce produit misa à fond sur cette stratégie, se moquant au passage des messages de santé publique des gouvernements. Sur les panneaux-réclames collés sur les autobus, on pouvait lire que la Sloche «contient huit éléments pas vraiment essentiels», ou alors qu'elle constituait «une bonne source de glace concassée». Le sarcasme alla jusqu'à parodier les avertissements imposés par Santé Canada sur les paquets de cigarettes où, photos à l'appui, on montrait de manière très crue les ravages des cancers provoqués par l'usage du tabac. Sous la photographie d'un visage noirci, on pouvait lire: «La Sloche cause la coloration de la bouche.» Accompagnant l'image de l'intérieur d'un crâne humain, se trouvait l'inscription: «La Sloche gèle momentanément le cerveau.» Pour son audace et son efficacité, la campagne promotionnelle de la Sloche «Rosebeef» mérita cinq prix du Publicité-club de Montréal, dont celui du Grand Coq d'or, la distinction suprême.

Le succès de la formule fut aussi énorme que soudain. En un été, les ventes de la Sloche explosèrent de 400% par rapport

---

33. Ne pouvant obtenir les droits sur cette appellation, on la rebaptisa par la suite «Winchirewacheur», un néologisme né de la prononciation francisée du terme anglais désignant le liquide lave-glace utilisé dans les automobiles (*windshield washer*).

à celles de Slush Puppie. La marge brute réalisée sur ce produit atteignait les 60 %.

Tout ce que touchait Couche-Tard semblait se changer en or. Ses actions se vendaient maintenant 20 fois ses bénéfices, signe de la confiance des investisseurs dans sa croissance soutenue. Ils ne furent pas déçus. Malgré l'effondrement généralisé des marchés boursiers en 2001, le titre de Couche-Tard afficha l'une des meilleures performances parmi les 300 plus grandes entreprises canadiennes. L'action avait doublé de valeur entre avril et novembre, son chiffre d'affaires était en hausse de 56 % et ses profits avaient bondi de 84 %.

Pourquoi prendre le risque de gâcher tout cela avec une aventure aux États-Unis, sachant que plusieurs autres détaillants canadiens y avaient perdu leur chemise? Était-ce bien prudent d'acquérir la chaîne Bigfoot? Au conseil d'administration de Couche-Tard, l'inquiétude était manifeste. Richard Fortin partageait ce sentiment: « J'avais dit à mes partenaires qu'il fallait financer cet achat sans donner en garantie nos opérations canadiennes. » Il s'agissait donc de trouver un moyen d'acheter la firme américaine sans l'attacher trop solidement au navire de Couche-Tard, de sorte que si elle devait couler, elle n'entraînerait pas tout l'équipage avec elle. S'inspirant du coup fumant qu'ils avaient réalisé à leurs débuts, l'achat des 11 premiers magasins Couche-Tard de Québec, les quatre dirigeants de l'entreprise parvinrent à financer l'opération en utilisant comme levier les actifs immobiliers de leur proie. Ils trouvèrent donc un acheteur américain pour tous les immeubles de la Johnson Oil dont ils devinrent les locataires. L'argent obtenu de cette vente d'actifs était suffisant pour qu'une banque américaine accepte d'accorder un prêt permettant de couvrir le solde du coût de l'acquisition sans exiger de Couche-Tard des garanties supplémentaires. Le tour était joué.

Avant de plonger dans l'aventure américaine comme dans une piscine dont on ignore la température de l'eau, Couche-Tard jouait de prudence en y mettant un seul pied, mais un gros.

*   *   *

L'acquisition de Johnson Oil et de ses magasins Bigfoot venait ajouter 500 millions $US aux ventes annuelles de Couche-Tard. Le prix d'achat, 66 millions $US, soit près de 100 millions $CAN, était donc relativement modeste, d'autant que l'entreprise était déjà rentable. Dès l'annonce de la transaction, Alain Bouchard déclara que l'objectif de Couche-Tard était de faire passer de 225 à 600 le nombre d'établissements de sa nouvelle division du Midwest américain. Cela se réaliserait à coups de petites acquisitions et par la construction de nouveaux dépanneurs inspirés du concept « Stratégie 2000 ». Pour y arriver, il devait compter sur l'équipe de dirigeants déjà en place à Columbus dont il avait promis de protéger les emplois. Elle avait à sa tête Brian Hannasch, un Américain issu de l'industrie du pétrole qui était loin d'être convaincu d'avoir le goût de travailler pour ces Québécois qu'il trouvait plutôt étranges.

Après 12 années au service de British Petroleum (BP), dont les dernières au siège social à Londres, Brian Hannasch était revenu aux États-Unis pour se rapprocher de son père malade. À la recherche d'un emploi moins exigeant, il s'était retrouvé à la tête des magasins Bigfoot, à peine neuf mois avant que la famille Johnson ne s'en départisse. De son propre aveu, il n'avait jamais entendu parler de Couche-Tard. « Je n'arrivais même pas à en prononcer le nom », dit-il. Sa rencontre avec les fondateurs de l'entreprise dans un hôtel d'Indianapolis, avant l'annonce de la transaction, ne l'avait pas beaucoup rassuré :

« Richard Fortin parlait un anglais assez bon, mais Jacques D'Amours, Alain Bouchard et Réal Plourde... c'était à peine compréhensible. Alors je me suis dit que je tiendrais le coup pendant environ six mois, le temps de la transition, et que je trouverais ensuite quelque chose ailleurs. » De toute façon, croyait-il, les dirigeants de Couche-Tard devaient vouloir le garder en place par défaut ou par obligation, parce qu'ils n'avaient personne d'autre : il s'agissait de leur première incursion aux États-Unis.

Il se trompait. Réal Plourde avait passé deux jours à visiter des commerces du groupe en compagnie de Brian Hannasch et d'Alain Bouchard, « et on s'était mis d'accord : ça devait être notre homme ». Ils retrouvaient en lui les qualités d'entrepreneur et l'aisance naturelle dans les relations interpersonnelles qui avaient permis le succès de Couche-Tard. « Dans toutes nos acquisitions, explique Jacques D'Amours, si le propriétaire n'a pas de relève, on dit "merci beaucoup", on ferme les livres, on ne les regarde même pas. Ça nous prend des gens de confiance. » À leurs yeux, Brian Hannasch représentait l'un des actifs les plus importants de Bigfoot.

* * *

Au début de juillet 2001, deux semaines après la conclusion de l'achat, Brian Hannasch prit la direction du nord du Québec où les fondateurs de Couche-Tard l'avaient invité à les rejoindre pour leur expédition de pêche annuelle. Ils étaient ses patrons, après tout. Comment aurait-il pu refuser de s'y rendre, même si la perspective de passer quelques jours avec eux et leur accent à couper au couteau ne le réjouissait pas outre mesure ? Lors d'une escale entre deux vols, Brian Hannasch se retrouva au bar de l'aéroport où il entreprit de discuter avec ses voisins de table. Le hasard voulut qu'il s'agisse de David Rodgers et de Kim Trowbridge, deux dirigeants de Silcorp, la firme ontarienne achetée un an et demi plus tôt par Couche-Tard. Ce qu'ils lui dirent l'intrigua. « Ils m'encourageaient à rester dans l'entreprise parce que, pour eux, Couche-Tard était la meilleure chose qui soit survenue dans leur carrière. » Mais encore ? Brian Hannasch voulait savoir en quoi cette entreprise se démarquait des autres et pourquoi il devrait accorder sa confiance à ses dirigeants. « Parce qu'ils ont toujours fait ce qu'ils avaient promis, lui répondirent les deux hommes : investir dans les magasins, bien s'occuper des employés, faire croître les affaires. » En plus, lui confièrent-ils, depuis l'acquisition de Silcorp, 18 mois plus tôt, il n'y avait pas eu une seule occasion où la direction de Couche-Tard avait renié sa parole. « Ce sont des gars humbles qui cherchent à bien agir », dirent les deux hommes avant de conclure que cette attitude, dans le milieu des affaires, « est très rafraîchissante ». Brian Hannasch prit son deuxième vol, bien déterminé à le vérifier par lui-même.

Il s'attendait à une expédition de pêche « à l'américaine » : quelques sorties en chaloupe, pour la forme, entrecoupées de longues beuveries de bière et de parties de cartes jusque tard dans la nuit. Il s'apprêtait à avoir toute une surprise ! D'abord, parce que les quatre hommes prenaient la pêche vraiment au sérieux. Ensuite, pour l'absence de bière. Mais il y avait beaucoup de très bons vins, se rappelle-t-il. Le périple fut surtout mémorable pour une autre chose qu'il n'aurait jamais soupçonnée. Après un repas bien arrosé, plutôt que d'aller chercher un jeu de cartes, Réal Plourde revint de sa chambre avec une pile de livrets de chansons ! « Je croyais qu'ils voulaient se moquer de moi, dit Brian Hannasch. Nous allions passer la soirée à chanter, alors que JE NE CHANTE PAS ! Ils m'ont presque perdu, ce soir-là », lance-t-il d'un ton amusé. Comment aurait-il pu imaginer alors que, 12 ans plus tard, il succéderait à Alain Bouchard à la tête de Couche-Tard ? Et que, dans l'intervalle, la taille de l'entreprise serait multipliée par dix ?

Cette excursion étonnante fut pour lui une initiation au cercle restreint des bâtisseurs de Couche-Tard, en qui il retrouva un trait de caractère commun qu'il définit comme de la sincérité. Il en aurait ensuite la preuve dans ses relations soutenues avec Réal Plourde, toujours attentif à ses problèmes et cherchant à trouver de bonnes solutions, appuyées sur des valeurs de respect. Au fil des ans, Réal Plourde deviendra pour lui plus qu'un mentor. Il sera comme un deuxième père à la suite du départ du sien, quelques mois après l'achat de Bigfoot par Couche-Tard.

* * *

C'est Pierre Peters, l'un des plus anciens cadres de Couche-Tard, qui fut mandaté pour se rendre à Columbus afin d'expliquer à la direction de cette quatrième division du groupe comment il opérait, selon quelles procédures administratives. Les 225 magasins devraient être répartis en petites unités de 10 ou 12, à la tête desquelles on nommerait un coordonnateur. Son rôle serait d'agir comme s'il était le propriétaire de cette micro-chaîne de magasins : on s'attendait de lui qu'il en visite deux par jour pour s'assurer de leur bon fonctionnement et pour régler les problèmes dès leur apparition, permettant au gérant de se concentrer sur le service à la clientèle. « L'efficacité d'une opération, ça n'est pas dans les bureaux, dit Pierre Peters. Tous les problèmes sont dans les magasins et toutes les solutions aussi. »

Mais encore faut-il disposer des bons outils diagnostiques. C'est pourquoi il fit procéder au plus vite à l'informatisation du réseau et de chacune des caisses enregistreuses. Les «rapports Cognos[34]» fourniraient au coordonnateur toutes les données sur les ventes, par catégories de produits, l'aidant à cibler ses interventions dans les domaines où la rentabilité ne serait pas au rendez-vous. Cette culture de transparence et de responsabilisation, peu commune dans le commerce de détail, exigeait non seulement une réorganisation de la structure hiérarchique, mais aussi un investissement important et soutenu dans la formation du personnel. C'est pourquoi l'un des premiers gestes de Couche-tard fut d'ouvrir un centre de formation à Columbus, destiné à ses propres employés. Il y avait quantité de contrôles internes à mettre en place, de nouveaux outils informatiques à maîtriser. «Un dépanneur est un commerce de détail, leur dit Pierre Peters, et c'est dans les détails qu'on fait de l'argent.»

Tout changement se bute à de la résistance, c'est dans la nature humaine. Mais à l'exception de quelques personnes «qui avaient pris l'habitude de dormir dans leur bureau», dit Pierre Peters, il fut étonné par l'ouverture des cadres et même par leur enthousiasme. Visiblement, ils s'étaient renseignés à propos des succès de Couche-Tard au Canada, et cela les intriguait. «Ils étaient très intéressés à comprendre ce qu'on faisait de différent pour maximiser le rendement de chaque magasin. Je n'ai pas senti de rejet.»

Comme pour ses acquisitions précédentes, Couche-Tard allégea la structure supérieure de l'entreprise où certaines dépenses semblaient excessives. Ainsi, au retour d'une de ses premières visites au siège de Bigfoot, Richard Fortin fit

---

34. Nom d'une entreprise canadienne spécialisée dans la gestion et l'analyse de données financières.

remarquer à Alain Bouchard que le petit réseau d'à peine plus de 200 magasins disposait de deux avions privés pour le transport de ses cadres supérieurs, alors que les quatre fondateurs de Couche-Tard voyageaient toujours en classe économique. S'attendait-il à ce qu'Alain Bouchard réquisitionne les deux appareils au bénéfice de la direction de Couche-Tard? Il le connaissait trop bien pour y croire, mais il fut satisfait de l'entendre affirmer que, désormais, les quatre partenaires seraient autorisés à voyager en classe affaires.

L'arrivée de Couche-Tard apporta un peu d'air frais chez Bigfoot, qui en avait bien besoin. Certaines choses ne mentent pas. Le taux annuel de rotation des gérants de magasin atteignait le chiffre astronomique de 100 %. C'est-à-dire qu'en moyenne, un gérant ne tenait le coup que 12 mois. On comprend mieux pourquoi lorsqu'on voit le taux de rotation des autres employés des magasins : 250 % par année. « C'est démentiel ! » dit Alain Bouchard. Les employés quittaient après moins de six mois et il fallait donc constamment en former de nouveaux.

*　*　*

Dans les années qui ont suivi l'acquisition de la Johnson Oil Company, Alain Bouchard établit des liens d'amitié avec le fondateur, Dick Johnson, et son fils Rick qui lui avait succédé à la direction de l'entreprise jusqu'à sa vente à Couche-Tard. Les deux hommes d'affaires prospères étaient très impliqués dans leur communauté. C'est la raison pour laquelle ils avaient réclamé du nouveau propriétaire qu'il conserve les emplois à Columbus et le nom Bigfoot, auquel les gens de la région s'étaient habitués et qui faisait en quelque sorte partie de leur environnement quotidien.

Quelques années plus tard, en 2009, Alain Bouchard se rendit aux funérailles de Dick Johnson pour offrir ses condoléances à la famille qu'il avait appris à connaître. Quelle ne fut pas sa surprise d'entendre le fils, Rick, lui exprimer sa reconnaissance d'avoir non seulement maintenu les emplois au siège de l'entreprise, à Columbus, comme il en avait fait la promesse, mais d'en avoir augmenté le nombre. Son père put ainsi mourir sans avoir connu l'indignité publique de voir s'étioler l'entreprise qu'il avait construite et qui permettait à des centaines de ses concitoyens de gagner leur vie. Cela avait été pour lui un tel réconfort dans ses derniers moments de vie que son fils tenait à en remercier Alain Bouchard de manière concrète. Mais que pouvait-il bien offrir à un multimillionnaire qui avait déjà tout? C'est alors que l'Américain suggéra que si Alain Bouchard n'avait pas personnellement besoin d'argent, il devait sans doute y avoir des organismes dans sa communauté, à Laval, qui n'avaient pas cette chance. Les gens qui ont réussi, lui dit-il, ont le devoir de faire le bien autour d'eux.

C'est ainsi que 50 000 $ furent versés au Fonds de dotation Sandra Chartrand de l'Orchestre symphonique de Laval, un don égalisé par la Fondation Sandra et Alain Bouchard. Cette fondation à laquelle Alain Bouchard a cédé une partie de sa fortune se consacre principalement à deux causes qu'il partage avec son épouse : la culture et la déficience intellectuelle.

CHAPITRE 16

La déferlante américaine

Les dirigeants de Couche-Tard confièrent à Brian Hannasch le mandat d'étendre la bannière Bigfoot à 500 magasins dans la région du Midwest... en cinq ans. Or, Bigfoot avait mis 25 années pour parvenir à en compter 200. Brian Hannasch leur répondit : « C'est possible, mais ce sera tout un défi. » Jamais il n'aurait cru que l'objectif serait atteint en à peine quelques mois.

Dairy Mart, une chaîne de près de 500 magasins répartis dans sept États du Midwest, se trouvait sous la protection de la loi sur les faillites depuis septembre 2001. Personne ne se précipitait pour l'acquérir, et pour cause. Ses dettes accumulées, 220 millions $US, dépassaient sa valeur aux livres. Rien que dans la dernière année, elle avait perdu 60 millions $US. Ses magasins étaient désuets et souffraient de la concurrence féroce des chaînes à gros volume d'essence, telles Costco et Walmart.

Comme à leur habitude, les fondateurs de Couche-Tard se rendirent visiter les commerces pour pouvoir juger de leur valeur. « Souvent, se rappelle Richard Fortin, la machine à café disait *Out of order*. C'est inacceptable ! » Au cours de leurs multiples expéditions américaines, au fil des ans, ils constateront maintes fois l'état de négligence dans lequel les dépanneurs étaient abandonnés alors que les sièges sociaux rutilaient. « Ça n'avait pas de sens comment ils opéraient, raconte Richard Fortin. On se disait toujours, Alain et moi, qu'on allait augmenter les ventes de 15 ou 20 % en ne faisant que des changements mineurs, sans investir trop d'argent. » Les solutions leur semblaient tellement évidentes; ils les avaient appliquées encore et encore: aménagement intérieur dégagé, bon éclairage, couleur et propreté, intolérance à l'égard des files d'attente, employés bien formés et accueillants, et élimination des postes inutiles dans les bureaux administratifs.

Au début, Brian Hannasch avait peut-être entretenu des doutes sur le degré de sophistication des quatre fondateurs de Couche-Tard, conséquence de leur maîtrise déficiente de la langue anglaise. Mais il comprit rapidement qu'en matière de commerce et de finance, d'acquisitions et de synergie, ils en connaissaient un bail. L'achat de Dairy Mart fut son premier cours de négociation selon la méthode Couche-Tard, sous la supervision du négociateur en chef Alain Bouchard. Il présenta une offre initiale de 80 millions $. Elle se situait au bas de la fourchette de la valeur des magasins, conséquence de la faiblesse du réseau au bord de la faillite. Le syndic responsable du dossier annonça aux dirigeants de Couche-Tard qu'un autre acheteur avait offert 90 millions $, mais que s'ils acceptaient d'égaler cette proposition, ils décrocheraient l'affaire, car ils répondaient mieux aux autres critères établis pour choisir un acquéreur. Alain Bouchard refusa net de bonifier son offre, suscitant l'incrédulité de Brian Hannasch. « Alain, tu ne peux pas laisser passer cette occasion en or », lui dit-il. On lui avait donné le mandat de doubler la taille de la division américaine et cette transaction, à elle seule, permettrait d'atteindre l'objectif. Allait-on s'en priver pour seulement 10 millions $? Attention, lui rétorqua Alain Bouchard, il y a souvent des coûts cachés dans une chaîne en difficulté financière. Il valait mieux laisser passer une occasion que de s'y engouffrer. Et puis, qui sait si le syndic n'essayait pas de bluffer?

En fin de compte, Couche-Tard emporta la mise avec une proposition hybride. Plutôt que d'acheter Dairy Mart en entier, l'entreprise ne prit que les 287 meilleurs emplacements. Pour les 150 autres magasins de la chaîne, Couche-Tard offrit d'en assumer la gestion pendant deux ans, le temps de voir s'il lui était possible de les rentabiliser, par exemple en en renégociant les baux de location. En cas de succès, Couche-Tard les achèterait. Sinon, ils seraient vendus ou fermés. Le coût de la transaction, 80 millions $US (120 millions $CAN) était une excellente affaire, dans la mesure où cela permettait de rajouter 500 millions $US (700 millions $CAN) aux ventes annuelles de l'entreprise. La direction de Couche-Tard était confiante de redresser la chaîne. « Relancer des sociétés en difficulté, déclara Richard Fortin, c'est un peu notre marque de commerce. »

Rapidement, en appliquant la recette Couche-Tard, l'équipe de Brian Hannasch parvint à intégrer les magasins Dairy Mart sous la bannière canadienne Mac's et à les rentabiliser. Au passage, elle avait aussi avalé quelques petits réseaux, Handy Andy Food Stores et Bruce Miller Oil, et commencé à construire de nouveaux magasins inspirés du concept Stratégie 2000. « Cela nous a montré, dit Brian Hannasch, que la formule pouvait fonctionner aux États-Unis également, cela nous a donné confiance. C'était le début d'une longue aventure. »

* * *

En janvier 2003, ConocoPhillips, le plus important raffineur aux États-Unis, annonça la mise en vente de son immense réseau de dépanneurs portant le nom de Circle K. Il regroupait 2000 magasins répartis dans 16 États du sud des États-Unis et comptait 14 500 employés. Ses ventes approchaient les 4 milliards $US annuellement. Un monstre ! Mais surtout, un immense casse-tête pour ConocoPhillips. Les avoirs de la multinationale – évalués à 50 milliards $US – se concentraient dans l'exploration, l'exploitation et le raffinage de pétrole, des opérations hautement techniques. C'était un monde d'ingénieurs, pas de commerçants. Rien ne les obligeait à exploiter des dépanneurs, avec tout ce que cela comporte de complications, pour y écouler leur pétrole. Ils choisirent donc de s'en départir. « L'histoire dira qui de nous deux a été le plus intelligent », lance Brian Hannasch. Fort de son succès à redynamiser Bigfoot et Dairy Mart, il se sentait de taille à prendre une bouchée de Circle K. ConocoPhillips voulait d'ailleurs vendre la chaîne en pièces détachées pour la rendre plus facilement digestible aux acheteurs éventuels. « Alors on s'est dit, pourquoi ne pas essayer ? »

Le vendredi 9 mai 2003, la direction de Couche-Tard reçut, comme tous les autres groupes intéressés, un document confidentiel d'information décrivant les lots mis à l'encan, découpés par territoire ; la Floride, les deux Caroline, l'Arizona et la Californie en constituaient les pièces maîtresses. Tous des États à croissance démographique élevée, où les magasins affichaient des ventes supérieures à la moyenne de l'industrie, au-delà du million de dollars par année. Au bureau de Couche-Tard, à Laval, on fit des copies du document pour que chacun des quatre fondateurs puisse l'étudier pendant la fin de semaine.

Le lundi suivant, les dirigeants de Couche-Tard devaient se rendre au siège social de Circle K, à Tempe, en Arizona, pour la présentation formelle de l'offre de vente par ConocoPhillips. Ils choisirent d'arriver la veille afin de visiter autant de magasins que possible. Cela leur permit de constater qu'à peine un sur trois était informatisé et que leur rentabilité était étouffée par des frais indirects trop élevés – jusqu'à 80 000 $US

annuellement par commerce –, résultat d'une structure bureaucratique trop lourde et inefficace. Leur valeur s'en trouvait
ainsi diminuée aux yeux d'un simple investisseur, mais pour
un exploitant comme Couche-Tard, cela donnait la mesure de
leur potentiel caché.

Au terme de la présentation, tous les groupes intéressés
eurent accès à une salle contenant l'ensemble des données de
l'entreprise : les contrats, les baux, les résultats financiers, les
comptes, les dossiers des employés, les évaluations techniques.
Chaque acheteur potentiel avait deux jours pour les consulter.
Réal Plourde conserve un souvenir amusé de ce marathon :
« Le vendeur était bien impressionné de nous voir, nous, les
quatre fondateurs de Couche-Tard, le nez dans les livres, alors
que tous les autres groupes avaient envoyé des avocats et des
comptables. »

En fait, l'équipe de Couche-Tard avait participé à ce type
d'exercice tellement souvent – bien qu'à une échelle plus
modeste – qu'elle était devenue experte dans cette étrange cho-
régraphie : Jacques D'Amours s'occupait des baux et de la distribution, Richard Fortin du bilan financier et de la dette, Réal
Plourde des ressources humaines et de la structure opération-
nelle, Alain Bouchard de l'immobilier et du plan d'ensemble.
Chacun avait sa force et son degré d'importance, car il était
très clair entre eux qu'aucune décision de cette ampleur ne
pourrait être prise sans qu'ils soient tous d'accord.

Au terme de ce studieux marathon de deux jours, les quatre
fondateurs de Couche-Tard firent le point. Logiquement,
l'intérêt de Couche-Tard se portait sur l'Arizona, le joyau de la
couronne avec ses 500 commerces, ce qui permettrait d'obtenir
d'un seul coup une nouvelle division entière ayant un poids
comparable aux quatre autres que possédait l'entreprise. C'était
la chose raisonnable à faire, mais devaient-ils absolument être

raisonnables ? « Plus jamais une telle occasion – 1663 commerces situés dans la région la plus dynamique des États-Unis – ne se représenterait », dit Richard Fortin. « Alors on y va pour le *home run* ! » lança Réal Plourde. Puis, il se tourna vers Richard Fortin et lui demanda : « Est-ce qu'on en a les moyens ? » « Oui », dit-il, avec tout de même un soupçon d'effroi dans la voix. « J'étais convaincu que c'était possible, mais je n'avais aucune idée sous quelle forme. »

Cinq mois plus tard, le lundi 6 octobre, Alain Bouchard annonça à la presse que Couche-Tard réalisait la plus importante acquisition de son histoire, au coût de un milliard de dollars canadiens. Une fois de plus, l'entreprise allait d'un seul coup plus que doubler sa taille, faisant passer ses revenus de 3,6 à 8,8 milliards $. Couche-Tard deviendrait ainsi le 4e plus important réseau de dépanneurs en Amérique du Nord avec 4600 magasins, à peine 1200 de moins que le meneur, 7-Eleven.

La négociation entre Couche-Tard et ConocoPhillips s'était conclue tard dans la nuit le vendredi précédent, à New York. D'une rare complexité, elle avait duré plusieurs semaines. À l'ouverture de la première séance, se rappelle l'avocat Michel Pelletier, « on avait zéro crédibilité ». Circle K disposait de plus d'une vingtaine d'avocats et d'experts de toutes sortes, alors que Couche-Tard, représenté par Alain Bouchard et Richard Fortin, n'en comptait qu'un seul, lui-même[35]. « Mais ça a changé vite, dit Michel Pelletier, quand ils ont vu qu'on connaissait nos dossiers. »

---

35. En fait, Me Michel Pelletier était assisté par un jeune avocat, Philippe Johnson, fils et petit-fils de deux anciens premiers ministres québécois portant le même nom, Daniel. Son travail s'effectuait surtout en coulisses, de sorte qu'il était rarement présent à la table de négociation.

Par contre, reconnaît Alain Bouchard, l'entreprise américaine entretenait des doutes sérieux sur la capacité de Couche-Tard de financer une opération de cette envergure. « On leur disait que la Banque Nationale était notre banquier. "C'est qui, la Banque Nationale ?" qu'ils nous répondaient. Pour eux, le Canada est une région, alors imaginez une banque régionale d'une région… ! »

Un jour, les négociations devinrent si tendues que l'équipe de Couche-Tard quitta la table… et alla se promener sur Broadway pendant quelques heures. L'endroit est réputé pour les coups de théâtre. « Quand on est revenus, on a négocié jusqu'à minuit. » Au centre des discussions se trouvaient les questions liées au respect de l'environnement et aux retraites. Couche-Tard insistait pour que le régime de retraite des employés de Circle K soit pleinement capitalisé et pour que l'entreprise assume ses responsabilités liées à la contamination des sols par les vieux réservoirs.

« On se levait tôt et on se couchait tard », dit Alain Bouchard, selon qui les avocats de Circle K faisaient traîner les choses indûment pour impressionner leur client. Or, le président de ConocoPhillips tenait à clore la transaction rapidement, avant la fin de l'année, mais pour y arriver, il fallait laisser le temps à Couche-Tard de trouver du financement sur le marché américain. « C'était vraiment leur principale inquiétude, dit Brian Hannasch. Allions-nous réussir à trouver l'argent nécessaire à temps ? Cela a mis beaucoup de pression sur les épaules de Richard Fortin. »

De son côté, Alain Bouchard y a vu une opportunité. Il s'adressa au représentant de ConocoPhillips pour dénoncer les tactiques de ses avocats qui, selon lui, semblaient chercher à gonfler la facture. « Alors, dit Alain Bouchard, il s'est impliqué personnellement et il s'est mis à donner des ordres. » Comme par magie, les choses ont débloqué. L'une des pierres d'achoppement de ces négociations est entrée dans la légende de Couche-Tard. ConocoPhillips accordait à son éventuel acheteur le droit de visiter 30 de ses magasins, au choix, dans le cadre de la procédure de vérification diligente suivant l'acceptation de l'offre. En somme, la pétrolière considérait que ce nombre constituait un échantillon suffisamment représentatif pour permettre à l'acquéreur de se faire une idée de l'état du réseau. Or, pour Alain Bouchard, les magasins constituent le cœur d'une entreprise, son unique raison d'être, et il n'était pas question qu'il juge de son mode d'exploitation, de la qualité de ses ressources humaines et donc de sa valeur sur une base aussi réduite – 30 magasins sur un total de 1663 –, comme on le fait de la fraîcheur d'une grappe de raisins en n'en goûtant qu'un seul. Il tenait à en visiter 300 ou 400, mais les avocats de ConocoPhillips s'accrochaient à leur offre initiale. «Très bien, dit Alain Bouchard, Couche-Tard n'achète plus.»

Il obtint finalement gain de cause, comme sur le dossier de la responsabilité des installations en matière de conformité aux règles environnementales, qui demeurait en suspens et à propos duquel Alain Bouchard s'attendait à livrer une rude bataille. «On était prêts à aller en guerre. Je pensais que ça allait durer des heures, et ça s'est réglé en 30 secondes.»

* * *

Dès l'annonce de la transaction, le titre de Couche-Tard bondit de 23 % pour atteindre 21,00 $, son plus haut niveau jusqu'alors. Les marchés étaient impressionnés à la fois par la voracité de l'équipe de direction et par sa capacité à trouver des aubaines. Le coût d'acquisition de Circle K n'était que de 5,4 fois les bénéfices d'exploitation, soit 20 % moins cher que l'achat de Silcorp quelques années auparavant. En somme, une très bonne affaire.

Pour la financer, on avait cependant dû étirer l'élastique, d'abord en augmentant de 15 % le nombre d'actions en circulation par un procédé qui souleva la colère de certains investisseurs. Au cours de l'été, confiante de conclure la transaction, la direction de Couche-Tard avait approché confidentiellement quelques investisseurs institutionnels pour obtenir d'eux un placement privé de 223 millions $, conditionnel au succès de l'opération. La réaction exubérante des marchés à l'annonce de l'achat de Circle K leur procura un profit instantané qui, selon plusieurs, relevait du délit d'initié. Mais les actions ayant monté pour tout le monde, les protestations se perdirent dans le tapage des réjouissances générales. Par contre, et c'était la partie la plus importante du financement de l'acquisition, Couche-Tard avait dû emprunter une somme gigantesque : 1,1 milliard $CAN, soit exactement le montant total des actifs de l'entreprise avant l'achat de Circle K. Cela faisait grimper le taux d'endettement de Couche-Tard de 38 à 64 % de sa valeur aux livres, de quoi rendre les banquiers nerveux. Les négociations avec le syndicat bancaire responsable du financement de l'acquisition, composé de la Banque Nationale, de la CIBC et de la Banque Scotia, furent d'ailleurs longues et ardues, au point où Richard Fortin leur annonça un jour la rupture des discussions. « Le *deal* est terminé », leur lança-t-il, excédé par l'accumulation des embûches. « On ne s'entendait sur à peu près rien », dit-il. N'empêche, il eut ensuite des remords. Comment allait-il annoncer la nouvelle à ses partenaires ? Pourrait-il éviter de se sentir coupable de les avoir laissés tomber après leur avoir promis qu'il parviendrait à boucler le financement de l'opération ?

Le lendemain matin, au volant de sa voiture alors qu'il se rendait au travail, Richard Fortin appela un à un les dirigeants des trois banques pour les prévenir de l'imminence de l'échec du projet. «Ils ont dû être surpris car il était vraiment très, très tôt», mais cela avait un avantage certain, celui de placer le dossier Couche-Tard sur le dessus de la pile de leurs priorités de la journée. L'attitude de leurs représentants à la table de négociation changea radicalement l'après-midi même, ce qui permit un déblocage.

Le syndicat bancaire eut la responsabilité d'émettre 500 millions $ d'obligations, dont 350 millions étaient réservés au marché américain, donnant à Couche-Tard l'occasion de se faire connaître aux États-Unis. On organisa à cette fin une tournée éclair de neuf jours qui mena Alain Bouchard et Richard Fortin aux quatre coins du pays, là où se trouvent les administrateurs de grandes fortunes à la recherche de bons placements. Pour mener cette mission d'évangélisation, Couche-Tard loua le jet personnel de Laurent Beaudoin, le patron de Bombardier. Son équipe put donc sillonner les États-Unis à son aise et y répandre la bonne parole sur cette entreprise qui, bien que de propriété canadienne, devenait dans les faits presque américaine puisque, une fois la transaction conclue, les trois quarts de ses revenus proviendraient désormais du sud de la frontière.

Au milieu de cette tournée, peu avant une de ses présentations, le téléphone de Richard Fortin sonna. Il se devait de répondre, l'appel provenant du responsable de son dossier à la Banque Nationale, le principal partenaire financier de Couche-Tard. «Où en êtes-vous ?» lui demanda son interlocuteur. Richard Fortin lui répondit qu'il se trouvait dans le Rainbow Ballroom, une grande salle située au sommet du Rockefeller Center à New York, où il s'apprêtait à expliquer le plan d'affaires de Couche-Tard au gratin de la haute finance américaine. «Réalises-tu que tu es rendu au *top of the world*?» lui demanda son banquier avec admiration. Tout à coup, il fut saisi par le chemin parcouru. « On était deux petits Québécois maintenant au sommet du monde. » Cette prise de conscience eut pour effet de le rendre encore plus nerveux, comme l'on peut être pris de vertige en regardant vers le bas – d'où l'on vient. « Pas plus intelligent pour autant », se rappelle-t-il, il partagea son sentiment avec Alain Bouchard qui éprouva le même étourdissement. C'est tout juste si leurs genoux ne s'entrechoquaient pas lorsqu'ils se présentèrent au microphone pour lancer leur présentation.

En fin de compte, les sermons de ces deux apôtres furent sans doute convaincants, si l'on en juge par la demande pour les obligations de Couche-Tard, trois fois plus importante que l'offre.

* * *

Couche-Tard avait obtenu de visiter un grand nombre de magasins Circle K dans le cadre de sa vérification diligente, et il ne s'en priva pas. Neuf équipes patrouillèrent tout le sud des États-Unis, de l'Atlantique au Pacifique. En tout, c'est 460 dépanneurs qui reçurent ces ambassadeurs de Couche-Tard. Car il s'agissait bien d'une opération de relations publiques auprès de ces futurs partenaires, autant que d'une inspection des lieux. Réal Plourde parle même d'une « campagne de séduction ». C'est en tout cas l'effet qu'elle sembla produire auprès du personnel des dépanneurs qui, presque invariablement dit-il, lui faisait la même remarque : « Cela fait 10 ans que je travaille pour la compagnie et c'est la première fois qu'un haut dirigeant vient dans mon magasin. » Cette tournée permit aussi de confirmer le pressentiment des dirigeants de Couche-Tard à l'effet que dans les régions éloignées du siège social en Arizona, autant en Floride qu'en Californie, les employés se sentaient ignorés, laissés pour compte. L'idée de décentraliser l'organisation et d'inverser les rôles en créant des centres de services à l'écoute des commerces trouvait un écho favorable. Ne restait plus, une fois la transaction conclue en décembre, qu'à le réaliser.

Alain Bouchard prit donc le bâton du pèlerin avec Brian Hannasch. Il y avait des centaines et des centaines de magasins à visiter, des milliers d'employés à rencontrer. Ils souhaitaient aller à leur rencontre, écouter leurs doléances et leurs suggestions pour les refléter dans les plans de transformation de l'entreprise. C'était aussi l'occasion de leur transmettre la culture de Couche-Tard axée sur les valeurs d'entrepreneuriat, dans l'espoir d'obtenir l'adhésion des troupes.

La première sortie d'Alain Bouchard, en Floride, ne passa pas inaperçue. On imagine le cérémonial qui entoure forcément un tel événement, lorsque le grand patron et sa garde rapprochée se déplacent pour « inspecter » ses nouvelles possessions. Le commis, son gérant, leur superviseur, le coordonnateur régional, toute la chaîne hiérarchique est mobilisée, nerveuse d'être exposée au regard scrutateur du « maître » des lieux, inquiète de lui déplaire. Qu'ont-ils fait pour mériter que le hasard les désigne comme acteurs de ce mauvais film de suspense ? Plusieurs jours à l'avance, le personnel est alerté, doit faire le grand ménage des locaux et mettre de l'ordre dans tous les recoins. Puis, le jour dit, tous retiennent leur souffle, espérant que leurs vêtements fraîchement lavés et repassés parviendront à cacher leur nervosité. Or, en arrivant au premier magasin de sa virée floridienne, Alain Bouchard se détacha de son entourage de cadres supérieurs et se rendit derrière le comptoir pour échanger avec le commis à la caisse. « Je ne fais pas ces tournées pour inspecter les bâtiments, mais pour parler aux gens, découvrir leur réalité », explique-t-il. En quittant le commerce, il demanda à la femme qui occupait le poste de superviseur de district s'il pouvait monter dans sa voiture pour poursuivre la tournée des magasins avec elle comme guide. Aussi étonnée qu'embarrassée, elle lui répondit que ce n'était pas possible, car son automobile était dans un terrible état, en désordre et malpropre, mais il insista : « Je veux parler avec vous, savoir qui vous êtes. » C'est ainsi qu'ils visitèrent ensemble les trois magasins suivants, le temps de faire connaissance. Selon Alain Bouchard, ce n'est probablement pas une coïncidence si, pendant le reste de sa tournée en Floride, les voitures des superviseurs semblaient étincelantes à l'extérieur comme à l'intérieur ! Le mot s'était passé sur les préférences du grand patron en matière de transport.

* * *

C'est à Brian Hannasch que l'on confia le mandat de réaliser l'intégration de Circle K. L'entreprise fut d'abord scindée en quatre divisions : la Floride, l'Arizona, les Caroline et la Californie. Elles s'ajoutaient aux quatre plus anciennes, Québec, Ontario, Ouest canadien et Midwest américain. Le siège social de Circle K en Arizona fut allégé, son personnel réduit du tiers. « Alain frémit dès qu'il entend parler de siège social », confirme Brian Hannasch. En fait, dit-il, les quatre partenaires de Couche-Tard le répètent constamment : « Nous ne vendons rien dans nos grands bureaux », d'où leur insistance à en limiter la taille.

Ainsi, selon la philosophie de Couche-Tard, la relance de Circle K devait s'effectuer avec les employés locaux, ceux qui connaissent le mieux leur marché. On repéra donc les candidats les plus prometteurs dans chacune des régions et on les rencontra pour évaluer leur potentiel afin de désigner les quatre qui allaient diriger les nouvelles divisions de l'entreprise. Ceux-ci eurent ensuite carte blanche pour former leur équipe et démontrer, par des résultats concrets, qu'ils méritaient la confiance qu'on leur accordait... et les fonds qu'on leur promettait pour dynamiser les opérations : un milliard de dollars en quatre ans.

Au début, reconnaît Brian Hannasch, il avait du mal à saisir la notion de décentralisation que professaient les dirigeants de Couche-Tard, tellement elle allait à l'encontre des principes de gestion typiques des grandes sociétés. « On ne comprenait pas vraiment comment ce modèle allait s'appliquer », dit-il. Par exemple, lors de la préparation des premiers budgets annuels des nouvelles divisions, Alain Bouchard demanda à leurs dirigeants comment ils comptaient s'y prendre. Ils lui répondirent qu'ils fixeraient des objectifs de profitabilité et qu'ils répartiraient par la suite les cibles par magasin de manière à livrer le rendement espéré. « Vous ne trouvez pas que vous raisonnez à l'envers ? » demanda Alain Bouchard. Les commerces, expliqua-t-il, fonctionnent dans un environnement qu'ils ne contrôlent pas complètement. Leur région peut être affectée par un ralentissement économique ou, inversement, par des facteurs inflationnistes ou encore par une compétition féroce. « Ils livrent les profits qu'ils sont capables de produire », expliqua-t-il, et c'est pourquoi les personnes les mieux placées pour définir leurs objectifs de rentabilité sont les gérants et leurs superviseurs. C'est à partir de là que doivent s'établir les projections de chaque division. L'opération requiert évidemment plus de travail qu'un décret venant d'en haut. Il faut, en fait, lancer le processus de consultation en janvier pour être prêt au début du mois d'avril. « Ça a été une éducation complète des gens des opérations et des magasins pour les responsabiliser et leur montrer comment on gère à livres ouverts», raconte Alain Bouchard.

«On a fait des malheureux au siège social, ajoute Réal Plourde, mais beaucoup d'heureux dans le réseau. Pour les gens des magasins, c'était une bénédiction. Enfin, des patrons qui nous prennent en considération, de vrais détaillants qui s'occupent des commerces et des clients!»

C'est aussi ce que ressentit Paul Rodriguez[36], alors directeur régional des opérations de Circle K à Tucson, dans le sud de l'Arizona. Peu après l'acquisition de l'entreprise par Couche-Tard, on le convoqua avec d'autres collègues au bureau central, à Tempe, pour y rencontrer les nouveaux propriétaires représentés par Alain Bouchard et Réal Plourde. «Nous étions tous nerveux à l'idée de passer sous le contrôle de Canadiens», se rappelle-t-il. Les choses ne se sont pas arrangées lorsqu'ils ont ouvert la bouche. «On avait du mal à les comprendre au début», dit-il en référence à leur fort accent québécois. Il fut néanmoins impressionné par la philosophie de gestion décentralisée qu'ils préconisaient et par l'authenticité qui se dégageait de leurs rapports aux autres, faits d'ouverture et de simplicité, "comme s'ils n'étaient pas des milliardaires", ajoute-t-il avec admiration.

Puis, leur réunion se prolongeant, le groupe se rendit au restaurant où Paul Rodriguez se retrouva assis en face d'Alain Bouchard qui, à son grand étonnement, se commanda aussitôt une bière. Ne faisant ni une ni deux, Rodriguez en demanda une lui aussi, s'attirant le regard réprobateur de son supérieur immédiat. «Il semblait me dire: "Es-tu fou?"» Cinq décennies après l'ère mise en scène dans la série télévisée *Mad Men*, les pratiques concernant la consommation d'alcool sur les heures

---

36. Au moment de la rédaction de cet ouvrage, Paul Rodriguez occupait le poste de vice-président de la division Arizona de Couche-Tard.

de travail ont bien évolué aux États-Unis. L'étiquette veut qu'on s'en abstienne, en tout cas certainement en présence de son patron, et à tout le moins avant de bien le connaître, admet Paul Rodriguez. « Mais je n'allais pas le laisser boire tout seul ! » ajoute-t-il, encore amusé par son audace.

CHAPITRE 17

Le trou de beigne

Tout semblait réussir à Alain Bouchard et à son équipe. Selon une compilation de la firme Deloitte Touche, Couche-Tard fut l'entreprise de commerce au détail ayant connu en cinq ans (de 1998 à 2003) la plus forte croissance au monde. Sa moyenne annuelle d'augmentation des ventes, un phénoménal 55 %, doublait celle de Starbucks et coiffait de justesse la *darling* du commerce en ligne, Amazon.com.

Il y avait cependant des nuages à l'horizon. Les campagnes de sensibilisation contre l'usage du tabac commençaient à porter leurs fruits. Or, la vente de cigarettes représentait une part substantielle du chiffre d'affaires des dépanneurs. « Alors, dit Réal Plourde, on a essayé de développer de plus en plus nos services alimentaires frais pour nous permettre de compenser la diminution des ventes de cigarettes. »

Au fil des ans, les magasins Couche-Tard ont donc multiplié les essais et les erreurs à la recherche d'une solution gagnante. L'entreprise géra des franchises de marques connues comme A&W et Subway. L'expérience avec Pizza Hut fut un désastre. Les fours étaient capables de cuire une pizza en sept minutes, soit. Mais c'était trop demander au seul employé présent dans le dépanneur aux heures de faible affluence, obligé d'utiliser à la fois le four et la caisse. Et même lorsqu'il y parvenait, « sept minutes, dans un dépanneur, c'est long, dit Réal Plourde, car lorsque vous y allez, c'est parce que vous voulez sauver du temps ».

L'une des solutions préconisées par Couche-Tard consista à proposer des produits frais maison déjà préparés, comme des sandwiches et des sous-marins. À défaut d'attirer les clients avec une marque connue, cela avait l'avantage de permettre de réaliser de meilleures marges bénéficiaires, pourvu que des campagnes promotionnelles dynamiques fassent mousser les ventes. Ainsi, pour attirer la clientèle des ouvriers à la recherche d'un repas rapide et économique, Couche-Tard publicisa son trio sous-marin-Pepsi-croustilles avec ce slogan audacieux : « Faites un homme de vous, choisissez la solution facile. »

* * *

À l'été 2003, la direction de Couche-Tard croyait avoir flairé la bonne affaire. Dunkin' Donuts, propriété du consortium britannique Allied Domecq, battait de l'aile au Québec où elle avait pourtant été, dans les années 1960, la première chaîne de restauration rapide à s'implanter. Mais elle avait mal vieilli. Ses couleurs rose et orange n'avaient pas été renouvelées, pas plus que son menu, composé principalement de beignes sucrés et de café de mauvaise qualité. Un géant canadien bien plus dynamique, Tim Hortons, menaçait de l'écraser. Cette firme, fondée en 1964 en Ontario, comptait 2300 établissements au Canada, dont à peine 200 au Québec où elle venait d'annoncer une grande offensive. De son côté, la chaîne Dunkin' Donuts, qui avait déjà compté 200 restaurants en territoire québécois, n'en détenait plus qu'une centaine, la moitié des franchisés ayant quitté le navire en quelques années. Les autres ne demandaient qu'à faire de même devant le rouleau compresseur de Tim Hortons et l'incapacité de la chaîne à réagir. Comme un malheur n'arrive jamais seul, l'américaine Krispy Kreme débarquait en trombe au Canada. Au cours de la première semaine d'exploitation de son premier magasin cana-dien situé à Mississauga, en Ontario, elle avait vendu un mil-lion de beignes ! Un record.

Chaque crise est une opportunité. Couche-Tard sentit que celle que traversait Dunkin' Donuts pouvait constituer une excellente occasion d'affaires en achetant, à très bon compte, la franchise maîtresse pour le territoire du Québec. Ainsi, les franchisés existants relevaient désormais de Couche-Tard qui obtenait le droit, en surplus, d'ouvrir et de gérer ses propres restaurants ou comptoirs Dunkin' Donuts. Alain Bouchard était assez fier de son coup, car juste avant de conclure la tran-saction, il avait commandé un sondage sur la notoriété de la marque. « Ça sortait très fort, dit-il, tout le monde savait qui était Dunkin' Donuts. » Malheureusement, on avait oublié de poser la bonne question : « Quelle était leur perception du produit ? »

Le 28 août, lors de l'annonce de l'entente avec Dunkin' Donuts, Couche-Tard claironna son intention de doubler la présence de la marque au Québec. « Nous avons pris l'engage-ment ferme d'avoir 100 nouveaux restaurants en cinq ans », dit Stéphane Gonthier, le vice-président des opérations pour l'est du Canada de Couche-Tard. Certains de ces commerces se retrouveraient à l'intérieur des dépanneurs de l'entreprise, d'autres dans des installations autonomes plus spacieuses et au goût du jour. L'opération de repositionnement fut confiée à Pierre Peters, l'un des piliers de Couche-Tard, nommé direc-teur général de la franchise. « Ça n'allait déjà pas bien quand on l'a achetée, dit-il, et ça n'a pas été beaucoup mieux en l'exploitant. »

D'une part, bien que les franchisés aient vu d'un bon œil l'arrivée de Couche-Tard, tous n'étaient pas prêts à procéder aux transformations qui s'imposaient. Changement de couleurs, de décor, de menu, tout cela coûte beaucoup d'argent. Couche-Tard créa un nouveau concept de restaurant, « à l'européenne », beaucoup plus vaste avec ses 300 mètres carrés de superficie, une grande salle à manger, un menu santé, des cafés haut de gamme, une terrasse et un comptoir de service à l'auto. Le premier ouvrit ses portes en août 2004, exactement un an après la signature de l'entente avec la maison mère de Dunkin' Donuts. Sans doute impressionnée par ce dynamisme, la multinationale conclut un autre accord avec Couche-Tard, lui confiant le développement de sa franchise en Ohio. Des négociations étaient en cours pour l'élargir à d'autres marchés américains. Sauf que…

« Le mal de crédibilité de la bannière était trop profond », estime Pierre Peters, et la disproportion des moyens trop grande. « On avait un budget marketing de 2 millions $, et Tim Hortons en avait un de 12 millions $! On n'arrivait pas à reprendre des parts de marché. » Il aurait non seulement fallu des budgets publicitaires plus substantiels afin de redresser la marque, mais également que Tim Hortons se laisse battre. Or, la canadienne n'avait pas l'intention de céder un seul centimètre.

« Ils nous ont suivis à la trace, raconte Alain Bouchard. Chaque fois qu'on ouvrait un magasin, ils en ouvraient un à côté, même si ce n'était pas un bon emplacement pour eux. On a investi pendant plusieurs années, on a essayé fort, mais ça n'a pas été un succès. » À l'été 2008, à l'expiration de l'entente de cinq ans avec Dunkin' Donuts, Couche-Tard remit la franchise maîtresse à la compagnie mère et ferma les restaurants qui lui appartenaient. Certains furent vendus, et plusieurs autres furent loués à McDonald et… Tim Hortons. Les meilleurs sites, ceux munis de guichets à l'auto, « ils les ont tous repris ! » lance Alain Bouchard avec un mélange d'envie et de fierté. «Ils nous paient des loyers, ils vont bien, on est contents pour eux. Ça montre qu'on ne s'était pas trompés sur les sites.»

*   *   *

La fin de ce chapitre malheureux pour Couche-Tard coïncida avec l'annonce d'une entente avec Irving Oil qui exploitait au Nouveau-Brunswick la plus importante raffinerie canadienne. Par cet accord d'une durée de 20 ans, l'entreprise confiait à Couche-Tard l'administration de ses 252 dépanneurs, la moitié se trouvant dans les quatre provinces atlantiques, l'autre moitié dans quatre États de la Nouvelle-Angleterre. Couche-Tard était jusqu'alors complètement absente de ces territoires. Après la tentative ratée de relancer une entreprise de beignes, Pierre Peters se vit confier la tâche de rafistoler ce réseau qui en avait bien besoin.

Nous étions en 2008, une année dont la simple évocation provoque des tremblements nerveux dans les milieux d'affaires. Car c'est alors que la bulle immobilière américaine éclata sur fond de scandale des *subprimes*[37]. L'économie financière sombra, entraînant dans sa chute l'économie réelle. Les États-Unis et le monde entrèrent en récession. Couche-Tard ne pouvait pas y échapper complètement.

---

37. *Subprimes*: le terme anglais désigne les prêts hypothécaires à haut risque vendus à tout vent à des citoyens américains, sans tenir compte de leur capacité réelle de les rembourser. Ces créances, ensuite titrisées (regroupées de manière à constituer un seul titre), devinrent un véhicule de placement extrêmement prisé par les institutions financières jusqu'à ce que l'on commence à découvrir, à partir de 2007, qu'elles étaient parfois sans valeur. La crise de liquidités qui en résulta entraîna plusieurs faillites spectaculaires et coûta à l'économie mondiale des milliers de milliards de dollars.

CHAPITRE 18

7-Eleven dans la mire

Après l'achat de Circle K en 2003, l'appétit de Couche-Tard fut rassasié. L'ours, bien engraissé, put rentrer dans sa tanière et perdre progressivement une partie de sa graisse. Elle était abondante. Pour réduire le poids de sa dette, Couche-Tard se délesta de plusieurs commerces moins rentables et de centaines de propriétés immobilières. Uniquement en mars 2004, elle en vendit pour près de 500 millions $CAN. Le grand ménage de l'ancien siège social de Circle K – qu'Alain Bouchard comparait au Taj Mahal – permit de réduire de moitié les frais généraux et administratifs moyens que devait assumer chaque magasin. Couche-Tard décida aussi d'unifier ses bannières américaines sous l'appellation Circle K, afin de créer une grande chaîne nationale qui consoliderait le marché des dépanneurs aux États-Unis et s'imposerait comme le principal rival du numéro un mondial, 7-Eleven.

Née à Dallas, au Texas, 7-Eleven avait frôlé la faillite quelques années plus tôt avant d'être rachetée à vil prix par sa propre filiale japonaise. Aux États-Unis, on comptait 5800 succursales 7-Eleven, c'est-à-dire presque le double du nombre de magasins détenus par Couche-Tard dans le marché américain soit 3000. Il y avait toutefois une grande différence entre les deux réseaux. Couche-Tard était propriétaire de plus de 80% de ses dépanneurs, alors que 7-Eleven ne possédait qu'à peine plus de 40% des magasins fonctionnant sous sa bannière, le reste appartenant à des franchisés. En somme, 7-Eleven détenait en propre à peine plus de dépanneurs américains que Couche-Tard. Ailleurs dans le monde, par l'intermédiaire de sa filiale Circle K, Couche-Tard possédait aussi un nombre d'affiliés assez substantiel – 3000 au Japon, 600 à Taiwan –, mais cette excroissance contribuait si peu à ses bénéfices que c'est à peine si l'entreprise en faisait jamais mention. Avec l'unification de ses bannières aux États-Unis, Couche-Tard s'affirmait désormais comme le prétendant au titre du plus grand réseau de dépanneurs en Amérique. Les hostilités étaient ouvertes.

Pendant qu'on créait un centre de services dans chacune des divisions, qu'on formait les employés et qu'on rénovait les magasins américains à coups de centaines de millions de dollars par année, Couche-Tard engrangeait les profits. De 2004 à 2005, le bénéfice net avait presque triplé, passant de 75 à 199 millions $CAN. La courbe des ventes était impressionnante. De 5,8 milliards $CAN en 2004, elles franchissaient l'année suivante la barre des 10 milliards $CAN. Le responsable des finances de Couche-Tard, Richard Fortin, prit la peine de faire lui-même la comparaison : « Avec 2000 magasins de moins que 7-Eleven, dit-il, nous avons de plus gros bénéfices. » C'était en effet le cas. Sitôt devenu un géant américain, Couche-Tard coiffait son rival en termes de rendement. Sur un chiffre d'affaires de 12,8 milliards $US, 7-Eleven n'avait dégagé qu'un maigre profit de 123 millions $US, soit 1 % de ses ventes. Les bénéfices de Couche-Tard étaient non seulement supérieurs (161 millions $US), mais sa marge de profit – 1,9 % – représentait le double de celle de sa rivale. Fort de cette performance, Richard Fortin déclara à qui voulait l'entendre que « Couche-Tard était prêt pour une grosse acquisition » qu'il chiffrait à un milliard de dollars américains « ou plus ». En clair, l'entreprise voulait avaler un de ses rivaux, un gros, peut-être même 7-Eleven.

« Ça m'aurait intéressé d'acheter 7-Eleven », reconnaît Alain Bouchard. Il s'était d'ailleurs rendu à Tokyo pour y rencontrer le P.-D.G. du groupe dans l'espoir qu'il accepterait de vendre la portion américaine de son empire, qui comptait plus de 20 000 magasins dans le monde. « Mais les Japonais ne sont pas vendeurs », a-t-il dû constater. Il faudrait les battre autrement. Patiemment.

* * *

À l'automne 2005, au moment où on décerna à Alain Bouchard le titre de Détaillant de l'année au congrès de l'Association américaine des commerces d'accommodation, Couche-Tard se lança dans une longue série d'acquisitions aux États-Unis. Ce n'était pas le fruit du hasard. L'entreprise avait mis sur pied une équipe de 35 personnes dont le seul mandat était de sillonner le pays à la recherche d'aubaines. Chaque projet devait être approuvé par Alain Bouchard, qui dut se résigner à vivre constamment dans ses valises, puisqu'il tenait à examiner les magasins personnellement avant de les acheter.

Cela lui permit de renouveler sa garde-robe, si l'on en croit la rumeur voulant qu'il oublie systématiquement des vêtements dans chaque chambre d'hôtel où il loge, quand ce n'est pas son passeport ou son téléphone cellulaire qu'il prétend constamment s'être fait voler. Il sait pourtant que leur disparition relève de sa légendaire distraction. « Il est toujours dans sa tête », dit de lui son épouse Sandra Chartrand, qui y voit un trait de personnalité hérité de sa mère. Un jour, raconte-t-elle, espérant faire une agréable surprise à ses enfants le dimanche de Pâques, Rachel Bouchard leur avait acheté des poussins vivants et, pour qu'ils ne les découvrent pas avant le moment du repas, elle les avait rangés dans le… congélateur !

Couche-Tard acheta donc 16 magasins Conway Oil au Nouveau-Mexique en septembre 2005 ; 7 Fuel Mart de l'Ohio et 26 stations BP à Memphis en octobre ; 40 Shell à Indianapolis en février 2006 ; 90 Spectrum en Géorgie et en Alabama en avril ; 24 Stop-n-Save en Louisiane en juin ; 24 Sparky's Oil en Floride en août ; et, pour couronner le tout, 236 stations-service et dépanneurs de Shell au Colorado, en Louisiane et en Floride au mois d'octobre 2006. Chacune de ces transactions a son histoire heureuse ou tragique, comme c'est souvent le cas dans le monde des affaires. Des entreprises qui sont parfois le fruit du travail de plusieurs générations doivent être cédées à la suite de déboires financiers ou d'un décès, par manque de relève, pour réaliser le rêve d'une retraite confortable. Peu importent les motifs, l'essentiel est de trouver un acheteur au bon moment. Par sa présence active sur le terrain, Couche-Tard se positionnait comme un choix logique pour quiconque voulait se départir de ses magasins. Le hibou était à l'affût et en appétit.

Au terme de cette expédition de magasinage frénétique, Couche-Tard comptait plus de 5000 dépanneurs en Amérique du Nord. Elle en modernisait 450 par année et en érigeait de nouveaux selon le concept « Store 2000 ». Dans le sud des États-Unis, on vit ainsi apparaître des Circle K thématiques ayant des décors de film western ou arborant les couleurs de l'équipe locale de basketball. Il y avait même un magasin entièrement consacré à la mémoire de l'acteur de cinéma John Wayne.

De ce tourbillon d'activités, Alain Bouchard rapporta mille et un souvenirs, dont le plus marquant se déroula en deux temps à Memphis, au Tennessee. Lors de la visite d'un de ses magasins, il tomba sous le charme de la gérante, une Afro-Américaine joviale, éloquente, débordante d'enthousiasme et de projets. Leur conversation se prolongeant, l'entourage d'Alain Bouchard devint nerveux, car ils prenaient du retard sur l'horaire de la tournée. Puisqu'on insistait pour qu'ils partent, il proposa d'amener la gérante avec eux afin de poursuivre la discussion animée. Peu après, elle fut promue au poste de superviseur. Lorsque Alain Bouchard retourna dans la région, deux ans plus tard, c'est elle qui le guida pour la visite des magasins. Dans l'un d'eux, elle lui présenta fièrement la gérante, une femme noire d'une cinquantaine d'années pour qui cet emploi représentait l'aboutissement d'une vie d'efforts. Pendant qu'il échangeait avec la dame au sourire attachant, il la complimenta sur sa coiffure, puis il partit en l'embrassant sur la joue. Ce geste amical, fréquent au Québec où il est sans doute un héritage des traditions françaises, peut en étonner certains dans le sud des États-Unis, particulièrement entre gens ayant des couleurs de peau différentes. Alain Bouchard n'en prit conscience qu'après avoir quitté le magasin, lorsque la superviseure lui dit qu'il venait de faire quelque chose d'extraordinaire. Il protesta : « J'embrasse souvent les femmes par simple gentillesse, il n'y a rien de déplacé là-dedans. » Non, lui dit-elle, ce n'était pas ce baiser qui constituait un geste hors du commun, mais plutôt les paroles qu'il avait prononcées : « Vous avez remarqué sa coiffure. » Avant qu'il n'ait le temps de hausser les épaules devant la futilité de cette remarque, elle lui expliqua que, de toute sa vie, la gérante ne s'était offert une visite chez la coiffeuse qu'une seule fois auparavant, lors de son mariage, 30 ans plus tôt. C'est dire l'importance qu'elle accordait à la venue du grand patron dans son magasin, et son désir d'y faire bonne impression.

* * *

Circle K avait connu cinq propriétaires différents, dont trois sociétés pétrolières, en un peu plus d'une décennie. Le moral des troupes s'en était ressenti, mais une fois passé le choc de l'acquisition par Couche-Tard, il était à la hausse. Les employés pouvaient se concentrer sur leur mission : faire du commerce de détail et prendre de l'expansion.

7-Eleven se devait de réagir. En 2007, la société dévoila un ambitieux plan de relance de ses activités aux États-Unis en investissant 2,4 milliards $US dans la rénovation de ses 6000 magasins. Elle allait aussi en rajouter 1000 de plus.

Un autre développement majeur allait secouer le milieu du commerce de proximité. La société britannique Tesco investissait 500 millions $US pour lancer aux États-Unis la chaîne Fresh & Easy, une formule hybride à mi-chemin entre le dépanneur et le supermarché, offrant beaucoup d'aliments préparés et de produits frais dans des magasins de 1000 mètres carrés, trois fois plus spacieux que les plus grands dépanneurs de Couche-Tard.

Tout à coup, les acquisitions devinrent plus difficiles, plus chères aussi, et Couche-Tard en ralentit le rythme. Les investisseurs, habitués aux manchettes régulières sur l'expansion de Couche-Tard, étaient en manque de leur ration de bonnes nouvelles. Pourtant l'entreprise enregistrait toujours des profits, trimestre après trimestre. Les dirigeants de Couche-Tard avaient beau multiplier les promesses sur l'imminence d'un prochain coup fumant, ils n'arrivaient pas à livrer la marchandise. Prudence, disait Alain Bouchard. Patience, ajoutait Richard Fortin. « Notre logo est le hibou, rappelait-il. On est perché sur notre branche, on regarde les cibles, et quand il va y en avoir une qui sera suffisamment faible, on sautera dessus. »

Qui plus est, les mauvaises nouvelles s'accumulaient. Avec la poussée mondiale des prix de l'essence, la concurrence entre détaillants américains devint plus forte, rognant les marges bénéficiaires. En janvier 2008, l'action de Couche-Tard atteignit 16,50 $, soit 11,6 fois les bénéfices, son ratio le plus bas en 10 ans. Les investisseurs considéraient que le Pac-Man était en panne.

Leur confiance fut encore ébranlée en juin 2008, lorsque le Bureau canadien de la concurrence porta des accusations contre 11 entreprises et 13 individus soupçonnés de complot pour fixer les prix de l'essence dans plusieurs marchés du Québec, nommément Sherbrooke, Magog, Victoriaville et Thetford-Mines. Couche-Tard, le plus important détaillant d'essence dans cette région, et deux de ses employés faisaient partie des accusés. Alain Bouchard protesta. Les prix de l'essence sont affichés à la vue de tous, dit-il, alors « il faut être naïf pour croire que les détaillants ont besoin de recourir à la collusion ». Cependant, certains des accusés se reconnurent coupables, dont la pétrolière Ultramar qui dut payer une amende de 1,85 million $. Dans le cadre de l'enquête Octane, le Bureau de la concurrence avait intercepté des centaines de conversations téléphoniques en 2005 et 2006 montrant, selon lui, l'existence d'un cartel visant à réduire la concurrence et à maintenir artificiellement élevés les prix de l'essence sur ces territoires[38]. Dans les semaines qui suivirent ces accusations, l'action de Couche-Tard chuta à 10,85 $, son prix le plus bas en cinq ans, mais il y eut des motifs autrement plus graves pour l'expliquer.

Cette affaire semble en effet bien insignifiante à côté de ce qui se tramait aux États-Unis, où l'endettement des ménages prenait des proportions alarmantes. La bulle immobilière s'ap-

---

38. Au moment d'écrire ce livre, le Bureau de la concurrence avait retiré ses accusations contre Couche-Tard. Celles contre ses deux employés mis en cause étaient toujours pendantes devant les tribunaux.

prêtait à éclater, entraînant avec elle les banques, puis les industries, puis les services. Le 6 octobre 2008, surnommé le Lundi noir, les marchés boursiers de la planète se sont effondrés. En une semaine, les cours chutèrent de 21 % à New York, de 22 % à Paris, de 24 % à Tokyo. Le système bancaire s'arrêta, en manque de liquidités. Déjà, en août, le gouvernement américain avait dû reprendre les deux plus importantes institutions de prêts hypothécaires, Fannie Mae et Freddie Mac, qui détenaient 5 trillions $US (5000 milliards) en hypothèques. Presque 10 % de leurs prêts étaient en défaut de paiement. L'Amérique et le monde entraient dans la récession la plus grave depuis la grande crise de 1929.

Or, Couche-Tard réalisait désormais 80 % de ses ventes aux États-Unis. Il fallait donc s'attendre au pire. La direction entreprit alors de réduire ses coûts, systématiquement, en profondeur, dans tous les secteurs. Son mécanisme d'analyse comparative fut resserré pour évaluer un plus grand nombre de variables. Par mesure d'économie, l'entreprise opta pour des voitures plus petites, moins gourmandes en essence. Les guichets automatiques installés dans la plupart des dépanneurs furent renfloués à même l'argent des tiroirs caisses plutôt que par une firme spécialisée afin d'épargner les frais de commission. On sabra dans le nombre de lignes téléphoniques et dans les frais d'entretien des bureaux administratifs. Finalement, la direction dut se résoudre à décréter un gel des salaires et des embauches dans les centres de services. Comme ils l'avaient fait au pire de la crise du début des années 1990, les quatre fondateurs de Couche-Tard annoncèrent une réduction de leurs propres salaires, de l'ordre de 10 %. En contrepartie de l'effort qu'ils imposaient à leurs employés, ils s'engagèrent à leur accorder une augmentation rétroactive l'année suivante si la situation économique de Couche-Tard se redressait.

Le cours de l'action de Couche-Tard, comme tant d'autres, fut durement malmené pendant cette période, bien que l'entreprise soit relativement peu endettée. En fait, la valeur du titre s'approcha de son plancher historique en proportion de ses bénéfices, ce qui incita la direction à lancer un programme massif de rachat d'actions. En deux ans, Couche-Tard en acquit 20 millions à une valeur moyenne de 14 $, puis les radia, accroissant d'autant l'avoir des actionnaires. Cette fois, dans la tempête, les fondateurs de Couche-Tard pariaient... sur Couche-Tard.

Malgré un recul des ventes de 19 % dû principalement à la baisse du prix de l'essence, Couche-Tard réussit à boucler son dernier trimestre de 2008 avec un bénéfice de 38 millions $US, soit plus du double de celui de l'année précédente. Cela tenait en grande partie à la réduction de 30 millions $US des frais d'exploitation, résultat de la discipline imposée à l'interne. Il fallait maintenant tenir parole et accorder aux employés une augmentation de salaire rétroactive. « Les Américains n'en revenaient pas, se souvient Alain Bouchard. Quand ils ont reçu leur chèque, ils nous ont dit qu'ils ne l'avaient pas cru. C'était quand même plusieurs millions de dollars. »

Convaincue d'être passée à travers le pire de la crise, mais demeurant prudente, la direction de Couche-Tard procéda ensuite à quelques transactions pas trop risquées. En avril 2009, elle acquit 450 franchisés de la pétrolière Exxon Mobil répartis dans 28 États américains, et 43 autres magasins situés en Arizona. Puis, en novembre, Couche-Tard créa une entreprise conjointe avec Shell pour exploiter une centaine de magasins dans la région de Chicago.

* * *

Alain Bouchard s'était bien juré qu'on ne l'y reprendrait plus. Il avait eu sa leçon lors de la tentative ratée d'acheter Silcorp plusieurs années auparavant. Et pourtant, le 9 mars 2010, il lança une offre d'achat hostile visant à prendre le contrôle de la chaîne Casey's pour près de 2 milliards $US. Fondée en 1959 dans le petit État de l'Iowa, Casey's était une entreprise modèle. Bien gérée, bien tenue, profitable et sans dette, elle comptait 1507 magasins corporatifs dans le Midwest américain, où travaillaient plus de 13 000 personnes. Son chiffre d'affaires annuel de 4,6 milliards $US, ajouté à celui de Couche-Tard, donnerait au groupe un poids combiné de plus de 20 milliards $US. « On aurait dépassé 7-Eleven aux États-Unis », dit Alain Bouchard.

La direction de Casey's rejeta l'offre qui se situait à 36 $US par action, une prime d'à peine 14 % sur le dernier cours en Bourse. Elle fit tout ce qu'elle pouvait pour résister, allant jusqu'à adopter la technique de la pilule empoisonnée en s'endettant de 500 millions $ pour acheter le quart de ses propres actions à un prix supérieur à celui qu'offrait Couche-Tard. Elle poursuivit aussi l'entreprise de Laval devant les tribunaux, l'accusant d'avoir manipulé les marchés à son avantage.

Au milieu de cette bataille qui allait durer des mois, Réal Plourde quitta, comme cela était déjà prévu, son poste de vice-président aux opérations. Il fut remplacé par l'Américain Brian Hannasch, celui qu'une simple partie de pêche avait convaincu, quelques années plus tôt, de donner une chance à Couche-Tard. Réal Plourde, à qui l'on accorde le crédit d'avoir inventé la formule décentralisée qui fait la marque et la force de Couche-Tard, allait tout de même demeurer près de l'entreprise en devenant président du conseil d'administration. C'était le deuxième membre du quatuor des fondateurs de Couche-Tard à quitter les opérations quotidiennes du groupe, après Richard

Fortin, trois ans plus tôt. Lui aussi était demeuré au CA en y occupant le poste de président, permettant à Alain Bouchard de mieux se concentrer sur son rôle de gestionnaire des affaires courantes.

Il en avait en effet plein les bras, et cette bataille pour l'achat de Casey's lui pesait lourd. À deux reprises il bonifia l'offre dans l'espoir d'obtenir l'approbation des actionnaires. Les appuis financiers de Couche-Tard étaient solides : au Canada, la Banque de Nouvelle-Écosse et la Caisse de dépôt et placement du Québec, à l'étranger, la HSBC de Londres et Rabobank des Pays-Bas, de bons alliés qui lui serviraient plus tard. Mais en septembre 2010, 7-Eleven, le rival de Couche-Tard, arriva avec une offre surprise à 40 $US l'action, une proposition que la direction de Casey's s'empressa de qualifier d'intéressante, suffisamment en tout cas pour entreprendre des négociations qui durèrent le temps que la dernière offre de Couche-Tard expire, fin septembre. Par la suite, Casey's refusa les avances de 7-Eleven, même bonifiées. Selon l'expression d'Alain Bouchard, « si Casey's était une femme, on ne pourrait pas l'accuser d'être facile ».

CHAPITRE 19

Une bataille au Québec

Alain Bouchard déteste les conflits. C'est la raison pour laquelle, dit-il, il a très rarement poursuivi ses détracteurs. « Parce que c'est du négatif. Et le négatif m'a toujours empêché d'avancer. » Eh bien, il allait être servi !

Au matin du vendredi 6 novembre 2009, lorsque les employés du Couche-Tard de Belœil, sur la Rive-Sud de Montréal, se présentèrent au travail, le commerce où ils travaillaient encore la veille n'existait plus. Les enseignes Couche-Tard et Dunkin' Donuts avaient été enlevées pendant la nuit, les pompes à essence aussi, les fenêtres barricadées. Circulez, il n'y a plus rien à voir. La Loi sur les normes du travail au Québec exige pourtant qu'en cas de fermeture d'un établissement, les employés et le ministère du Travail reçoivent un préavis de huit semaines.

Que s'était-il donc passé ? Les 25 employés de l'établissement, si cavalièrement mis à pied, conclurent rapidement que ce geste n'était pas étranger à la tentative de former un syndicat pour les représenter. La première carte d'adhésion syndicale avait été signée le mercredi précédent, soit deux jours plus tôt. Avant même que la moitié des travailleurs n'aient adhéré au mouvement, condition essentielle au dépôt d'une demande de reconnaissance du syndicat, le magasin fermait ses portes sans un mot d'explication.

Un mois plus tôt, un jeune employé avait été congédié de son poste de commis à temps partiel à ce même dépanneur.

L'étudiant était soupçonné d'avoir sollicité des employés, sur son temps de travail, pour les inciter à former un syndicat, ce qui est interdit par la loi. La Confédération des syndicats nationaux, la CSN, considérée comme le regroupement syndical le plus militant au Québec, avait pris le jeune homme sous sa protection. Elle lui versait une partie de son ancien salaire, le temps que sa plainte pour congédiement illégal soit entendue. Or, cet étudiant, maintenant rémunéré par la CSN, était revenu à Belœil pour faire campagne auprès de ses anciens collègues afin qu'ils signent leur carte d'adhésion syndicale, confiant d'obtenir l'appui de 13 d'entre eux. Deux jours plus tard, le dépanneur fermait.

Le vice-président de la CSN, Roger Valois, sauta vite aux conclusions. «Couche-Tard est un pire employeur que McDonald et Walmart», fulminait-il. Au moins, ces deux-là avaient attendu le dépôt d'une demande d'accréditation syndicale avant de fermer les portes de certains de leurs établissements! La direction de Couche-Tard refusa de commenter l'affaire. En guise d'explication, l'entreprise fit savoir qu'elle procédait de manière régulière à une évaluation de ses magasins et qu'elle fermait les moins rentables. Depuis le début de l'année, 8 dépanneurs avaient ainsi disparu alors que 20 autres avaient ouvert leurs portes. Il s'agissait d'une simple mesure de saine administration. Le magasin de Belœil ne faisait pas ses frais. Aucun lien avec l'activité syndicale naissante.

La CSN protesta devant la Commission des relations de travail du Québec, sans succès. Moins d'un an après cette fermeture, soit en octobre 2010, Couche-Tard ouvrit un autre dépanneur sur le même site et embaucha de nouveaux employés. La CSN se sentait humiliée. Les choses n'allaient pas en rester là.

Alain Bouchard a une théorie expliquant pourquoi le Québec est le territoire d'Amérique du Nord où l'on retrouve la plus forte proportion de travailleurs appartenant à un syndicat. Longtemps, dit-il, les patrons étaient des anglophones, alors que les ouvriers ne parlaient que le français. La division linguistique s'ajoutant à celle des classes sociales, les travailleurs québécois durent se regrouper et former des syndicats pour se faire comprendre, entendre et respecter. « Avec le recul, dit-il, je pense qu'on a eu besoin des syndicats, que c'était nécessaire pour faire avancer le Québec, pour agir comme contre-pouvoir. »

Puis, avec la Révolution tranquille des années 1960 et la croissance fulgurante de l'État québécois qui l'accompagna, les syndicats prirent une expansion rapide dans la fonction publique, les écoles, les hôpitaux. Face à un employeur unique et tentaculaire, ils disposaient désormais d'une puissance de paralysie énorme dont ils usèrent et abusèrent abondamment, au cours des années 1970 en particulier. Alain Bouchard était d'avis que « ça faisait désordonné ».

Il avoue cependant que son opinion sur les syndicats est « biaisée ». Il en retrace les origines à ses discussions animées avec le père de sa première épouse, un machiniste à l'emploi de la Société Radio-Canada. À l'époque, on comptait près de 25 syndicats différents à l'intérieur de cette tour de Babel. Chaque corps de métier disposait du sien. Une tâche, un employé, un syndicat : telle semblait être la devise chez le diffuseur national. Les horaires de travail, de repas et de pauses variant d'une unité syndicale à l'autre, on ne pouvait les synchroniser parfaitement, de sorte qu'il était à peu près impossible de produire une grande émission de télévision sans encourir des dépenses excédentaires d'au moins 30 % des salaires de base. C'était le coût des pénalités et du temps supplémentaire versés à une bonne partie des artisans. Pour Alain Bouchard, cela était révoltant, et encore plus lorsque son beau-père se réjouissait d'être payé tout en restant à la maison « au cas où » on aurait besoin de ses services. Lui estimait au contraire qu'une application stricte de la division des tâches permettait « de faire travailler les autres » et de justifier la création d'emplois. Alain Bouchard trouvait cet homme chicanier. Il détestait son attitude négative et obstructionniste et sa résistance au changement, autant de défauts qu'il se mit naturellement à associer aux syndicats.

À la fin des années 1980, il travailla néanmoins aux côtés d'un syndicat à une cause commune lorsque, sous la pression de Provigo, le gouvernement québécois voulut permettre aux grandes chaînes d'alimentation de prolonger leurs heures d'ouverture les soirs de semaine et même le dimanche. Cela aurait bien sûr un impact important sur l'achalandage des dépanneurs, d'où l'opposition de Couche-Tard. La Fédération des travailleurs du Québec (FTQ), qui comptait plusieurs syndicats d'employés d'épicerie, s'objectait aussi à cette mesure, car elle allait contribuer, disait-elle, à disloquer davantage les familles en obligeant plusieurs pères et mères à travailler aux heures où ils devraient plutôt se trouver avec leurs enfants. Ces arguments furent repris par l'Association des détaillants en alimentation du Québec, qui représentait autant les grandes surfaces que les épiceries de quartier et les dépanneurs. Michel Gadbois, un enseignant aux HEC, agissait comme consultant auprès de l'association dans cette bataille – il en deviendrait plus tard le président. « J'ai été assez vicieux, admet-il sans gêne. Nous avions des affiches montrant un enfant qui regardait par la fenêtre en pleurant parce que sa mère était forcée d'aller travailler le dimanche. On n'était pas à une manipulation près. » L'association s'assura même de mettre l'Église catholique dans le coup. Travailler le jour du Seigneur, sacrilège !

La dispute se régla par un compromis selon lequel les grandes épiceries ne pourraient garder qu'un nombre très restreint d'employés après les heures d'affaires normales. Résultat : peu de caisses en opération, de longues files d'attente et, donc, le désir d'aller plutôt au dépanneur où, comme le dit Richard Fortin, « on vend surtout du temps ».

Cette bataille avait permis à Alain Bouchard de se frotter un peu au monde syndical et d'échanger avec un des dirigeants de la FTQ, qui lui dit un jour : « Tu commences à être gros, on devrait peut-être syndiquer tes employés. » Cependant, il changea rapidement d'avis lorsque Alain Bouchard lui montra quelques statistiques. La plupart des employés de dépanneurs y travaillaient à temps partiel, souvent parce qu'il s'agissait d'étudiants à la recherche d'un petit revenu et d'une première expérience de travail. Ils étaient généralement payés au salaire minimum ou à peine davantage. Pas étonnant, donc, que le taux de rotation annuel moyen avoisinait les 50 %. Chaque établissement ne comptait qu'une poignée d'employés à temps plein, moins d'une demi-douzaine en excluant le gérant qui, de toute façon, ne pourrait pas être syndiqué, puisqu'il serait considéré comme un cadre. Le dirigeant de la FTQ eut vite fait de comprendre le message d'Alain Bouchard. « Il a dit : "Ah non, ce n'est pas pour nous, on n'aura pas assez de revenus." »

* * *

À l'été 2010, les dirigeants de la CSN ont dû s'étouffer en voyant la photographie d'Alain Bouchard à la une du journal *Les Affaires*, dont l'édition spéciale portait sur «les meilleurs employeurs du Québec». Résultat d'une étude menée par l'Ordre des conseillers en ressources humaines agréés, le classement accordait à Couche-Tard la deuxième meilleure position dans la catégorie des grandes entreprises «parce qu'elle a su implanter une culture de l'écoute de ses employés», spécifiait l'article.

Sur une échelle de 5, les travailleurs consultés accordaient une note de 4,58 à Couche-Tard à propos de l'affirmation suivante: «Mon supérieur immédiat me traite avec respect.» Sur l'honnêteté et l'intégrité de l'entreprise, la note atteignait 4,4. Malgré les salaires notoirement bas dans ce type de commerce, 81% des employés interrogés disaient ne pas chercher activement un autre travail. Le palmarès accordait enfin de bonnes notes à Couche-Tard pour les mécanismes mis en place afin de solliciter les suggestions des employés et d'y répondre, pour l'amélioration du programme d'aide leur étant destiné, pour les cours de formation prodigués et pour les nombreux incitatifs à faire carrière à l'intérieur de l'entreprise.

Bref, se disait Alain Bouchard, autant de raisons justifiant de ne pas avoir de syndicat. Mais six mois plus tard, la CSN allait tenter de lui prouver le contraire.

Le 11 janvier 2011, la CSN annonça le dépôt d'une requête en accréditation syndicale au nom des 12 travailleurs du dépanneur Couche-Tard de la rue Jean-Talon Est dans le quartier Villeray de Montréal. Il s'agissait d'une première chez cette entreprise milliardaire et d'une première dans le monde des dépanneurs en Amérique du Nord. «C'est une percée importante dans le commerce de détail au Québec», proclama la CSN, qui se promit que ce n'était qu'un début et qu'on continuerait le combat. « La CSN lance une vaste campagne de syndicalisation afin de soutenir les salariés des centaines de dépanneurs Couche-Tard qui subissent des conditions de travail pitoyables et reçoivent des salaires de misère », affirma le vice-président de la CSN, Roger Valois.

Les commis des magasins de Couche-Tard, déplora-t-il, n'avaient ni régime de retraite, ni congés de maladie payés, ni assurance médicale complémentaire. Leur salaire était trop bas, leur sécurité personnelle mal protégée contre les agressions. En conséquence, annonça-t-il, la CSN avait constitué des « équipes » pour aller solliciter les 7000 employés des 550 dépanneurs de la chaîne partout au Québec. C'était la guerre, une guerre ouverte. Des représentants de la centrale syndicale entraient dans les dépanneurs, prétendant être des clients. Au moment de passer à la caisse pour payer une friandise ou acheter un paquet de cigarettes, ils remettaient aux employés un carton les invitant à les appeler après le travail : « Un syndicat CSN pour se faire respecter », disait le message.

Couche-Tard en appela à la Commission des relations de travail pour qu'elle déclare illégale cette campagne de recrutement, sans succès. La CSN marquait des points. Le mois suivant, elle déposa une autre demande d'accréditation, cette fois au nom des employés du magasin Couche-Tard de Saint-Hubert, sur la Rive-Sud de Montréal. Quelques jours plus tard, le 9 février, la Commission des relations de travail reconnut le syndicat du magasin de la rue Jean-Talon, le tout premier de l'histoire de l'entreprise.

Comment celle-ci allait-elle réagir ? Publiquement, la direction refusait de commenter l'affaire. Mais intérieurement, Alain Bouchard rageait, et cela pouvait lui causer des ennuis, car la loi impose des balises au comportement des employeurs devant un mouvement de syndicalisation. Il choisit donc de s'adresser à ses employés au moyen d'un message vidéo interne qui ne mit pas beaucoup de temps à se retrouver dans les médias. Dans l'enregistrement d'une durée de sept minutes, cinq étaient consacrées à la question syndicale. « Un grand nombre de nos succursales ne pourraient pas soutenir l'augmentation importante des coûts causés par un syndicat », déclara le président de Couche-Tard. Si le mouvement de syndicalisation devait se poursuivre, dit-il, « tous les scénarios devraient être envisagés ».

S'agissait-il de menaces, ce qui est interdit par le Code du travail, ou d'une simple présentation des faits par un employeur préoccupé de préserver une entreprise dont la marge bénéficiaire n'est que de 1 ou 2 % ? Les spécialistes du droit du travail étaient divisés sur la question, mais tout le monde avait quand même compris le message.

N'empêche, le 11 mars, une autre demande d'accréditation syndicale fut présentée, celle-là au nom des 11 employés du Couche-Tard situé à l'angle des rues Saint-Denis et Beaubien à Montréal. C'était la troisième en à peine plus d'un mois ! Trois semaines plus tard, ce Couche-Tard ferma. Et trois autres semaines plus tard, l'entreprise annonça la mise en vente de son magasin de Saint-Liboire, tout juste après que la Commission des relations de travail eut reconnu son syndicat.

Officiellement, Couche-Tard continuait à soutenir que ces fermetures n'avaient aucun lien avec la présence de syndicats, qu'il s'agissait de la simple application de mesures administratives responsables. N'avait-il pas fermé au cours de la dernière année 10 établissements au Québec et 89 dans tout son réseau ? Peut-être, mais le hasard semblait trop bien faire les choses.

Couche-Tard se retrouvait maintenant accusé d'intimidation et d'entrave à un mouvement de syndicalisation. La CSN réclamait de la Commission des relations de travail qu'elle ordonne la réouverture du dépanneur à l'angle des rues Saint-Denis et Beaubien, et qu'elle accorde un million de dollars en compensation aux employés mis à pied. L'affaire eut un fort retentissement dans les médias québécois. Il fut amplifié par la décision, en septembre, de fermer le magasin de la rue Jean-Talon, le premier où les employés avaient formé un syndicat, six mois plus tôt. N'ayant toujours pas conclu de contrat de travail avec Couche-Tard, les travailleurs s'étaient présentés ce matin-là avec des autocollants apposés à leur chandail, dans l'espoir de faire pression sur leur employeur. À 17 h 30, des gardiens de sécurité leur donnèrent deux minutes pour prendre leurs effets personnels. L'édifice fut placardé et mis en vente. On trouve maintenant sur ce site une tour d'habitations.

L'affaire devint personnelle. La CSN organisa des manifestations devant le bureau d'Alain Bouchard, qu'elle accusa d'agir comme un « voyou » antisyndical. Elle demanda qu'on le force à dévoiler les chiffres sur la rentabilité de l'ensemble de ses dépanneurs dans la région de Montréal afin que la Commission des relations de travail puisse juger du bien-fondé de la défense de Couche-Tard. Non seulement cette demande fut rejetée, mais la Commission finit par jeter une immense douche froide sur les espoirs syndicaux. S'appuyant sur une décision de la Cour suprême du Canada, le commissaire Jacques Vignola trancha : « Un employeur a le droit de fermer son entreprise, quelles qu'en soient les raisons. » Personne ne pouvait forcer Couche-Tard à garder ouvert un magasin en voie de syndicalisation ou déjà syndiqué, et personne ne pouvait forcer l'entreprise à prouver la nécessité économique de sa décision.

Couche-Tard gagnait sur toute la ligne, sauf en ce qui concerne son image. Sa réputation, celle de son président-fondateur en particulier, en sortit amochée. Cela faisait d'autant plus mal que cette crise se produisait au Québec, chez lui, là d'où était partie son entreprise et là où il habitait toujours. « C'était une trop grosse distraction, dit-il, ça me minait. »

Avec le recul, Alain Bouchard admet qu'il aurait pu en être autrement, que même s'ils étaient condamnés par leur trop faible rentabilité, certains des dépanneurs syndiqués ou en voie de l'être ont été fermés par Couche-Tard dans une précipitation inhabituelle qui l'a rendue suspecte. Normalement, lorsqu'un magasin doit fermer ses portes, les employés sont avisés à l'avance et, autant que possible, on leur offre la possibilité de se trouver du travail dans d'autres établissements de l'entreprise.

Il fallut deux ans pour parvenir à une entente avec la CSN. Le 28 octobre 2013, Couche-Tard signa un contrat de travail de trois ans avec les syndicats de six dépanneurs dont un seul, celui de Victoriaville, était propriété de l'entreprise. Les cinq autres étaient gérés par des franchisés. En soit, cela constituait une première en Amérique du Nord dans ce type de commerce. L'entente s'accompagnait d'un accord confidentiel dont on sait qu'il contenait une clause prévoyant le retrait, par la CSN, de toutes les accusations qu'elle avait portées contre l'entreprise et contre Alain Bouchard.

Couche-Tard avait montré qu'il pouvait vivre avec des syndicats dans la mesure où la rentabilité des dépanneurs demeurait au rendez-vous. L'entreprise avait intérêt à le faire : elle venait tout juste de réaliser la plus grosse acquisition de son histoire, en Europe, où presque tous ses employés étaient syndiqués !

CHAPITRE 20

Le défi européen

Le 18 avril 2012, Couche-Tard étonna une fois de plus par son audace en présentant une offre amicale pour se porter acquéreur des activités de détail de Statoil Fuel & Retail (SFR) dont le siège social se trouvait à Oslo, en Norvège. L'utilisation du mot « détail » semble ici incongrue, vu l'ampleur de ce qui était en jeu : une entreprise possédant 2300 stations-service et autant de dépanneurs, 1000 lave-autos, des terminaux, citernes et centres de distribution de produits pétroliers pour les automobiles, les bateaux et les avions, un réseau de distribution d'huile à chauffage, une usine de lubrifiants, une autre de liquéfaction du gaz, même un service de location de voitures, le tout réparti dans huit pays de l'Europe du Nord. À elle seule, cette acquisition ferait gonfler de 50 % le chiffre d'affaires de Couche-Tard, lui permettant d'approcher les 35 milliards $US et de détrôner 7-Eleven !

Le prix offert était, on s'en doute, vertigineux : 3,8 milliards $US, dont 1 milliard $US pour éponger les dettes du groupe.

* * *

L'histoire de SFR remonte à 1923 lorsque fut érigée la première station-service de Norvège, à proximité de la gare ferroviaire de la capitale, Oslo. D'abord appelée MIL, la chaîne de stations-service passa aux mains de la britannique BP après la

Seconde Guerre mondiale, avant de redevenir propriété norvégienne dans les années 1970. On venait alors de découvrir d'importantes réserves de pétrole et de gaz au large de la Norvège, que de nouvelles technologies permettaient maintenant d'exploiter. Le gouvernement s'impliqua activement dans le développement de cette ressource en créant, en 1972, la firme Statoil, entreprise dans laquelle il détenait une part majoritaire. Le nom choisi était d'ailleurs sans équivoque : « Statoil », ou « Pétrole d'État ». L'entreprise étendit bientôt son empreinte dans tout le nord de l'Europe. Dès la chute du mur de Berlin et l'effondrement de l'Union soviétique qui allait suivre, Statoil se positionna comme l'un des leaders du développement de l'économie de marché dans ce qu'on appelait jusque-là le bloc de l'Est, en s'installant dans les pays baltes (Estonie, Lettonie et Lituanie), en Pologne et en Russie. Vendre du pétrole aux Russes, il faut quand même le faire !

« La Seconde Guerre mondiale, en Estonie, s'est vraiment terminée en juin 1991 lorsque nous avons quitté l'Union soviétique », raconte Helle Kirs-Toiger, entrée au service de Statoil en 1995 à titre de secrétaire alors que l'entreprise ne comptait que quatre ou cinq magasins dans le pays[39]. Celle qui allait devenir cinq ans plus tard la directrice des ventes de Statoil en Estonie estime qu'investir des sommes importantes dans le climat politique instable de l'époque constituait un véritable exploit, « un acte de bravoure ». Ainsi, pour ouvrir son premier magasin dans les pays baltes, Statoil dut obtenir une approbation écrite de Moscou en mars 1991. L'URSS, dirigée par Mikhaïl Gorbatchev, était alors engagée dans un processus de dislocation qu'une tentative de coup d'État, six mois plus tard, menaça de renverser. Qu'à cela ne tienne, la première

---

39. Vingt ans plus tard, Couche-Tard comptait 55 magasins en Estonie, pays d'à peine un million d'habitants, et y détenait 30 % du marché de l'accommodation.

station-service de Statoil ouvrit ses portes à Riga en 1992. Pendant plusieurs années, le temps que les pays de la région se dotent d'un système économique et financier fonctionnel, elle dut opérer selon un mode très inhabituel, les clients ne pouvant acquitter leurs achats qu'en devises étrangères. On y acceptait les dollars américains, les marks allemands, les francs français ou toute autre monnaie occidentale, mais pas le rouble soviétique qui était pourtant la devise officielle du pays.

Statoil fut aussi la première entreprise pétrolière étrangère à s'installer en Lituanie et dans le nord de la Russie. La station-service érigée en 1993 dans la ville russe de Mourmansk, au nord du cercle arctique, est considérée comme l'un des succès commerciaux les plus incroyables de cette folle aventure, si ce n'est que pour l'engouement de la population de la plus grande ville au monde située aussi près du pôle Nord pour... la crème glacée qu'on y vend ! Au cours des années 2000, le gouvernement norvégien profita de la vigueur des marchés boursiers mondiaux pour monnayer une partie de ses avoirs dans Statoil, qui était devenu le principal producteur de pétrole en dehors des pays membres de l'OPEP[40] et sans doute aussi l'un des plus exemplaires dans sa manière de gérer la richesse qu'il en retirait. Les profits générés par l'exploitation de cette ressource non renouvelable étaient en effet investis dans un fonds spécial, mis en réserve pour les prochaines générations plutôt que dépensés sous forme de programmes sociaux ou de baisses d'impôts pour le bien-être immédiat des contribuables, comme c'était le cas des revenus pétroliers de nombreux pays, dont le Canada.

---

40. OPEP : Organisation des pays producteurs de pétrole, un cartel formé essentiellement de pays du Moyen-Orient et d'Afrique qui régule près de la moitié de la production mondiale de pétrole.

En 2001, le gouvernement vendit 17 % des actions de l'entreprise au logo orange en forme de goutte de pétrole. Trois ans plus tard, Statoil se scinda en deux en créant une division distincte pour toutes ses opérations de détail, la Statoil Fuel and Retail, SFR, dirigée par Jacob Schram. Selon ce dernier, cela eut pour conséquence de permettre à Statoil de concentrer toute son attention sur les défis de l'exploitation pétrolière en eaux profondes. « La vente au détail n'était plus une priorité, nous n'avions plus l'attention de la direction, nous n'avions plus d'argent pour investir, il valait mieux aller en Bourse. » Ainsi donc, SFR se lança à son tour sur le marché boursier, en octobre 2010, mais de manière partielle, puisque Statoil conservait une part majoritaire de l'entreprise. Sauf qu'en Bourse on peut facilement devenir une proie. « Ce n'était qu'une question de temps, dit Jacob Schram, et c'est arrivé plus vite qu'on le croyait. »

*　*　*

L'acquisition de SFR par Couche-Tard contribuerait à faire passer Alain Bouchard pour un devin. Ou pour un entêté. Plusieurs se rappelaient les prédictions qu'il avait faites tout juste avant l'arrivée de l'an 2000, avant même sa première incursion aux États-Unis. Au terme de l'assemblée annuelle des actionnaires de Couche-Tard, à l'automne 1999, il avait déclaré à un journaliste de l'agence Presse canadienne : « D'ici 10 ans, on devrait avoir entre 2000 et 3000 magasins aux États-Unis. » C'était chose faite. Il avait ajouté que « d'ici 15 ans, c'est très probable qu'on ait 1500 ou 2000 magasins en Europe de l'Ouest », une prédiction folle qui en avait fait s'esclaffer plusieurs. Il se prenait décidément pour un autre, ce Bouchard. Pire, il était peut-être légèrement dérangé. Un empire mondial de dépanneurs, pensez-y !

Tandis qu'il rêvait de sortir Couche-Tard du continent nord-américain, Alain Bouchard anticipait que sa première percée européenne se produirait en France. Les Canadiens, en particulier les Québécois, y jouissent d'un grand capital de sympathie. Ces « cousins » oubliés par la France en terre d'Amérique pendant deux siècles ne s'étaient-ils pas portés à sa défense lors des deux grandes guerres du 20e siècle ? Quelle n'avait pas été la surprise de beaucoup de Français de découvrir, lors du débarquement de Normandie en juin 1944, ces troupes que l'on croyait britanniques – avec raison, puisque la nationalité canadienne n'existait pas encore à l'époque –, mais qui s'exprimaient tout de même en français, bien qu'avec un curieux accent semblant tout droit sorti du 17e siècle ! Depuis ces retrouvailles, un fort lien d'amitié s'était tissé entre la France et le Québec, d'abord par les échanges étudiants et culturels. Par la suite, les gouvernements et les gens d'affaires étaient entrés dans la danse. Alors, pourquoi pas Couche-Tard ?

L'incursion américaine de l'entreprise avait toutefois demandé beaucoup de temps et d'énergie. Les occasions d'acheter d'importants réseaux à bon prix avaient été rares, et plusieurs tentatives s'étaient soldées par des échecs, des concurrents parvenant à arracher le morceau en offrant davantage. Le développement aux États-Unis se poursuivait donc, mais à un rythme moins soutenu que Couche-Tard l'aurait souhaité. La direction se mit alors à chercher ailleurs et elle se tourna naturellement vers l'Asie, puisque Circle K s'y trouvait déjà avec des réseaux de licenciés comptant 4200 magasins. Le premier, situé à Hong Kong, s'appelait Circle K China. L'entreprise était cotée à la Bourse de Hong Kong et commençait à prendre de l'ampleur dans l'immense marché chinois. Cependant, le gouvernement de Beijing se porta à la défense des commerçants locaux en adoptant de nouvelles règles interdisant aux chaînes extérieures de vendre des cigarettes locales, les plus populaires. Ce commerce était réservé aux Chinois d'origine. Or, les associés de Circle K étaient bien des Chinois, mais de Hong Kong, territoire qui venait d'être annexé par la Chine. Visiblement, ses citoyens n'y jouissaient toujours pas d'un statut égal. Privés des revenus des cigarettes dont les Chinois sont de grands consommateurs, les magasins Circle K implantés en Chine durent repenser leur modèle d'affaires en s'orientant davantage vers la vente de produits frais. Cela «fonctionne bien, dit Alain Bouchard, mais le potentiel de développer des milliers de magasins est hypothéqué».

Circle K possédait un autre important réseau sous licence, en Indonésie. Il comptait plus de 500 magasins dans ce pays de plusieurs centaines de millions d'habitants et à l'économie dynamique. Encore là, le gouvernement vint bloquer l'expansion de Couche-Tard en adoptant une loi interdisant à des étrangers de prendre une position dominante dans le marché.

Au Japon, le concessionnaire Circle K est propriétaire de la marque pour son territoire, où l'on compte 3000 magasins. Sauf la visibilité, cela ne rapporte rien à la maison mère de Circle K ou à son propriétaire, Couche-Tard. Une division internationale de Circle K chapeaute quelques initiatives de diversification géographique au Vietnam, en Malaisie et, au Moyen-Orient, en Arabie saoudite, en Égypte et à Dubaï. D'autres projets sont en marche pour pénétrer de nouveaux marchés. Cependant, la tentative d'expansion en Chine a été une leçon sur le risque d'investir des sommes importantes dans un marché étranger pour ensuite voir les règles du jeu changer sous la pression des marchands locaux.

«Alors on s'est dit qu'on allait regarder en Europe», explique Alain Bouchard. Couche-Tard y avait déjà fait une première offre d'acquisition, au Royaume-Uni, qui n'avait pas été retenue. C'est en étudiant la composition du marché européen qu'Alain Bouchard découvrit l'existence de SFR active dans le nord du continent. L'entreprise avait lancé le processus d'inscription en Bourse lorsqu'il communiqua avec elle pour la première fois. La démarche était trop avancée, sans doute aussi trop politiquement délicate, pour que Statoil puisse renverser la vapeur et procéder à une vente de gré à gré, surtout à une entreprise étrangère. Couche-Tard avait donc tourné la page jusqu'à ce que, 18 mois plus tard, lors d'une négociation avec une grande pétrolière présente en Scandinavie, un banquier lui suggère de rappeler Statoil. SFR, disait-on, éprouvait quelques difficultés à prendre son envol maintenant qu'elle était sortie du nid de la maison mère. Elle devait effectuer un virage commercial, devenir un véritable détaillant. L'expertise de Couche-Tard pourrait lui être utile.

Soit, mais ses actions étaient maintenant inscrites en Bourse, donc sa valeur connue, et le montant était ahurissant.

* * *

Comme pour toutes les décisions importantes dans le passé, les fondateurs de Couche-Tard se retroussèrent les manches. « On s'est mis à voyager et à visiter des magasins, incognito, raconte Alain Bouchard. On a visité des centaines de magasins avant de déposer notre offre. » Ce n'est écrit nulle part, mais cela fait partie de leur contrat moral : aucun projet d'envergure ne peut être entrepris sans l'accord unanime des quatre fondateurs de Couche-Tard. « Il fallait que je les convainque, dit-il, car tous nos avoirs sont dans cette entreprise. » Ces avoirs étaient considérables. Les quatre hommes possédaient par leurs placements dans Couche-Tard plus d'argent qu'ils ne pourraient jamais en dépenser pendant le reste de leur existence. Or, cette acquisition avait le potentiel de faire couler l'entreprise si elle s'avérait non rentable. Ils jouaient gros. Ils jouaient le travail de toute une vie. Ils n'avaient pas droit à l'erreur. Avant de courir ce risque, ils devaient avoir la certitude qu'ils le feraient pour les bonnes raisons. « Tu ne peux pas réaliser un investissement de 3,8 milliards $ sans avoir la conviction que tu peux améliorer les choses et ajouter de la valeur », dit Alain Bouchard.

De fait, l'inspection des magasins et des livres de Statoil leur avait permis de découvrir ce qui n'allait pas dans l'entreprise. Afin de maintenir ses profits pour satisfaire les investisseurs, SFR avait décidé d'augmenter les prix des articles vendus dans ses magasins. Au même moment, les gouvernements des pays scandinaves modifiaient les règles sur les heures d'affaires des épiceries, leur permettant de demeurer ouvertes plus tard le soir. La combinaison de ces deux facteurs représentait un défi semblable à celui qu'avait dû relever Couche-Tard au Québec à la fin des années 1980. Le résultat était prévisible : les clients de SFR allaient voir ailleurs, l'élastique de l'offre et de la demande menaçait de lui revenir en plein visage. « Nous avons continué quand même, dit Alain Bouchard, parce qu'on voyait le potentiel. Nous étions confiants de pouvoir transformer ce réseau-là. »

En janvier 2012, Jacob Schram se rendait à une réunion du conseil d'administration où l'on devait discuter de la taille du dividende qui serait versé aux actionnaires de SFR, lorsque le président du CA lui annonça la nouvelle qu'il redoutait : « Une entreprise nous a approchés et elle veut nous acheter. Nous devons lancer le processus. » Jacob Schram était dévasté. Cela faisait à peine plus d'un an que SFR avait découvert le goût de la liberté. « Nous venions tout juste de nous libérer de notre mère pour vivre notre vie de jeune adulte», dit-il. Cela lui rappelait le moment où il avait quitté le foyer familial à 20 ans pour se retrouver dans un petit appartement vide, mais rempli d'espoirs et de projets. Les premiers mois de la vie adulte de SFR avaient été occupés à planifier le virage commercial de l'entreprise et à déceler des occasions d'acquisition. «On cherchait les petits poissons, dit Jacob Schram, mais nous avions oublié de regarder derrière nous où il y avait un plus gros poisson, un Pac-Man prêt à nous manger.»

L'équipe de direction fut convoquée de toute urgence pour rencontrer les acquéreurs potentiels qui, au surplus, avaient eu la mauvaise idée de se manifester en pleine semaine de congé hivernal. Ainsi, Jørn Madsen, le directeur de la division est-européenne, dut mettre fin précipitamment à un séjour en Thaïlande pour rentrer à Oslo et faire une présentation aux gens de Couche-Tard. Cela n'avait rien pour les lui rendre plus sympathiques, déjà qu'il ressentait une cruelle déception à l'idée de voir SFR passer aux mains d'une autre entreprise. Il avait consacré toute sa vie à bâtir cette société, d'abord comme étudiant en travaillant dans une station-service, puis dans la division commerciale où il avait gravi les échelons un par un. Il était de ceux qui s'étaient rendus ouvrir le premier magasin de Statoil dans les pays baltes, en 1992. Vingt ans plus tard, maintenant directeur de la division de l'Europe centrale et de l'Est, il avait 10 heures de vol pour se préparer à livrer le résultat de ces efforts à des étrangers. «Nous avions des plans pour trouver de nouveaux marchés», dit-il, et soudainement, c'était comme si tout s'arrêtait. «C'était une énorme surprise, un choc qu'on n'avait pas vu venir.»

Hans-Olav Høidahl, lui, dut rentrer de moins loin. Responsable de la division scandinave de SFR, il prenait une semaine de congé dans un chalet en Norvège lorsqu'on lui ordonna de se rendre dans un bureau d'avocats d'Oslo pour rencontrer en secret l'équipe de direction de Couche-Tard. Il devait cacher sa déception, car il savait que l'opération ne visait pas seulement à comprendre le fonctionnement de l'entreprise, mais aussi à évaluer son équipe de direction. En somme, il passait une entrevue d'embauche. Inversement, c'était sa première occasion de jauger les éventuels acquéreurs. Aurait-il envie de travailler avec ces gens venus du Canada? Ils étaient tous là, Alain Bouchard, Richard Fortin et Réal Plourde, accompagnés de Brian Hannasch et de Raymond Paré, le nouveau chef de la direction des finances. Visiblement, il ne s'agissait pas de novices en matière d'acquisitions. Ils maîtrisaient les codes de cet étrange tango où les deux partenaires, l'un chasseur, l'autre proie, doivent apprendre à synchroniser leurs intérêts personnels.

La première impression fut bien meilleure que ne l'avait anticipé Hans-Olav Høidahl. « Ils ont créé une atmosphère respectueuse et amicale, se rappelle-t-il. On voyait qu'ils connaissaient leur domaine. Ça a été un bon départ pour la suite. »

Le grand patron de SFR, Jacob Schram, eut le même sentiment, mélange de déception et de résignation. « Nous n'étions pas heureux au début, mais en apprenant à connaître les gens de Couche-Tard, on s'est dit que c'était la meilleure chose qui pouvait nous arriver. » L'acheteur aurait pu être une autre société pétrolière ou, pire encore, un fonds d'investissement à la recherche de rendement à court terme. « Au moins, avec Couche-Tard, dit-il, nous nous retrouvions avec une entreprise dont la spécialité était aussi la nôtre, et qui avait du succès. »

* * *

L'offre amicale présentée le 18 avril 2012 avait été négociée avec la direction de Statoil qui acceptait de se départir de sa position de contrôle dans SFR, soit 54 % des actions de l'entre-prise. Toutefois, Couche-Tard ne souhaitait pas acheter qu'un simple bloc d'actions, fût-il majoritaire. L'opération visait à avaler toute la société et à l'intégrer dans son écurie. Or, selon les lois norvégiennes, il faut obtenir l'appui de 90 % des actionnaires pour dissoudre une entreprise cotée en Bourse et la privatiser. L'offre se devait donc d'être alléchante. À 51,20 couronnes norvégiennes (NOK)[41], elle représentait une prime considérable de plus de 50 % sur le dernier cours du titre à la Bourse d'Oslo. Un cours, faut-il le mentionner, qui avait beaucoup reculé durant l'année précédente, car SFR n'avait pas réussi à livrer les résultats attendus par les actionnaires.

Ceux de Couche-Tard, en tout cas, ont adoré. Dès l'annonce de la proposition d'achat, leurs actions ont bondi de 15 %, atteignant un sommet de 39,60 $CAN. En une seule journée, la capitalisation boursière de Couche-Tard venait de gagner plus de un milliard de dollars.

L'enthousiasme n'était pas aussi grand de l'autre côté de l'Atlantique, où les actionnaires norvégiens avaient jusqu'au 21 mai pour se prononcer, après quoi l'offre d'achat expirerait. Le compte n'y étant pas, Couche-Tard dut la prolonger à trois reprises, au 29 mai, puis au 8 juin et finalement au 20 juin. Chaque fois, le prix était maintenu malgré l'importante baisse générale des cours boursiers sur les parquets européens et mondiaux depuis la proposition initiale, le 18 avril. À Oslo, la chute de l'indice avait dépassé les 8 % en l'espace d'à peine deux mois. La veille de l'expiration du dernier délai, Couche-Tard s'inquiéta publiquement, par voie de communiqué, de ne pouvoir atteindre la cible requise des 90 %. Jusque-là, 81,2 %

---

41. L'équivalent de 9,50 $US.

des actions lui avaient été cédées, les autres actionnaires espérant sans doute une bonification de l'offre à la dernière minute.
Couche-Tard annonça qu'il n'en était pas question, que sa proposition restait telle quelle et qu'en cas d'échec, elle pourrait
même être abandonnée. C'était à prendre ou à laisser. Le lendemain, Couche-Tard disposait de 96 % des actions, ce qui lui
permit de forcer les autres actionnaires à lui céder leurs actions.
Il fallait maintenant en payer le prix, 3,8 milliards $US.

Cela s'avéra plus difficile que prévu.

La Banque Nationale, alliée indéfectible de Couche-Tard,
ne pouvait à elle seule financer cette opération. L'entreprise
avait obtenu l'appui du plus important bassin de capitaux québécois, la Caisse de dépôt et placement du Québec, qui acceptait d'investir entre 860 millions et un milliard dans la
transaction. Le reste allait provenir de banques internatio-
nales, Mitsubishi du Japon, HSBC de Londres, Crédit agricole
de France. Les choses se présentaient bien jusqu'à ce que, deux
semaines avant le dépôt de l'offre, la Caisse exige des conditions que les autres institutions n'avaient pas demandées.
Couche-Tard ne pouvait accepter. La Caisse menaça alors de se
retirer du financement, espérant forcer le jeu. Sa part du gâteau
était tellement énorme et il restait si peu de temps pour trouver un autre milliard qu'elle mettait en quelque sorte un fusil
sur la tempe de Couche-Tard. « Ils ont bluffé », dit Alain
Bouchard. Mais la roulette russe est un jeu qui se joue à deux.
« J'ai dit à mon chef des finances, Raymond Paré : "Es-tu
capable de trouver cet argent ?" Il était tellement fâché qu'il
m'a dit : "Je vais le faire, Alain", et on l'a fait. » La répartition
des allocations aux banques s'était bien déroulée, au point
d'avoir attiré 200 millions $US de plus que prévu. Il ne restait
donc à trouver « que » 800 millions. Une banque hollandaise,
Rabobank, spécialisée dans les domaines de l'agriculture, de

l'alimentation et de la distribution, s'est jointe au groupe financier, et HSBC en a rajouté pour sauver la transaction qui promettait de lui rapporter beaucoup en frais d'émission des obligations. De justesse, Couche-Tard y arriva sans la Caisse. Le bluff n'avait pas fonctionné.

* * *

Aux 53 000 employés de Couche-Tard en Amérique du Nord, l'achat de SFR en ajoutait 18 500. En bonne partie syndiqués! Avant de présenter son offre d'achat, Alain Bouchard avait tenu à rencontrer personnellement les représentants syndicaux en compagnie de Brian Hannasch, le chef des opérations de Couche-Tard. Cathrine Jørgensen, déléguée syndicale depuis 2009, était du groupe. «C'était terrifiant et excitant en même temps», se rappelle-t-elle. À prime abord, la direction de Couche-Tard a tenu à se faire rassurante. «Ils nous ont dit que les affaires continueraient à être dirigées à partir de la Norvège et que peu de choses changeraient.» Le plan de réduction d'emplois et de rationalisation des opérations lancé par SFR en 2009 allait se poursuivre jusqu'à la fin de 2015[42], mais tout juste le temps de permettre à l'entreprise de rebondir. «Ils nous ont vendu l'idée en nous disant que SFR serait la tête de pont pour une expansion en Europe, dit-elle. Ça nous a donné de l'énergie positive, on pouvait commencer à penser à la croissance, c'était bon pour le moral.»

Surtout, c'est l'histoire de Couche-Tard qui rassurait le syndicat. L'entreprise n'était pas un spéculateur à la recherche d'un coup d'argent rapide. «On leur a dit, se rappelle Alain Bouchard, que s'ils avaient un mal à choisir, ils étaient mieux

---

42. Ce plan prévoyait la disparition de 500 emplois, principalement dans l'administration de l'entreprise.

avec nous qu'avec n'importe qui d'autre dans le monde.» Le fait que Couche-Tard porte le drapeau du Canada, une puissance moyenne sans passé colonial et jouissant d'une bonne réputation internationale, a fait le reste.

Jamais, au cours de cette rencontre, Alain Bouchard ne se montra réfractaire à la présence du syndicat. Jamais il ne fit référence à la bataille qui l'opposait au même moment à la CSN au Québec. La représentante des employés de SFR semblait même plutôt ravie au terme de cette réunion avec celui qu'elle qualifie de «gentil comme un bon grand-père».

Après le dépôt de l'offre d'achat, lorsque le projet d'acquisition devint public, les dirigeants de la CSN se manifestèrent. Ils organisèrent une conférence téléphonique avec le syndicat des employés de SFR pour le mettre en garde contre un employeur qu'ils jugeaient de mauvaise foi. Sans doute souhaitaient-ils aussi jauger les appuis qu'ils pourraient obtenir des travailleurs européens en solidarité envers leur cause au Québec. La CSN envoya d'ailleurs aux dirigeants du syndicat de SFR de la documentation écrite sur le conflit qui l'opposait à Couche-Tard, mais cela eut peu d'écho. «On fait les choses différemment ici, dit Cathrine Jørgensen, car les lois protègent les syndicats.»

La société norvégienne, l'une des plus égalitaires du monde, fonctionne en effet sur un mode de dialogue continuel entre le patronat, le gouvernement et les syndicats. Les grandes décisions économiques se prennent à trois, en partenariat. Cette relation de collaboration se vit aussi à l'intérieur de l'entreprise où les syndicats sont impliqués dans les projets dès leur phase de conception. «Ils font des suggestions parfois excellentes, dit Jacob Schram. En bout de ligne, c'est la direction qui décide, mais en ayant pris en considération les commentaires des syndicats. Alain le savait et il respecte ça.»

Ces consultations, ici considérées comme allant de soi, exigent une bonne dose de patience. Pour établir une relation de confiance, il faut en effet prendre le temps d'expliquer et d'écouter. Ce fut un difficile apprentissage pour Alain Bouchard, reconnaît Jacob Schram. « Ça fait partie de ses frustrations. Il se demande souvent pourquoi tout prend autant de temps en Europe. »

« Je n'ai pas bien dormi pendant les premiers 18 mois suivant l'acquisition », reconnaît Alain Bouchard. Et ce n'est pas le décalage horaire entre le Québec et la Norvège qui en était la principale raison, mais plutôt le décalage culturel. Son équipe et lui avaient identifié les problèmes qu'il fallait résoudre pour relancer les magasins SFR et ils s'attendaient à ce que les solutions viennent vite. « En Amérique, dit-il, nous avons un sens aigu de l'urgence. » En Europe, et particulièrement dans les pays scandinaves, on analyse beaucoup avant de passer à l'action, au point où ça le rendait fou. « Quarante-six versions pour un mémo, c'est trop pour moi ! »

Le premier test de la cohabitation des deux approches survint très tôt et il eut une grande valeur symbolique, car il portait sur la décision de construire le nouveau siège social de l'entreprise à Oslo. Maintenant vendue, SFR ne pouvait plus rester sous les jupes de la maison mère, Statoil. Mais où aller ? Pour Alain Bouchard, l'affaire était entendue. Le prix des terrains au centre-ville d'Oslo était tellement prohibitif qu'il fallait se déplacer en périphérie. Après tout, c'est bien ce qu'avait fait Couche-Tard depuis le début en s'installant dans un boisé à Laval. Mais le personnel et la direction de SFR le voyaient d'un autre œil. La ville d'Oslo est un modèle en matière de transport en commun avec ses trains, métro, tramways et autobus. Cette magnifique cité portuaire aménagée bien avant l'arrivée de l'automobile est une ville à échelle humaine, remplie de parcs et de places publiques, ce qui favorise la marche et le vélo. L'idée d'en sortir les bureaux de SFR pour les installer en banlieue rencontrait une résistance générale des employés, car cela aurait un impact considérable sur leur qualité de vie, et sans doute forcé plusieurs d'entre eux à opter pour l'automobile.

La direction de SFR proposa alors un compromis. L'entreprise était propriétaire d'une station-service située à proximité de la gare ferroviaire, un secteur en plein boum immobilier où les grandes sociétés se bousculent pour construire des édifices à bureaux qui semblent tous engagés dans une compétition d'audace architecturale. À lui seul, le terrain de la station-service était évalué à 30 millions $US. En échange de ce lot, un promoteur immobilier était prêt à y construire à ses frais un nouvel immeuble dont SFR serait le locataire principal pendant 12 ans à prix réduit. Cette option offrait aussi un avantage sentimental : le siège principal de l'entreprise serait ainsi érigé sur le site de la première station-service établie en Norvège en 1923. L'endroit constituerait un lien entre le passé et l'avenir de la société.

Cependant, Alain Bouchard s'y opposa dès le départ. Il fallut l'intervention de Brian Hannasch pour qu'il accepte seulement d'assister à la présentation formelle du projet jusqu'à la fin. Par la suite, il finit par y consentir. Il était le patron, mais il savait aussi écouter. Cela fut un signal important pour la direction de la nouvelle division européenne de l'entreprise, un premier test de l'autonomie qu'on leur avait promise en leur vantant les mérites du système décentralisé en vigueur chez Couche-Tard.

Après trois ans de travaux, le nouvel édifice ouvrit ses portes à l'été 2015. De style plus classique que les tours à bureaux souvent extravagantes du quartier de la gare, il n'en demeure pas moins moderne avec son immense atrium et ses grands espaces de travail ouverts où même le patron, Jacob Schram, ne dispose pas d'un bureau fermé.

* * *

Brian Hannasch, alors l'un des plus hauts dirigeants de Couche-Tard aux États-Unis, a lui aussi trouvé difficile de s'adapter aux manières de faire européennes. « Je crois que les Nord-Américains irritent souvent les gens des autres sociétés, mais l'inverse est aussi vrai », dit-il. Le modèle de Couche-Tard, fondé sur une culture entrepreneuriale d'inspiration américaine, était confronté pour la première fois à une autre conception organisationnelle. « Ici, nous visons et tirons en même temps, explique Brian Hannasch en utilisant la métaphore typiquement étatsunienne du révolver, alors que les Européens ont tendance à planifier et à vérifier avant d'agir. Mais quand ils le font, ils visent juste. » Le mariage des deux modèles allait exiger plus d'efforts qu'il ne l'avait cru.

Dès la conclusion de l'acquisition de SFR, on organisa une conférence téléphonique entre les hauts dirigeants européens et les vice-présidents responsables de la dizaine de divisions de l'entreprise au Canada et aux États-Unis. C'était l'occasion d'échanger sur les pratiques de Couche-Tard, son mode de fonctionnement, la culture de l'organisation, sa structure de gouvernance. « Je me suis dit : "Jésus-Christ, c'est quoi, cette compagnie ?", se rappelle Jørn Madsen. Certains parlaient avec un accent tellement fort que j'avais l'impression qu'ils devaient avoir un chapeau de cowboy sur la tête ! »

Au-delà des niveaux d'anglais, il y avait surtout le degré de discipline des opérations dans lequel les écarts étaient importants. « Ils s'en allaient dans le mur lorsqu'on les a achetés », lance crûment Alain Bouchard. Des vents contraires soufflaient en effet sur le modèle d'affaires de l'entreprise en Scandinavie. Inspirés par les pratiques en vigueur en Amérique du Nord, le Danemark et la Suède venaient d'allonger les heures d'ouverture des épiceries, et la Norvège s'apprêtait à faire de même. Voyant les ventes diminuer de 2 à 3 % par année, les dirigeants de SFR avaient augmenté les prix dans l'espoir de maintenir le chiffre d'affaires. «Non seulement le client peut aller dans un plus grand commerce où il a plus de choix et où ça lui coûte moins cher, mais vous allez lui vendre les produits encore plus cher?» s'étonna Alain Bouchard. «On le sait, Alain, que ça ne marche pas, lui répondit Jacob Schram. Nous devons trouver la solution ensemble.»

La recette Couche-Tard allait permettre d'y voir clair. Il fallait d'abord munir tous les magasins de lecteurs optiques reliés à un système informatique centralisé et à un logiciel de gestion intégrée permettant d'analyser en temps réel l'évolution des ventes secteur par secteur et de mieux planifier les approvisionnements. Il fallait aussi revoir les contrats avec les fournisseurs pour obtenir des prix plus compétitifs et adopter des stratégies de marchandisage plus dynamiques. Enfin, SFR devait effectuer au plus vite un virage commercial en revoyant l'aménagement de ses magasins. Certains d'entre eux, estimait Alain Bouchard, ressemblaient à des «pistes de danse», tellement l'espace central était vide, comme si on ne savait pas trop quoi y vendre. «On leur demandait: "Êtes-vous vraiment en affaires? À quoi il vous sert, votre magasin?"»

L'équipe de Couche-Tard passa donc beaucoup de temps, avec le patron de SFR Jacob Schram, à visiter des magasins Circle K aux États-Unis, à discuter des mérites de leur conception, du positionnement stratégique des produits, de l'affichage intérieur, des promotions, du service à la caisse. À son retour en Norvège, Schram réunit ses collaborateurs et leur dit: «Vous savez quoi? Nous avons beaucoup à apprendre d'eux.» Et cela devait se faire rapidement. Une quarantaine de cadres et d'employés de SFR prirent donc la direction de l'Arizona avec le mandat d'étudier en quelques semaines un maximum de magasins du groupe et de s'en inspirer pour insuffler un vent de renouveau à leurs commerces en Europe. Un mois après leur retour à Oslo, le plan de transformation des magasins européens était prêt et, au grand étonnement d'Alain Bouchard qui s'impatiente souvent devant la lenteur du processus décisionnel chez SFR, «ils ont été capables de le réaliser beaucoup plus rapidement qu'on n'aurait jamais pu le faire en Amérique».

Les commerces ont gagné en luminosité et en couleurs. Des écrans omniprésents font la promotion des produits en solde, allant des paquets de gomme à mâcher offerts à deux pour le prix d'un – un concept peu courant en Europe – jusqu'aux contenants de savon à lessive cédés à la moitié du prix courant. On a aussi ajouté, près des caisses, un comptoir à hot dogs prêts à servir, plus petits que ceux traditionnellement vendus en Scandinavie, mais coûtant trois fois moins cher. Tout à coup, les magasins de SFR se sont mis à en écouler en moyenne 200 par jour chacun.

Inversement, la direction de Couche-Tard demanda à ses divisions américaines de prendre exemple sur l'offre alimentaire des magasins de SFR, «très supérieure à ce qu'on a en Amérique», dit Alain Bouchard, en particulier en ce qui concerne le prêt-à-manger – sandwiches et salades – et le café. Aux États-Unis, explique Brian Hannasch, l'entreprise avait misé sur le concept du libre-service alimentaire. «SFR bouscule ce paradigme, dit-il, en nous forçant à repenser notre approche dans le but d'offrir à nos clients des produits alimentaires de qualité supérieure.»

«Ce que j'aime beaucoup de Couche-Tard, dit Jacob Schram, c'est que lorsqu'ils achètent une entreprise, ils ont les oreilles plus grandes que la bouche. » On lui avait vanté les mérites de la structure décentralisée qui accorde une grande autonomie aux différentes divisions de Couche-Tard. Au début, il s'était dit qu'il s'agissait d'un simple slogan pour leur dorer la pilule. Alain Bouchard et Brian Hannasch lui avaient aussi confié que jamais, jusqu'alors, Couche-Tard n'avait acheté une entreprise aussi professionnelle que SFR. « J'ai cru que c'était pour être poli, mais j'ai ensuite réalisé qu'ils le croyaient vraiment. » La démonstration la plus claire de cette confiance, celle à laquelle Jacob Schram ne s'attendait absolument pas, c'est qu'après avoir investi 3,8 milliards pour acquérir SFR, une somme colossale, Couche-Tard n'a jamais essayé d'imposer la présence d'un de ses hommes de confiance dans l'équipe de direction en Europe. « Pas une seule personne ! » dit-il.

Au terme de cette acquisition, il n'y aurait pas de vaincus, pas de subordonnés, que des partenaires et, bientôt, des membres d'une grande famille.

*   *   *

La recette Couche-Tard prouva une fois de plus son efficacité. Système de contrôle interne rigoureux, mise en marché plus dynamique, virage résolument commercial, une fois toutes ces mesures mises en place, les divisions européennes de Couche-Tard se mirent à livrer de solides performances. Après plusieurs trimestres à la baisse, elles virent la courbe de leurs ventes s'inverser vers le haut. « Chaque trimestre a été positif depuis », affirme fièrement Jacob Schram. Un an après l'acquisition, les résultats du premier trimestre de 2014[43] donnaient la mesure du potentiel de rendement de SFR en affichant une

---

43. Premier trimestre de 2014 (Q1), soit les mois de mai, juin et juillet 2013.

augmentation des ventes de carburant 50 % plus robuste qu'aux États-Unis et une marge de profit sur chaque litre deux fois plus élevée qu'au Canada. La vente de marchandises en magasin avait crû trois fois plus rapidement que dans les dépanneurs canadiens, ce qui permit de dégager une marge brute supérieure à celle réalisée au Canada et aux États-Unis. Au total, le bénéfice net du premier trimestre de 2014 pour l'ensemble du groupe Couche-Tard atteignait 255 millions $US, en hausse de 21 %, permettant d'anticiper des profits annuels qui atteindraient pour la première fois la barre du milliard de dollars.

« L'entreprise est gérée différemment », constate la représentante syndicale Cathrine Jørgensen. Il y a davantage de contrôles et de procédures à respecter. D'une part, les négociations annuelles pour déterminer les augmentations de salaires – ces négociations se mènent pays par pays – sont, dit-elle, plus difficiles qu'avant, ce qu'elle attribue aux signaux provenant de la haute direction de Couche-Tard et à sa réputation d'économe rigoureux. Par contre, le syndicat se réjouit de constater que les promesses de réinvestissement dans les magasins ont été tenues et que les représentants des employés ont été impliqués dès le début dans leur planification, respectant ainsi la manière de faire les choses dans la région. Au final, elle estime que les changements survenus depuis l'acquisition par Couche-Tard furent moins importants qu'anticipé. Si tous les employés n'apprécient pas ce qui est perçu comme une américanisation des magasins, ils constatent que l'influence n'a pas été à sens unique et que les dépanneurs nord-américains de Couche-Tard ont aussi appris de leurs cousins européens. Le syndicat se réjouit surtout du sentiment de sécurité qui s'est installé depuis l'acquisition de SFR. « C'est positif d'être la propriété d'une très grosse entreprise », dit Cathrine Jørgensen, car cela offre aux employés des perspectives de développement professionnel inespérées auparavant, par exemple la possibilité d'aller travailler pendant quelques années aux États-Unis. L'expansion territoriale en Europe que poursuit activement la direction est aussi une source de fierté, et un défi stimulant auquel adhère le syndicat. Son seul véritable regret tient à la décision de Couche-Tard de se départir de plusieurs secteurs d'activité reliés aux hydrocarbures, comme la fabrication de lubrifiants, la liquéfaction du gaz et la distribution de kérosène dans les aéroports. Le syndicat, dont une grande partie des dirigeants proviennent du secteur pétrolier, craint que la prochaine victime de la rationalisation ne soit la division de l'huile à chauffage, un domaine menacé depuis des années au sein de l'entreprise.

Les employés le sentent bien, ce sont les magasins qui constituent la priorité des nouveaux propriétaires, bien que près des trois quarts des profits de SFR proviennent des hydrocarbures. Les visites régulières de la direction de Couche-Tard en Europe ont renforcé ce message. À chaque occasion, Alain Bouchard insistait pour ne passer qu'à peine quelques heures dans les bureaux à rencontrer les membres de la direction. Il souhaitait par-dessus tout se rendre dans les magasins, prendre le pouls des gérants et des employés pour mesurer l'efficacité des stratégies de mise en marché, des nouveaux produits ou des derniers aménagements. C'est à leur contact qu'il mesurait les progrès accomplis et les défis qu'il restait à relever. Comme il l'avait fait plusieurs fois aux États-Unis, Alain Bouchard créa l'étonnement en abandonnant la voiture confortable des membres de la haute direction qui l'accompagnaient pour sauter dans celle d'un gérant qu'il trouvait sympathique, le temps de compléter sa tournée.

« Ce genre d'attention crée une culture de respect qui est très motivante pour les employés », croit Hans-Olav Høidahl, le vice-président responsable du territoire scandinave de l'entreprise. Il estime que cela est surtout une grande leçon, et une inspiration pour tous les dirigeants.

CHAPITRE 21

« Maîtres chez nous »

«Notre avenir, c'est d'être maîtres chez nous », lance Alain Bouchard, reprenant l'expression emblématique de Jean Lesage, slogan ayant lancé en 1962 la Révolution tranquille au Québec. À l'époque, il s'agissait d'un cri de ralliement de la majorité francophone pour reconquérir ses principaux leviers de développement, à commencer par les immenses ressources hydroélectriques dont regorge la province. Un demi-siècle plus tard, l'expression autonomiste prend un tout autre sens lorsque Alain Bouchard l'applique à Couche-Tard. Elle traduit un désir d'affranchissement commercial, car il estime que l'entreprise ne jouit pas du respect auquel elle serait en droit de s'attendre de ses fournisseurs étant donné sa taille, son dynamisme et ses ambitions. « Ils nous traitent comme leur vache à lait », dit-il d'un ton excédé. La structure de prix des grands groupes alimentaires favorise en effet la grande distribution pour les Costco ou Walmart de ce monde, et, à l'autre bout du spectre, les commerces bas de gamme, connus en Amérique du Nord comme les « magasins à un dollar ». Suivent, dans leur hiérarchie de priorités, les supermarchés et épiciers, puis les dépanneurs, considérés comme le maillon le plus faible de la chaîne, à qui on facture les prix les plus élevés. « Parfois, s'insurge Alain Bouchard, certains commerces arrivent à vendre des produits moins cher que mon prix coûtant. » Voilà pourquoi Couche-Tard rêve de liberté. Il aspire à posséder ses propres marques, qui lui permettraient de concurrencer les grands conglomérats alimentaires et de créer des concepts de repas qui lui soient uniques, plutôt que de se faire le relais des bannières mondiales existantes. En somme, il entend rivaliser à la fois avec Coke, Starbucks, McDonald, Nestlé et Red Bull. Rien que ça !

* * *

Après le succès commercial de la Sloche dans ses dépanneurs québécois et canadiens, Couche-Tard a multiplié les tentatives de créer ses produits maison. Certains ont eu plus de succès que d'autres, par exemple la boisson énergisante Jocker, dont le manque de notoriété a été compensé par son prix attrayant. Vendue deux fois moins cher que la compétition, elle permet néanmoins de dégager une marge bénéficiaire supérieure, ce qui donne une idée des profits réalisés par les grandes marques mondiales commercialisant ce genre de produits.

Aux États-Unis, les divisions de Couche-Tard servent déjà leurs propres versions de boissons gazeuses maison à saveur de cola ou de citron-limette, aux côtés des géants Coca-Cola et 7 Up. Sans appui publicitaire majeur, ces produits génériques ont peu de chances de se créer une clientèle de masse. Ils jouent cependant un rôle de substitution qui, au gré des dizaines de ventes quotidiennes dans chacun des milliers de magasins du groupe, permet de donner du pétillant aux marges bénéficiaires de l'entreprise. Ils constituent surtout un levier permettant à Couche-Tard de négocier des conditions plus favorables avec les grandes marques de boissons gazeuses. Dans le commerce comme en politique, c'est le rapport de force qui compte. « J'ai utilisé cela toute ma vie avec les grands fournisseurs qui ont tendance à imposer aux détaillants, surtout nous, les petites surfaces, leur pensée magique», explique Alain Bouchard. «Ils arrivent avec leur cahier, dit-il, et ils nous lancent: "Voici la tendance du moment, voici ce que tu dois faire"», un comportement contre lequel il affirme s'être battu depuis les années 1990, dès que Couche-Tard a compté plus de 200 dépanneurs. Il a dès lors tenté de renverser l'équation en disant à ses fournisseurs: «Voici ce qu'on veut, nous.» Mais le rapport de force demeurait bien faible et, à certains égards, il l'est toujours, puisque la plupart de ces grands fournisseurs travaillent par secteur géographique. Couche-Tard ne négocie donc pas avec le siège social de Coke à Atlanta au nom de ses milliers de dépanneurs dans le monde. Chaque division géographique le fait avec les usines d'embouteillage locales, ce qui empêche l'entreprise de bénéficier de son véritable pouvoir d'achat global. Sa capacité d'obtenir de meilleurs prix s'en trouve amoindrie.

«C'est la raison pour laquelle nous nous dirigeons vers les marques privées, dit Alain Bouchard. Nous n'avons pas eu le choix.» Couche-Tard a donc constitué une brigade chargée de concevoir ses propres marques, mettant à contribution les unités tant nord-américaines qu'européennes du groupe, de manière à maximiser leur distribution. Certains produits pour lesquels la loyauté à une étiquette a peu d'importance sont faciles à substituer, par exemple les croustilles ou les noix en sachet. D'autres demandent plus de savoir-faire, mais Couche-Tard s'y investit avec sérieux, car l'enjeu est de taille. Il s'agit d'un pari stratégique à long terme.

«Dans quelques années, prédit Alain Bouchard, lorsque les clients se seront habitués à nos produits, nous pourrons réduire le nombre de marques nationales de nos magasins.» Les dépanneurs de la famille Couche-Tard ne seront alors plus de simples canaux de distribution, mais plutôt les navires amiraux d'une gamme de produits conçus par et pour eux. De la même manière, ils aspirent à devenir de plus en plus un commerce de destination pour la restauration rapide.

« L'avenir est dans le prêt-à-manger », affirme Jacques d'Amours. D'où l'avantage pour Couche-Tard de s'être porté acquéreur de SFR car, dit-il, « on apprend beaucoup d'eux ». L'offre alimentaire y est en effet supérieure à celle que l'on trouve dans les magasins nord-américains du groupe. Des raisons historiques expliquent cette différence, l'Europe ayant longtemps échappé au déferlement de chaînes de restauration rapide qu'a connu l'Amérique du Nord à partir des années 1960. Le prêt-à-manger s'y est donc développé de manière plus organique et avec un plus grand respect des habitudes alimentaires locales, allant jusqu'à représenter le tiers du total des ventes en magasin de SFR.

Après l'essence, « la nourriture est aussi, et de très loin, la catégorie la plus profitable de nos opérations en Europe », ajoute Brian Hannasch, pour qui le défi de Couche-Tard est de reproduire ce modèle en territoire américain. Déjà, plusieurs milliers de magasins de la chaîne préparent de la nourriture sur place : dans le sud des États-Unis, des tacos et des burritos ; dans le nord, des sandwiches et des hot dogs ; plusieurs centaines de dépanneurs offrent des salades et des pâtisseries. Il n'y a pas de recette unique, chaque division étant encouragée à s'adapter aux préférences de la clientèle locale. Toutefois, l'un des fers de lance de la stratégie alimentaire de Couche-Tard tient à un concept que la direction souhaite implanter dans l'ensemble de son réseau. Il repose sur une machine de fabrication suisse entièrement automatisée, simple d'utilisation et capable d'offrir un café de haute qualité sous différentes formes, expresso, latte, cappuccino, digne de ceux des meilleurs restaurants. La direction de Couche-Tard croit pouvoir ainsi rivaliser avec la chaîne Starbucks, qui a popularisé chez les Américains le goût du café européen. D'autant plus que malgré son succès phénoménal, Starbucks n'est pas sans failles. Ses clients doivent s'armer de patience dans les longues files d'attente, chaque café étant préparé individuellement par un employé, un *barrista*. Les prix sont à l'avenant, ridiculement élevés. La proposition de Couche-Tard, un café haut de gamme provenant d'une machine actionnée par le client lui-même, permet de l'obtenir plus rapidement et à une fraction du prix, dynamisant du même coup les ventes connexes d'aliments prêts à manger.

C'est à Helle Kirs-Toiger, ancienne dirigeante de SFR en Estonie, que Couche-Tard a confié la responsabilité d'étendre cette proposition à l'ensemble de ses magasins. Installée depuis 2014 en Caroline du Nord, elle supervise le déploiement américain de ces machines à café qui ont fait un malheur dans les pays baltes. En Lituanie, dit Alain Bouchard, « chacun de nos commerces vend en moyenne 330 de ces cafés par jour ». Cela représente 10 000 cafés par mois par magasin, de quoi générer des revenus considérables.

Couche-Tard compte donc sur cette stratégie pour renverser la tendance amorcée en 2010, quand l'entreprise a commencé à perdre des parts de marché dans la vente de café au profit de McDonald, Starbucks et Tim Hortons. « On a mis du temps à réagir », admet Alain Bouchard. C'est au moment de l'acquisition de SFR, en 2012, que les dirigeants de Couche-Tard sont tombés sous le charme. « Quand on a vu cette machine en Europe, on a su qu'on avait trouvé la solution. »

Une autre offensive misant sur les bas prix s'avère payante pour Couche-Tard, celle de l'offre de boissons gazeuses en fontaine à prix unique, peu importe le format. Commercialisé sous le nom de Polar Pop, ce concept repose sur une immense distributrice offrant plus d'une dizaine de saveurs de boissons gazeuses à un prix incroyablement bas – sous la barre du dollar – quelle que soit la taille du gobelet utilisé. Ce produit remplace une autre formule appelée Thirstbuster, offrant des boissons en fontaine à un prix plus élevé et qui variait selon la quantité servie. Bien que la stratégie commerciale puisse sembler suicidaire – augmenter les quantités et réduire les prix –, l'implantation du nouveau concept dans les magasins de Floride a permis de quintupler le nombre de ventes. Au final, « c'est deux fois moins cher, mais deux fois plus rentable ! » lance Alain Bouchard. Sans compter que la formule attire un plus grand nombre de clients à l'intérieur du magasin, ce qui permet d'augmenter la vente des autres produits. Ou de différents services…

Disposant de milliers de commerces ouverts à toute heure du jour et répartis sur un vaste territoire, Couche-Tard se trouve en effet en bonne position pour élargir son offre au-delà de l'essence, des cigarettes et boissons, ou des produits alimentaires de base et du prêt-à-manger. Ses magasins sont ainsi devenus des refuges de prédilection pour les guichets bancaires automatisés, permettant aux institutions financières de multiplier à peu de frais leurs points de service au moment où elles amorçaient une réduction importante du nombre de leurs succursales traditionnelles.

Lors de sa première incursion aux États-Unis, Couche-Tard découvrit que la plupart des dépanneurs y possédaient leurs propres guichets automatiques privés, c'est-à-dire qu'ils n'étaient affiliés à aucune banque en particulier. Ces guichets se financent en exigeant des frais de transaction aux clients qu'ils « accommodent », puisqu'ils leur évitent de se rendre jusqu'à une succursale de leur institution bancaire. Les banques ont la même pratique entre elles. Plusieurs des commerces américains de Couche-Tard avaient trouvé un moyen supplémentaire d'en accroître la rentabilité, par l'adoption d'une procédure de renflouement circulaire. Plutôt que de payer une entreprise de transport de fonds pour recharger les guichets automatisés en billets de banque, les dépanneurs le faisaient eux-mêmes en recyclant l'argent de leurs tiroirs-caisses. Ils s'épargnaient ainsi d'avoir à aller déposer leurs recettes à la banque, créant ce qu'Alain Bouchard appelle un « cercle vertueux ». Autre avantage, la présence de ces guichets privés, ou simplement l'éventualité d'en installer dans ses dépanneurs, donna à Couche-Tard un levier supplémentaire au moment de négocier avec les banques les frais qu'elles doivent acquitter pour y utiliser un espace. La valeur stratégique de ces emplacements fut confirmée au milieu de l'été 2015, lorsque la Banque Manuvie[44] conclut avec Couche-Tard une entente prévoyant l'installation de 830 guichets automatiques dans ses dépanneurs canadiens.

---

44. La Banque Manuvie est une société apparentée à la Financière Manuvie, la plus grande compagnie d'assurances au Canada et la deuxième en importance en Amérique du Nord. La Banque Manuvie ne possède aucune succursale physique, offrant ses services en ligne, par l'intermédiaire de conseillers financiers indépendants, par téléphone et dans des guichets automatiques.

CHAPITRE 22

La succession

À une semaine de Noël, le 18 décembre 2014, Couche-Tard annonça la conclusion de la plus importante acquisition de son histoire en Amérique du Nord. Achetée au coût de 1,7 milliard $US, l'entreprise The Pantry possédait plus de 1500 magasins d'accommodation, principalement situés dans le sud-est des États-Unis et à proximité du golfe du Mexique, où ils étaient surtout connus sous la bannière Kangaroo Express. La transaction allait ajouter plus de 7 milliards $US au chiffre d'affaires de Couche-Tard et allonger de 15 000 la liste de ses employés.

Déjà très présent dans la région avec plus d'un millier de magasins Circle K, Couche-Tard consolidait ainsi sa position dans l'un des marchés les plus prometteurs du continent. Par contre, le kangourou de The Pantry était mal en point, victime d'une succession de mauvaises décisions d'affaires. Il lui fallait un intégrateur d'expérience – comme Couche-Tard – pour lui donner du rebond !

Cela faisait plus de sept ans que Couche-Tard avait un œil sur The Pantry. À l'été 2007, au moment où la concurrence entre les grandes pétrolières était particulièrement féroce, la chaîne fondée 40 ans plus tôt et dont le siège social se trouvait à Cary en Caroline du Nord s'était retrouvée en difficulté, devenant ainsi une cible potentielle d'acquisition. Couche-Tard trônait alors déjà en première place de l'industrie américaine de l'accommodation pour le nombre de magasins corporatifs, 2636 au total. The Pantry se trouvait en deuxième position avec ses 1640 magasins corporatifs, suivi de près par 7-Eleven, qui en détenait 1604[45]. « Nous avons alors essayé de l'acheter, mais sans succès », dit Jacques d'Amours. Et c'était peut-être aussi bien ainsi.

Au cours des années suivantes, les divisions de Couche-Tard dans le sud des États-Unis se sont développées en procédant à des acquisitions plus modestes, surtout en Floride et en Louisiane, et en investissant dans la mise à niveau de leurs magasins. Se sentant menacé et espérant repousser Couche-Tard, « The Pantry a dérapé en achetant tout ce qui bougeait à des prix impossibles », estime Alain Bouchard. Pire – à ses yeux –, l'entreprise était gérée par des spécialistes de la finance plutôt que par des experts de la vente au détail. La profitabilité n'étant pas au rendez-vous, The Pantry dut ensuite se résigner à fermer plusieurs centaines de magasins. En un mot, résume Alain Bouchard, c'était « brisé ».

Brisé, peut-être, mais l'acquisition de The Pantry offrait une incroyable occasion de synergie. Depuis l'achat de Circle K, 12 ans plus tôt, les possibilités de croissance s'étaient faites rares dans le pourtour du golfe du Mexique. Cette fois, d'un seul coup, Couche-Tard pouvait doubler sa présence dans la région. Cela paraissait particulièrement crucial en Floride, où les magasins de Couche-Tard sous-performaient depuis quelques années, au point où Alain Bouchard s'était posé la question : « Est-ce qu'on reste en Floride ? » Une refonte de l'équipe de direction par la nomination de Darrell Davis à sa tête, une rationalisation des sites des magasins et une offre plus énergique de boissons gazeuses ont finalement permis de renverser la vapeur et de faire de la péninsule l'une des divisions les plus rentables de Couche-Tard.

---

45. 7-Eleven comptait surtout sur un vaste réseau d'affiliés, plus de 4500, pour revendiquer la première position des chaînes de dépanneurs aux États-Unis.

Annoncée le 18 décembre 2014, l'acquisition de The Pantry fut confirmée en mars 2015 après l'acceptation par les actionnaires de l'offre de Couche-Tard.

* * *

Une semaine plus tard, l'entreprise tenait son assemblée générale annuelle pour la première fois à Toronto. C'est à cette occasion qu'Alain Bouchard céda son poste de chef de la direction à Brian Hannasch, l'Américain qui dirigeait autrefois Bigfoot, la première incursion de Couche-Tard aux États-Unis.

Une page se tournait sur l'histoire de l'entreprise, Alain Bouchard étant le dernier des quatre fondateurs à quitter ses fonctions administratives courantes. Lors du précédent départ, celui de Réal Plourde, le poste de chef des opérations qu'occupait ce dernier avait été confié à Brian Hannasch, ce qui le désignait en quelque sorte comme le dauphin d'Alain Bouchard. Au gré des projets d'acquisition, les trois hommes avaient beaucoup voyagé ensemble aux quatre coins de la planète, ce qui avait permis de souder leurs liens. Lors de la réception organisée à l'occasion du départ de Réal Plourde, Brian Hannasch en avait étonné plusieurs en parlant, la voix brisée par l'émotion, de la mort de son père survenue peu de temps après l'achat de Bigfoot par Couche-Tard. Alain Bouchard et Réal Plourde, dit-il, étaient rapidement devenus pour lui des pères de substitution, protecteurs bienveillants et attentionnés. Professionnellement, ils partageaient les mêmes objectifs : une croissance accélérée de l'entreprise, son expansion territoriale, une gestion disciplinée, mais soucieuse de respecter l'autonomie des employés par une véritable délégation des responsabilités. « Je sens que Couche-Tard est maintenant "mon" entreprise, autant que celle d'Alain, de Richard, de Réal ou de Jacques », dit Brian Hannasch. S'il n'avait pas connu l'époque héroïque du début et n'avait jamais eu à compter l'argent des ventes de la journée assis sur une caisse de boissons gazeuses au fond d'un sous-sol, il avait tout de même contribué, depuis son arrivée dans le groupe Couche-Tard, à multiplier par dix la taille de l'entreprise et à en faire un géant mondial. « Cela m'amuse, dit-il en guise d'explication. Nous avons la chance d'avoir atteint un seuil où l'argent n'est plus une véritable considération. Ce qui compte maintenant, c'est la passion. » Une passion qui vient néanmoins avec son lot de contraintes. Brian Hannasch estime consacrer 80 % de son temps à des déplacements en dehors de ses deux bureaux, celui du centre de services de Laval et l'autre, situé aux États-Unis, où réside sa famille.

Les quatre fondateurs de Couche-Tard ont donc quitté leur poste de direction, mais ils demeurent néanmoins impliqués dans l'entreprise. En siégeant à son conseil d'administration, ils continuent de participer aux grandes décisions de manière collégiale. Selon Brian Hannasch, il s'agit d'un cas de figure exceptionnel dans les sociétés ayant atteint cette taille. Non seulement les bâtisseurs y sont encore tous présents après 35 ans, mais leur ego n'a pas atteint la taille démesurée de leur portefeuille, et leurs liens d'amitié restent intacts. Cela contribue fortement au climat positif qui prévaut dans l'entreprise, estime Brian Hannasch. « Depuis 15 ans que je travaille avec eux, dit-il, je n'ai jamais été témoin d'un seul cas où un problème a rompu leur relation ou créé un froid durable entre eux. »

Le cas d'Alain Bouchard, premier fondateur et toujours principal actionnaire de Couche-Tard, se distingue par le rôle actif qu'il s'est attribué. En plus de présider le conseil d'administration et de participer aux conférences mensuelles de reddition de comptes, il conserve la main haute sur le choix des nouveaux emplacements et sur les projets de construction ou de rénovation des magasins. Où qu'ils soient dans le monde, ils doivent tous obtenir son approbation personnelle et respecter les critères très stricts dont il a conçu le modèle. Chaque projet – il y en a plus d'une centaine par année – doit être détaillé dans un document d'une cinquantaine de pages contenant les données démographiques de son quartier et des études sur l'achalandage piétonnier ou automobile, l'aménagement routier et la présence de compétiteurs à proximité. « Il se concentre sur la croissance de l'entreprise », explique Brian Hannasch, ce qui signifie qu'il est aussi impliqué dans les acquisitions stratégiques. Certains estiment que cette façon de procéder va à contre-courant de la philosophie organisationnelle de Couche-Tard, soit la décentralisation des pouvoirs décisionnels. Malgré les résistances, Alain Bouchard tient à conserver cette prérogative parce que, dit-il, « il y a des questions que les gens ne se posent pas ». Ainsi, il arrive qu'un gestionnaire, après avoir acquis un terrain dans un secteur qu'il estime prometteur, insiste pour y construire un magasin bien que l'achalandage ne le justifie pas. Or, « être propriétaire d'un terrain, ce n'est pas une assez bonne raison pour y mettre 3 millions de dollars supplémentaires », tranche Alain Bouchard.

Il s'impose donc comme la voix de la sagesse, détachée de la gestion quotidienne, soucieuse de distribuer les investissements là où ils seront le plus rentables. Car, prévient-il, l'accumulation de mauvais choix a pour effet, à la longue, de scléroser une société. De la même manière, le refus de fermer des magasins dont l'existence ne se justifie plus, à la suite de modifications de la composition démographique du secteur où ils se trouvent, finit par peser sur l'ensemble d'une entreprise, à ralentir son rythme et ses possibilités de croissance. Or, il en est convaincu, Couche-Tard dispose toujours d'un potentiel d'expansion considérable. « Je veux doubler la taille de cette entreprise-là avant de partir dans une dizaine d'années », confiait-il à l'été 2015, quelques mois après avoir échangé son poste de P.-D.G. pour celui de président du conseil.

* * *

Doubler la taille de Couche-Tard, cela signifierait y ajouter 15 000 nouveaux magasins d'accommodation dans le monde, avoir 100 000 employés supplémentaires et atteindre un chiffre d'affaires annuel dépassant les 70 milliards $US! À cette échelle, on ne parle plus de « projet ». Même l'adjectif « ambitieux » semble dérisoire. On serait plutôt tenté de chercher dans le lexique des troubles compulsifs. Et pourtant, combien de fois dans le passé s'est-on moqué des rêves d'Alain Bouchard, pour ensuite s'émerveiller devant sa capacité de les réaliser ?

Selon Brian Hannasch, le marché américain offre encore un énorme potentiel de croissance pour l'entreprise, car l'industrie de l'accommodation y demeure très fragmentée. On compte en effet 140 000 magasins de ce type aux États-Unis, dont 5000 appartiennent à Couche-Tard. Il faudrait donc tripler ce nombre pour atteindre la cible de 10 % qu'Alain Bouchard considère comme optimale. C'est déjà le degré de pénétration de Couche-Tard au Canada, où la société possède plus de 2000 des 20 000 dépanneurs qu'on y compte. Cependant, le nombre de commerces n'est pas un indicateur de succès suffisant pour Alain Bouchard. Ses magasins doivent aussi être les leaders dans leur marché, soit avoir un chiffre d'affaires de 50 à 100 % supérieur à la moyenne de l'industrie. Au

Canada, avec 10% des dépanneurs, Couche-Tard réalise 20% des ventes de son secteur. Au Québec, 30%. Voilà le niveau de consolidation que recherche l'entreprise et qui lui permet d'asseoir son succès.

En Scandinavie, Couche-Tard domine déjà le marché de l'accommodation, «mais nous cherchons du côté des pays adjacents pour élargir notre plateforme européenne», déclare Brian Hannasch qui n'a aucune honte à se qualifier d'opportuniste. «Si une belle occasion se présente ailleurs, dit-il, nous y jetterons un sérieux coup d'œil.»

Pour leur part, les dirigeants de la division européenne de Couche-Tard voient tous l'avenir vers le sud, où se trouvent les deux marchés les plus prometteurs et les économies les plus solides: la Grande-Bretagne et l'Allemagne. «Si nous voulons devenir vraiment gros, estime Hans-Olav Høidahl, nous devons nous implanter en Allemagne parce que c'est le centre de l'Europe.»

CHAPITRE 23

Une marque mondiale unifiée...
sauf au Québec

Le 22 septembre 2015, Couche-Tard annonça l'une des décisions stratégiques les plus importantes de son histoire. Cette fois, il ne s'agissait pas d'une acquisition d'envergure, non plus que d'une incursion dans une nouvelle zone géographique prometteuse, mais plutôt du regroupement des différentes marques sous lesquelles l'entreprise fonctionnait partout dans le monde. Les 15 000 magasins de l'empire du dépanneur seraient enfin réunis sous une bannière commune, Circle K, la dénomination du groupe déjà la plus répandue. Les noms Kangaroo Express, Statoil et Mac's céderaient bientôt leur place à ce nouveau symbole d'affirmation de puissance du leader mondial du commerce de proximité. Il en irait ainsi partout... sauf au Québec !

Le lieu d'origine de l'entreprise, là où se trouve son principal centre de décision, conserverait non seulement la bannière Couche-Tard, mais aussi deux autres marques rappelant les premières étapes de son ascension, soit les dépanneurs Sept Jours et Provi-Soir, des magasins plus petits administrés par des franchisés. Les quatre fondateurs et principaux actionnaires de Couche-Tard n'avaient pas fait tout ce chemin pour devenir, en fin de course, les artisans de l'anglicisation des dépanneurs, un type de commerce emblématique de ce coin d'Amérique du Nord demeuré fidèle à ses traditions et à sa langue. Cela, ils en étaient convaincus, aurait créé un tollé au Québec. Ils auraient passé le reste de leur vie à s'en justifier.

La décision d'unifier l'appellation des magasins du groupe n'allait pas de soi, mais la réflexion s'était imposée à la suite de l'acquisition de SFR. En fait, elle était inscrite dans les gènes de la Statoil Fuel and Retail au moment de son arrivée en Bourse en 2010, puisque la maison mère lui accordait alors un délai maximum de 10 ans pour se trouver une identité autonome et abandonner le nom Statoil. Ce n'était donc plus qu'une question de temps. Puisque l'entreprise, une fois acquise par Couche-Tard en 2012, souhaitait accélérer son expansion en Europe, il valait mieux adopter une nouvelle identité le plus rapidement possible. Cela lui éviterait de gaspiller temps et argent pour attirer de nouveaux consommateurs vers une bannière condamnée à changer de nom peu après.

C'est donc l'équipe dirigeante de SFR qui ressentait la plus grande urgence à régler ce dossier, lourd de conséquences et chargé de symbolisme pour les fondateurs de Couche-Tard. Pourtant, sa justification était entendue d'avance. Une marque unique, au nom facilement prononçable par les locuteurs de différentes cultures – ce qui n'est pas le cas du nom Couche-Tard –, permettrait de renforcer les liens de cette famille entrepreneuriale, de réaliser des économies d'échelle dans la production de documents d'entreprise, dans la publicité, dans les commandites de prestige et dans la création de produits maison.

* * *

L'équipe européenne avait déjà fait la preuve que cela pouvait se faire sans trop de dommages lorsqu'elle avait rebaptisé l'une de ses entreprises présente en Suède et au Danemark, la chaîne de stations-service automatisées Jet. Inconnu en

Amérique du Nord, ce type de commerce est courant dans les villes européennes où l'espace est souvent limité. D'une superficie aussi restreinte que 70 mètres carrés, ces mini-stations ne comptent parfois que deux pompes à essence et aucun employé. Les automobilistes s'y servent eux-mêmes et doivent payer par carte de crédit. C'est la pétrolière Conoco-Phillips qui possédait ce réseau de stations en Suède et au Danemark, avant de le vendre à Statoil. Elle avait cependant conservé les droits sur la marque Jet qui bénéficiait d'une excellente réputation. Statoil devait donc lui verser une somme importante, plusieurs millions d'euros par année, pour continuer à l'utiliser. L'autre option aurait été de donner à la chaîne une nouvelle identité commerciale, mais Statoil n'avait pas osé. Lorsqu'une marque a du succès, changer son nom est une aventure qui peut s'avérer risquée et coûteuse.

Telle était donc la situation lorsque SFR fut acquise par Couche-Tard, une entreprise reconnue pour sa gestion serrée des dépenses. Les nouveaux dirigeants ne s'en cachaient pas, ils souhaitaient réaliser 200 millions $ d'économie d'efficience. Les 5 millions d'euros consacrés annuellement aux droits d'utilisation de trois lettres, J-e-t, lui ont semblé un candidat idéal pour la première ronde de compressions. En fait, Couche-Tard a d'abord tenté de racheter la marque auprès de ConocoPhillips, de manière à ne pas devoir payer indéfiniment une rente annuelle sur cette bannière. Cela se justifiait d'autant plus que l'entreprise voulait investir dans l'expansion géographique de ces stations automatisées, ce qui, ironiquement, aurait accru la valeur de la marque, permettant à ConocoPhillips d'augmenter les frais. À ce compte-là, mieux valait l'acheter, estimait Alain Bouchard. « Malgré notre longue insistance, ils ont refusé. Alors on a dit : "On va retirer la marque." Ils ne nous ont pas crus, mais on l'a fait. »

C'est ainsi qu'est née Ingo, contraction de deux mots anglais, *in* et *go*, qui décrivent bien le concept simple et efficace des stations automatisées. *In*, vous entrez, et *go*, vous partez. La mutation, dirigée par la Suédoise Christel Nettelvik, vice-présidente du groupe Ingo, offrait aussi l'occasion d'unifier les bannières des stations automatisées du groupe ; SFR en possédait plus d'une centaine d'autres, connues sous le nom de Statoil 1-2-3. Or, cette marque était encore là condamnée, le mot Statoil devant être abandonné au plus tard en 2020. Cette transformation représentait « un gros risque », reconnaît Alain Bouchard, et elle allait nécessiter une vaste campagne publicitaire dans plusieurs pays, menée en plusieurs langues, sans compter le remplacement de toutes les cartes de crédit portant la marque Jet. Couche-Tard prévoyait que cette mutation lui ferait perdre jusqu'à 5 % de son chiffre d'affaires la première année, mais ce ne fut pas le cas. Au contraire, le volume des ventes augmenta immédiatement, et les sondages auprès des clients montrèrent une amélioration de la perception favorable quant à la compétitivité des prix. « J'ai été renversé », confie Alain Bouchard, et cela l'a rassuré quant aux conséquences du changement à venir des bannières principales de l'entreprise, du moins en partie. Car, dit-il, le nom Statoil « est une religion » en Scandinavie.

* * *

Une fois par année, les vice-présidents de Couche-Tard se réunissent pour planifier la stratégie de l'entreprise. Il s'agit tout autant d'une occasion de socialiser, de partager des expériences, que d'entretenir le sentiment d'appartenance au groupe. Ces rencontres, auxquelles les conjoints et conjointes sont parfois invités afin d'en renforcer le caractère informel, visent aussi à transmettre la culture de l'entreprise, fortement inspirée des racines québécoises de ses quatre fondateurs. Ceux-ci tentent d'ailleurs d'y reproduire l'atmosphère décontractée et amicale de leurs expéditions de pêche, y compris les séances de chant! Peu d'entreprises de cette taille, comptant leurs ventes par dizaines de milliards de dollars, soumettent leurs plus hauts dirigeants à un tel exercice annuel, imposant à chaque recrue, à sa première participation, de faire la démonstration de ses capacités vocales... ou de prouver son aptitude à gérer avec grâce les situations embarrassantes!

En 2013, la conférence des vice-présidents se tint en Norvège pour souligner l'arrivée du groupe SFR dans la famille Couche-Tard. Le lieu de la rencontre était exotique à souhait : Lofoten, un petit port de pêche de la côte ouest du pays, situé au 68e parallèle, donc à l'intérieur du cercle polaire arctique. Entouré de pics rocheux qui forment un spectaculaire archipel le protégeant des glaciers venus de la mer de Norvège, le site autrefois habité par les Vikings est réputé pour ses aurores boréales qui ajoutent une touche d'irréel au décor, comme s'il était suspendu hors du temps. De tels endroits se prêtent bien aux longues conversations, aux confidences et à l'introspection. Jacob Schram, qui, à titre de dirigeant de SFR, était l'hôte de la rencontre, en profita pour aller fouiller l'âme d'Alain Bouchard. « Quel est ton rêve? lui demanda-t-il. Que veux-tu accomplir? » Le fondateur de Couche-Tard lui raconta alors le chemin parcouru, la tragédie de son enfance à la suite de la faillite de son père, et sa détermination à ce que cela ne lui arrive jamais. C'est ce qui l'a poussé à mettre sur pied une entreprise solide, diversifiée, prospère. « Je lui ai demandé de me dire quelle dimension il souhaitait atteindre pour être satisfait, et il m'a répondu : "Plus grosse", raconte Jacob Schram. Alors je lui ai suggéré que la taille suprême, c'est de devenir le commerce de proximité préféré au monde. Et pour que cela se produise, il faut le dire, le proclamer et planifier la route qui permettra d'y parvenir. » Jacob Schram avait trouvé les mots pour capter l'attention d'Alain Bouchard. Le défi qu'il lui proposait était une lumière venant de s'allumer dans une forêt dense, éclairant un sentier, la voie à suivre pour se rendre à destination. Le chemin allait cependant être exigeant. « Pour devenir le commerce préféré au monde, poursuivit Jacob Schram, nous avons besoin d'une marque mondiale autour de laquelle nous pourrons tous nous regrouper. Tu ne peux pas continuer à avoir toutes ces bannières différentes », lança-t-il à Alain Bouchard.

La nuit suivante, Jacob Schram n'arriva pas à trouver le sommeil. Après une longue promenade sur la plage, il s'isola au chalet de ses beaux-parents, situé sur l'archipel, pour coucher sur papier la proposition qu'il soumettrait le lendemain aux autres dirigeants de Couche-Tard. L'entreprise, leur dit-il, doit affirmer son intention d'être la destination préférée des consommateurs à la recherche d'un commerce de proximité. Elle doit prendre de front son principal concurrent mondial, 7-Eleven. Mais encore faut-il que les clients puissent reconnaître les commerces de la chaîne, d'où la nécessité d'unifier leurs bannières. Jacob Schram estimait qu'il fallait trouver ce nom commun à l'intérieur de la famille existante de Couche-Tard, puiser dans son ADN, quitte à fusionner plusieurs concepts. Il en avait lui-même esquissé le logo à la main pendant la nuit. Ce serait celui, légèrement modifié, de Circle K. Ensuite, dit-il, l'entreprise devait définir ce pour quoi elle deviendrait célèbre. Il proposa cinq éléments : le prêt-à-manger, le café, les boissons fraîches, l'essence haute performance et les lave-autos. Enfin, pour rallier les employés derrière l'objectif commun qui orienterait les décisions à venir, il suggéra l'adoption d'un mot d'ordre, une devise, une philosophie puisant aux racines entrepreneuriales de la société : « ACT with pride », agissons avec fierté, le verbe d'action se mariant ici à l'acronyme d'Alimentation Couche-Tard. Cela pouvait aussi signifier : « Alimentation Couche-Tard, j'en suis fier. »

Le projet recueillit l'assentiment général des dirigeants, au point où certains l'évoquent maintenant en parlant de la « Déclaration de Lofoten ». Avec un grand sentiment de fierté, Jacob Schram le décrit comme le « début d'une ère nouvelle pour l'entreprise ». Mais, dit-il, « ça a été une démarche difficile pour Alain. Très difficile. »

Alain Bouchard avait l'habitude d'être aux commandes, chauffeur infatigable d'une locomotive derrière laquelle s'accrochaient différents wagons, toujours plus nombreux. Voilà que commençait à lui échapper le contrôle du train, désormais mû par sa propre énergie, guidé par sa propre logique. Le convoi en était là, bien plus loin qu'Alain Bouchard n'aurait pu raisonnablement l'espérer à 30 ans lorsqu'il partait, les fins de semaine, armé de son coffre à outils pour transformer de ses mains de vieilles tabagies en petits dépanneurs de quartier.

Resterait-il seulement une empreinte tangible de cette époque pionnière ? Il espéra un moment en conserver l'emblème, le hibou au clin d'œil sympathique qui veille sur les magasins Couche-Tard au Québec, « car c'est notre plus beau logo », dit-il. Mais la greffe aurait été artificielle. Elle aurait créé de la distorsion avec la nouvelle marque unifiée, qui ne fut entérinée par le conseil d'administration qu'à l'été 2015. Le simple dévoilement de cette décision revêtait une telle importance stratégique pour l'entreprise qu'on baptisa l'opération d'un nom de code – Skyfall – inspiré du dernier film du plus célèbre espion de la planète, James Bond. À Oslo, l'événement donna lieu à un spectacle organisé au Telenor Arena, un stade de football souvent utilisé pour des spectacles à grand déploiement, capable d'accueillir 25 000 spectateurs. Tous les gérants, franchisés, employés et fournisseurs de SFR y avaient été conviés. Il fallait une grand-messe pour abandonner une « religion »… et annoncer l'arrivée de la prochaine !

La nouvelle bannière Circle K, redessinée, allait commencer à se déployer dès janvier 2016, d'abord aux États-Unis, puis six mois plus tard en Europe, et l'année suivante au Canada. Mais pas au Québec. Cette décision créa de la déception dans l'entreprise où plusieurs y virent le résultat d'un double discours de la part de la direction : « Faites ce que je dis, pas ce que je fais. »

Le Québec est souvent comparé au village gaulois de la bande dessinée *Astérix*, une société qui résiste au rouleau compresseur de la culture anglo-saxonne de la même manière que les personnages ridiculement sympathiques sortis de l'imagination de René Goscinny et de la plume d'Albert Uderzo défient la domination de l'Empire romain. Les fondateurs de Couche-Tard, comptant parmi les meilleurs exemples de l'affirmation économique des Québécois francophones, refusaient d'imposer aux leurs une raison sociale empruntée à l'anglais. Ce serait trahir leurs origines. Et cela aurait à coup sûr des conséquences commerciales négatives au Québec. Philosophe, l'un des stratèges de l'entreprise confie que « tant que les fondateurs demeurent impliqués dans la société, nous comprenons que c'est comme si nous demandions à des parents de changer le nom de leur enfant ».

CHAPITRE 24

Le désir de transmettre

Au cours des mois précédant la publication de cet ouvrage, Couche-Tard a poursuivi sa croissance soutenue en acquérant près d'un millier de magasins supplémentaires. Au terme d'un an de démarches, l'entreprise a reçu en mars 2016 l'approbation de la Commission européenne pour compléter l'achat des activités de Shell au Danemark, soit plus de 300 stations-service et stations automatisées. Presque au même moment, Couche-Tard réalisait la conquête attendue d'un nouveau territoire géographique en Europe, avec l'achat de Topaz Energy Group Ltd en Irlande. D'un seul coup, l'entreprise de Laval devenait le principal joueur sur le marché irlandais de l'accommodation en faisant main basse sur 444 stations-service et plus d'une trentaine de terminaux d'essence, dont plusieurs venaient d'être acquis de la pétrolière Esso.

Toujours en mars 2016, Couche-Tard consolidait sa position de leader sur le marché canadien en acquérant 279 autres magasins d'accommodation et stations-service fonctionnant sous la marque Esso. Principalement situés dans la région convoitée de Toronto où les prix de l'immobilier sont prohibitifs, ces commerces représentent la plus importante percée de Couche-Tard au Canada depuis l'acquisition de Silcorp, en 1999. La transaction de près de 1,7 milliard $CAN est aussi la plus chère de l'histoire de Couche-Tard quant au prix moyen par magasin.

Au terme de ces transactions, l'entreprise comptait 105 000 employés dans le monde et son chiffre d'affaires approchait les 40 milliards $US, malgré la faiblesse récente des prix de l'essence, qui ne l'a toutefois pas empêchée d'enregistrer un bénéfice net en hausse de 10 % au troisième trimestre de 2016, à 274 millions $US.

* * *

La vie d'Alain Bouchard a, de manière surprenante, relativement peu changé malgré le succès et la fortune. Elle alterne entre le bureau – où il préside le conseil d'administration de Couche-Tard, participe à toutes les réunions mensuelles de reddition de comptes et étudie chacun des projets d'implantation de nouveaux magasins – et le chalet qu'il possède dans les Laurentides, où il a ses habitudes et ses amis. Pas de château en Espagne, pas d'appartement à New York ou à Paris, pas de yacht ni d'hélicoptère. Il entretient une passion pour les grands vins de France et d'Italie, et pour les excursions de pêche qui le conduisent aux quatre coins de la planète, de la Nouvelle-Zélande à la Patagonie, du nord du Québec à l'Antarctique. « Nous sommes un peu maniaques », résume son partenaire Réal Raymond. La première véritable « gâterie » d'Alain Bouchard, qu'il ne s'est offerte qu'en 2016, est un condo flottant sur un navire de croisière sillonnant le monde en permanence. Quant à sa maison de Lorraine, cossue mais sans aucune excentricité qui la démarquerait de ses voisines, elle est devenue, dit-il, trop grande pour ses besoins, les enfants ayant quitté le nid familial.

Son fils Jonathan habite dans une résidence adaptée comptant une douzaine d'appartements, construite avec le soutien financier d'Alain Bouchard pour héberger des gens souffrant, comme lui, de paralysie cérébrale ou de déficience intellectuelle. Il y trouve une autonomie salutaire et un réseau social approprié à sa condition. Grand sportif, Jonathan engouffre chaque année des milliers de kilomètres à vélo, son principal moyen de transport. Ni sa condition, ni la fortune de son père ne le soustraient toutefois à l'obligation morale de travailler. C'est pourquoi il consacre chaque semaine une journée au service du courrier de Couche-Tard et deux journées à faire de l'entretien ménager.

Pour Alain Bouchard, le projet de résidence adaptée fut à la fois une prise de conscience du manque de ressources pour les personnes atteintes de ce handicap et le point de départ de son engagement plus actif dans les activités philanthropiques. Lui qui avait songé, au début de la vingtaine, à se consacrer au travail social pour ensuite se lancer dans une course effrénée au développement de son entreprise, il disposait désormais d'une fortune considérable lui permettant de rattraper le temps perdu. La fourmi découvrait le plaisir d'être cigale.

Il s'était déjà investi, au milieu des années 1990, dans les campagnes de souscription de différents organismes, comme Centraide qui finance une myriade de services destinés aux plus démunis. Par la suite, puisque la maladie de son fils l'avait amené à fréquenter assidûment plusieurs hôpitaux, il se mit à multiplier les dons de plusieurs millions de dollars, ici pour la recherche sur les cellules souches à l'hôpital Maisonneuve-Rosemont de Montréal, là à l'Institut et hôpital neurologiques de Montréal pour y créer un programme de recherche sur les déficiences intellectuelles, ailleurs à l'hôpital Sainte-Justine de Montréal, le principal centre hospitalier pour enfants du Québec, où fut mise sur pied la Chaire de recherche Jonathan-Bouchard, réunissant les meilleurs spécialistes de la paralysie cérébrale de la province.

Ces sommes proviennent de la Fondation Sandra et Alain Bouchard qui dispose de moyens immenses, soit près de

100 millions $, dédiés à la cause de la déficience intellectuelle et à la cause des arts. Elle distribue chaque année des millions de dollars, que ce soit pour l'agrandissement du Musée national des beaux-arts du Québec, ou encore pour financer l'école Peter Hall spécialisée dans l'éducation de jeunes déficients intellectuels. Alain Bouchard conserve un souvenir bouleversant de sa visite de l'établissement, où il fut ému aux larmes par le dévouement des employés envers ces enfants parfois atteints si gravement qu'ils n'arrivent pas à s'alimenter par eux-mêmes.

Les trois autres fondateurs de Couche-Tard ont tous aussi leur propre fondation. Ils y voient une façon de partager leur bonne fortune avec la communauté qui les a vus grandir. Parfois, ils se coordonnent pour réaliser certains projets, comme celui d'une maison de soins palliatifs à Laval.

C'est l'épouse de Réal Plourde, Ariane, qui a soumis ce projet aux fondateurs de Couche-Tard. Au terme d'une carrière en santé communautaire, elle ne pouvait accepter que les citoyens de Laval, deuxième ville en importance au Québec, ne disposent pas d'un lieu paisible pour s'éteindre entourés de leurs proches. Ils étaient plutôt contraints à mourir dans une chambre d'hôpital froide et anonyme, comme s'ils souffraient d'une maladie, alors qu'en fait ils se trouvaient simplement en fin de vie. Laval est une île immense. Ariane et son équipe avaient repéré un grand terrain au bord de l'eau, appartenant à une communauté religieuse prête à s'en départir pour une cause aussi louable et qui y voyait aussi un moyen de regarnir ses coffres, car ses membres vieillissants exigeaient de plus en plus de soins.

Lors d'un souper réunissant les quatre fondateurs de Couche-Tard, il ne fallut que quelques minutes pour régler l'affaire, chacun se partageant à parts égales le coût d'acquisition du terrain longeant la rivière des Prairies. Alain Bouchard s'est ensuite proposé comme président de la campagne de financement qui a permis d'amasser les fonds permettant de construire l'édifice. Aujourd'hui, 250 personnes par année écoulent leurs derniers jours sur terre dans cette maison. C'est d'ailleurs là que la mère d'Alain Bouchard s'est éteinte paisiblement. Il n'aurait pas voulu un autre départ, en milieu hospitalier, pour elle qui avait tant souffert de son passage dans l'enfer d'une institution psychiatrique.

Réal Plourde a longtemps présidé le conseil d'administration du centre de soins palliatifs, comme il a été pendant plus de 20 ans administrateur ou président du Centre de bénévolat et Moisson Laval. L'organisme visait au début à fournir de la nourriture aux plus démunis en recueillant des dons de chaînes alimentaires, de distributeurs et d'agriculteurs, encore nombreux à Laval malgré les ravages du développement immobilier sur l'île. Au fil des ans, le centre a diversifié ses opérations, par exemple en offrant de l'aide aux devoirs après l'école ou en recrutant des bénévoles pour assister les personnes âgées dans la préparation de leur déclaration de revenus.

* * *

Alain Bouchard est arrivé à l'âge où l'on doit préparer la suite. La sienne n'est pas sa seule préoccupation. C'est ainsi qu'il a fait plusieurs déclarations remarquées pour déplorer le peu de formation de base en économie qu'offre l'école publique québécoise. Le système d'éducation n'est-il pas censé préparer les jeunes à affronter la vie en société, eux qui seront bientôt des travailleurs et des consommateurs? De quels repères disposeront-ils pour s'y retrouver, pour échapper aux pièges de la surconsommation et de l'endettement? De quels modèles s'inspireront-ils dans leur choix de carrière ? Alors que les cours d'économie ont disparu du programme scolaire au Québec, la province voisine, l'Ontario, propose des cours d'initiation aux affaires à ses étudiants de niveau secondaire. Le programme « Futur entrepreneur » vise à expliquer les grands paramètres économiques, comme la démographie et les ressources naturelles, mais aussi à susciter l'entrepreneurship, de sorte que les jeunes puissent envisager la possibilité de se lancer en affaires.

Cela est devenu l'une des obsessions d'Alain Bouchard : éveiller les jeunes à la vocation d'entrepreneur, les convaincre qu'ils pourront ainsi, à leur tour, inventer leur vie. Par le mentorat et les conférences qu'il prononce dans des universités ou devant des entrepreneurs en herbe, il cherche à transmettre la flamme qui l'anime depuis l'âge de 10 ans, le désir de construire, la soif et la fierté de réussir. Car Alain Bouchard se désole de sentir cette urgence aujourd'hui moins présente au Québec que dans la période où il a grandi, celle de la Révolution tranquille, quand le désir d'émancipation économique se combinait à la rage d'affirmation nationale.

Au début de 2016, la disparition de plusieurs sièges sociaux d'entreprises québécoises établies a lancé un débat sur l'importance d'y maintenir les centres de décision et de préserver l'expertise qui les accompagne. Couche-Tard a beau prétendre ne pas avoir de siège social mais plutôt un simple centre de services à Laval, il faut bien admettre qu'il s'agit d'un centre plus central que les autres. C'est d'ailleurs de là que sont payés les impôts corporatifs de l'entreprise, soit aux gouvernements du Québec et du Canada. Au moment où les gouvernements de la planète entière s'inquiètent de l'effritement de leurs revenus provoqué par la nouvelle économie dématérialisée, Couche-Tard et ses fondateurs savent d'où ils viennent.

Le débat sur la préservation des sièges sociaux a permis à Alain Bouchard de remettre à l'avant-scène sa défense des actions privilégiées disposant de droit de vote multiple. Plusieurs des plus grandes multinationales québécoises et canadiennes possèdent ce type d'actions, dites de catégorie A, généralement réservées à leurs fondateurs ou à leur famille, ce qui leur permet de conserver une majorité des votes tout en ne détenant qu'une minorité des actions de l'entreprise. Chaque action privilégiée peut en effet compter pour 5, 10 ou même 25 votes, alors qu'une action ordinaire, dite subalterne de catégorie B, n'en accorde qu'un seul à son détenteur.

Dans le cas de Couche-Tard, les quatre fondateurs se partagent 113 millions d'actions privilégiées leur accordant chacune 10 votes, en plus de 16 millions d'actions subalternes. Au final, tout en ne possédant « que » 22,7 % du capital de Couche-Tard, ils détiennent 60 % des votes.

CGI, géant québécois de l'informatique qui emploie plus de 65 000 travailleurs dans le monde, Bombardier, troisième avionneur civil et deuxième plus important fabricant de matériel ferroviaire de la planète, ou encore l'empire médiatique Québecor bénéficient tous de ce type d'actionnariat qui assure leur stabilité. Disposant d'une majorité de contrôle, les fondateurs ou leurs héritiers peuvent diriger l'entreprise en fonction de sa croissance à long terme, plutôt que de se laisser gouverner par le désir de plaire aux marchés de trimestre en trimestre et de courir le risque d'être la cible d'une prise de contrôle hostile au moindre faux pas.

Les actionnaires de Couche-Tard doivent bien admettre qu'ils n'ont pas trop souffert du contrôle de l'entreprise par ses quatre fondateurs. Cent dollars investis en 1986 au moment de l'émission en Bourse de Couche-Tard valaient plus de 60 000 $ 30 ans plus tard, au printemps 2016. En seulement six ans, soit d'avril 2010 à avril 2016, le prix de l'action s'est accru de plus de 800 %, alors que la moyenne de l'indice de la Bourse de Toronto a progressé de 25 % au cours de la même période.

La formule des actions privilégiées a tout de même ses critiques. Ceux-ci y voient un risque que s'incruste à la direction de ces entreprises des administrateurs peu compétents, coupés des intérêts des actionnaires « ordinaires ». Ils s'inquiètent aussi de ce que la position de contrôle que détient l'équipe dirigeante ne décourage toute tentative d'acquisition de l'entreprise par une firme extérieure, privant ainsi les actionnaires d'une prime alléchante visant à les inciter à s'en départir. Mais qui sait si, sans cette protection, Couche-Tard ou CGI n'auraient pas été avalés par un concurrent ou, pire, par un fonds spéculatif qui les aurait dépecés et vendus à la pièce pour réaliser un profit rapide ?

Or, la double catégorisation des actions de Couche-Tard prendra fin lorsque le plus jeune des quatre fondateurs de l'entreprise, Jacques D'Amours, atteindra l'âge de 65 ans, en 2021. Leur groupe ne détiendra plus alors qu'un peu moins de 25 % des votes. « La compagnie deviendrait vulnérable aux acquisitions », déplore Alain Bouchard, qui a tenté sans succès de faire approuver par les actionnaires de Couche-Tard un report de cette clause crépusculaire lors de l'assemblée annuelle des actionnaires en 2015. « Ce n'est pas réaliste de laisser à nos enfants une entreprise sur laquelle ils n'auraient pas de contrôle », estime le fondateur de Couche-Tard. Dans son mécontentement, il est allé jusqu'à évoquer publiquement[46] l'idée de vendre l'entreprise, même si, dit-il, « ça m'arracherait le cœur ».

* * *

---

46. *La Presse +*, édition du 20 avril 2016.

L'histoire exceptionnelle de Couche-Tard est sans doute un cas d'école, du genre à être enseigné dans les universités et à bercer les rêves les plus fous de jeunes entrepreneurs ambitieux. Après tout, parti de rien, sans diplôme, congédié par Perrette, expulsé par Provi-Soir, Alain Bouchard est ensuite parvenu à acheter ces deux chaînes avant de conquérir le Canada, puis les États-Unis, puis l'Europe, pour devenir le leader mondial du dépanneur. On aurait cependant tort de lui accorder, à lui seul, le crédit d'un tel accomplissement. Ce serait d'ailleurs, de son propre aveu, trahir tout ce qui explique le succès de l'entreprise, car sa « recette » tient justement au fait qu'il a su reconnaître ses propres limites et, en conséquence, s'entourer de gens qu'il considérait comme meilleurs que lui. « Cela, dit-il, commence avec mes trois partenaires. »

Jacques D'Amours, l'exploitant méticuleux, Richard Fortin, le financier ingénieux, Réal Plourde, le logisticien humaniste, ce trio a à la fois soutenu l'impétueux développeur Alain Bouchard dans la croissance accélérée de leur projet commun ; il l'a aussi à l'occasion protégé de lui-même. Cette complémentarité entre les quatre partenaires s'est installée progressivement, au gré des conquêtes de Couche-Tard, mais surtout au fil des crises qu'ils ont traversées. « Tous les événements ont fait qu'on a compris, l'un et l'autre, nos forces et nos faiblesses », analyse Alain Bouchard. Chacun a trouvé dans cette aventure son degré d'importance, a établi sa zone de compétence, sans que le P.-D.G. ne tente de jouer tous les rôles. « Un banquier m'appelait, je lui disais : "Parle à Richard" », résume Alain Bouchard. « C'est ça le secret, estime Jacques D'Amours, jamais on a regardé par-dessus l'épaule de l'autre. On avait entièrement confiance. On s'est toujours respectés. »

Locomotive infatigable, continuellement au front pour mener la charge au nom de Couche-Tard dont il est le fondateur et le principal actionnaire, Alain Bouchard est la figure publique de l'entreprise, mais, à l'interne, il ne s'est pas imposé comme un père tout-puissant exerçant son autorité sur sa descendance. Il a plutôt joué le rôle du grand frère rassembleur et inspirant. « Ce n'était pas un *one-man show*, confirme Réal Plourde. Alain a su nous laisser de la place pour nous réaliser. »

Cette philosophie régnant à la tête de l'entreprise a fini par imprégner toute sa culture. « Les fondateurs ont les pieds sur terre », dit Hans-Olav Høidahl, le vice-président principal de la section scandinave de Couche-Tard. « Malgré leur immense fortune, on a l'impression qu'ils sont des gens ordinaires. » Et c'est ce qui, selon lui, fait paradoxalement d'eux des dirigeants extraordinaires. « Ils écoutent. Alain est très doué pour ça. Quand il visite des magasins, il ne nous parle pas [aux cadres de l'entreprise], il parle au gérant, aux employés. Il a ce talent avec les gens, il communique, il établit la connexion. Il est comme Bill Clinton. Les gens pourraient voler après l'avoir rencontré. »

L'humilité et l'absence d'ego démesuré comme modèle d'affaires, comme mode d'opération. Voilà une bien étrange proposition. C'est pourtant ce qui a inspiré la structure fortement décentralisée de Couche-Tard et, selon ses fondateurs, c'est ce qui en explique le succès international. Alain Bouchard résume cette philosophie en un mot emprunté à la langue anglaise : *empowerment*. Il n'existe pas de terme français pour bien en traduire le sens, peut-être parce que ce qu'il décrit est tellement éloigné de la société française construite sur un modèle fortement hiérarchisé. Or, le terme *empowerment* est étranger à la hiérarchie, au point où il n'en est même pas le contraire. Il se trouve en fait dans une autre dimension. Plutôt que de se mesurer sur un axe allant du système le plus autoritaire au plus laxiste, il se définit en fonction de l'échelle de la confiance.

Les dictionnaires lui donnent plusieurs sens : émancipation, habilitation, autonomisation, responsabilisation. Il y a sans doute un peu de tout cela dans le résultat de ce modèle, mais l'*empowerment* réside surtout dans une conviction, celle que l'être humain se réalise dans le travail en autant qu'on lui donne un défi à la mesure de son talent et l'espace nécessaire pour se le prouver à lui-même. Cette marge de manœuvre encourage l'initiative, valorise la créativité. Son corollaire indispensable est une tolérance à l'erreur car, sans elle, tout élan créatif est réprimé, toute nouvelle idée brimée dès qu'elle apparaît ou, pire, sanctionnée dès qu'elle n'apporte pas les résultats espérés. En somme, l'*empowerment* vise à insuffler à l'ensemble de l'organisation un état d'esprit qui en fait une constellation d'entrepreneurs.

Voilà bien la conviction d'Alain Bouchard, incrustée depuis son enfance. Être entrepreneur, c'est posséder le pouvoir d'inventer sa vie, et il n'y a rien de plus beau que le sentiment d'être capable d'y parvenir.

Épilogue

Alors que ce livre allait sous presse, fin août 2016, il fallut en suspendre l'impression pour y ajouter un épilogue. Cela ne pouvait mieux tomber : Couche-Tard venait de réaliser encore une fois « la plus grosse acquisition de son histoire » en achetant CST Brands, le quatrième plus important réseau de dépanneurs et de stations-service en Amérique du Nord. Cet ajout de près de 2000 magasins permettait à Couche-Tard de ravir à 7-Eleven le titre de premier joueur de l'industrie de l'accommodation aux États-Unis et au Canada. Lorsque la conversion sous la bannière Circle K d'un millier de magasins supplémentaires nouvellement acquis par son affilié au Mexique sera complétée, Couche-Tard deviendra le numéro un sur le continent nord-américain en ce qui concerne le nombre d'établissements.

Pour ce qui est de la vente d'essence, « nous serons l'un des plus importants détaillants de la planète », lance fièrement Brian Hannasch, le président de Couche-Tard. « Nous vendrons près de 17 milliards de gallons (64 milliards de litres) de carburant par année, ce qui nous placera dans la même ligue que les BP et les Esso de ce monde. »

L'histoire de CST Brands ressemble à celle de SFR, la précédente acquisition multimilliardaire de Couche-Tard, en Scandinavie. L'entreprise, une excroissance d'une société pétrolière – Valero, dans ce cas-ci –, ne comptait que trois années d'existence autonome. Malmenée en Bourse, n'arrivant pas à produire les résultats attendus par ses actionnaires, elle dut, à la différence de SFR, annoncer publiquement son intention de se donner au plus offrant. C'est donc un encan qui décida de son sort, et c'est Couche-Tard qui remporta la mise. Cela faisait vingt ans qu'Alain Bouchard en rêvait.

CST Brands, basée à San Antonio, au Texas, était une curieuse bête. Bicéphale, pourrait-on dire. Elle comptait plus de 600 magasins au Texas, un des plus grands États américains, où Couche-Tard était à peu près absent. Elle en possédait aussi plus de 800 au Canada, principalement au Québec, dirigés par un siège social situé à Montréal. L'entreprise venait en plus d'acquérir plusieurs centaines de commerces en Georgie et dans la région de New York en s'endettant de manière importante, ce qui l'avait rendue plus vulnérable. Ses stations-service se trouvant au Canada opéraient sous la marque Ultramar, et l'essence qu'elles distribuaient provenait de la raffinerie du même nom, propriété de Valero, située à Lévis, de l'autre côté du fleuve Saint-Laurent, tout juste en face de la ville de Québec. On raconte qu'il s'agirait d'une des raffineries les plus rentables en Amérique du Nord. C'est en tout cas certainement celle qui possède la plus belle vue, donnant sur la vieille ville fortifiée de Québec, sur ses remparts et sur son cap serti du magnifique Château Frontenac.

Au milieu des années 1990, plusieurs années avant de lancer son expansion aux États-Unis, Alain Bouchard avait placé les stations Ultramar dans sa ligne de mire. On peut même dire qu'il avait remué ciel et terre pour s'en porter acquéreur. La raffinerie venait de lancer un réseau de dépanneurs opérant sous la bannière « Dépanneur du coin » après avoir acheté plusieurs des stations Sunoco de la région de

Québec, mais l'entreprise connaissait des difficultés. Le patron de Couche-Tard se mit donc en quête d'un partenaire pour prendre la raffinerie en charge et lui céder les stations-service et les dépanneurs. Il alla d'abord cogner à la porte de Marcel Dutil, propriétaire du Groupe Canam Manac, une firme spécialisée dans la transformation de l'acier. Sa réputation de redoutable entrepreneur beauceron lui permettrait, plaida Alain Bouchard, de se diversifier dans le secteur pétrolier. « Il m'a dit : "C'est bien trop gros, on ne le fera pas" », dit Bouchard. Un refus qui n'allait pas décourager pour autant le fondateur de Couche-Tard.

Alain Bouchard se tourna alors vers Hydro-Québec, un géant de l'énergie jouissant d'un quasi-monopole dans la production, la distribution et la vente au détail de l'énergie hydro-électrique au Québec. L'entreprise venait d'acquérir une participation de 42 % dans Noverco, le holding propriétaire de Gaz Métro, principal distributeur de gaz naturel au Québec et au Vermont. Le nouveau président d'Hydro-Québec, André Caillé, ancien patron de Gaz Métro, disait vouloir transformer le Québec en « plaque tournante de l'énergie dans le nord-est de l'Amérique du Nord ». Le prenant au mot, Alain Bouchard alla lui proposer, en compagnie de Richard Fortin, d'ajouter le raffinage de pétrole à son éventail énergétique en achetant la raffinerie Ultramar, laissant à Couche-Tard le soin de s'occuper de la distribution au détail. La discussion fut brève. Le bras droit du président d'Hydro, Thierry Vandal – qui allait d'ailleurs lui succéder –, trancha rapidement : le raffinage ne cadrait pas avec le mandat d'Hydro-Québec.

Troisième essai, Alain Bouchard alla frapper à la porte de Jean Gaulin, le patron de la raffinerie Ultramar qui porterait d'ailleurs son nom quelques années plus tard, à partir de 2001[47], quand Valero Energy en ferait l'acquisition. Il fallait une bonne dose de témérité pour proposer à ce gestionnaire fidèle de profiter de la faiblesse passagère du groupe qu'il dirigeait pour l'acheter à son propre compte. Il lui répondit qu'il n'avait pas, comme Alain Bouchard, la fibre de l'entrepreneuriat et que le projet ne l'intéressait pas.

Alain Bouchard en fit son deuil jusqu'à une dizaine d'années plus tard. Entretemps, Couche-Tard était devenu le réseau de dépanneurs le plus important au Canada et l'entreprise était sur sa lancée nord-américaine. Alain Bouchard se rendit donc en compagnie de Brian Hannasch au siège social de Valero, à San Antonio, pour proposer que Couche-Tard achète toutes les opérations de détail de Valero, aux États-Unis comme au Canada. C'était tout juste après la crise économique de 2008, et le hibou avait senti l'odeur d'une proie fragile. Mais les deux hommes durent essuyer un nouveau refus. Quelques années plus tard, en 2013, Valero choisit plutôt de créer une nouvelle entreprise inscrite à la Bourse de New York – CST Brands – à qui serait confié tout son secteur du détail, exactement comme Statoil venait de le faire en Scandinavie avec SFR.

Même recette, mêmes résultats décevants pour les actionnaires. Selon Alain Bouchard, il n'est pas facile pour des gestionnaires provenant du secteur pétrolier, un monde où il y a une lourde infrastructure de gestion, de faire la transition vers celui du commerce de détail. Fondé en 2013, CST Brands s'est lancé trop rapidement dans de coûteux projets d'expansion, estime Brian Hannasch. «Leurs coûts augmentaient plus rapidement que leurs ventes ou leurs profits», dit-il, de sorte que la valeur des actions stagnait.

---

47. La raffinerie Jean-Gaulin a une capacité de production de 265 000 barils par jour, ce qui en fait la 19e en importance en Amérique du Nord et la deuxième parmi celles appartenant à Valero.

C'est alors, fin 2015, que deux investisseurs activistes, le fonds spéculatif Engine Capital LP et JCP Investment Management, se mirent à réclamer un changement de cap. Dans une lettre au conseil d'administration de CST Brands rendue publique en décembre 2015, ils déploraient l'incapacité de la direction à performer aussi bien que leurs meilleurs compétiteurs. Quatre mois plus tard, le conseil d'administration rendait les armes en annonçant qu'il allait «explorer des stratégies alternatives afin d'accroître la valeur pour les actionnaires». En somme, l'entreprise était à vendre au plus offrant. Engine Capital LP évoquait publiquement l'espoir de voir l'action dépasser les 50 $US. En août 2016, Couche-Tard remporta finalement la mise du coût unitaire de 48,53 $US l'action, ce qui représente une prime de 42 % sur le dernier cours du titre au 3 mars 2016, soit avant l'annonce de la volonté de mettre l'entreprise en vente. L'offre amicale, signée le dimanche 21 août après avoir été entérinée unanimement par les conseils d'administration des deux entreprises, a été, au dire d'Alain Bouchard, «le résultat d'une bataille épique de six mois». Plusieurs autres joueurs étaient sur les rangs au moment où l'économie américaine prenait du mieux après quelques années difficiles.

Une fois la transaction approuvée par les actionnaires et les autorités réglementaires, l'acquisition de CST Brands devrait permettre d'ajouter près de 10 milliards $US au chiffre d'affaires annuel de Couche-Tard. Il avoisinera alors les 50 milliards $US. Selon les analystes, les bénéfices avant impôt de Couche-Tard devraient ainsi passer en deux ans de 2,2 milliards $US à 3,3 milliards, soit une hausse de plus de 40 %. Il va sans dire que la nouvelle fit une fois de plus sensation sur les marchés. L'action de Couche-Tard, qui se transigeait aux environs de 58 $ CAN au cours de l'été, bondit à plus de 68 $ CAN, une marque historique. Un concert unanime salua la capacité exceptionnelle de l'équipe de Couche-Tard à transformer en succès chacune de ses acquisitions, de manière à créer de la valeur pour ses actionnaires. Oui, en achetant CST Brands au prix de 4,4 milliards $US en espèces, à même ses liquidités et ses marges de crédit existantes, Couche-Tard voyait son niveau d'endettement s'accroître substantiellement, mais toutes les fois précédentes, l'entreprise avait réussi à rétablir l'équilibre en un temps record. « Nous prenons l'affaire très au sérieux, dit Brian Hannasch, et nous allons nous employer à diminuer notre taux d'endettement le plus rapidement possible afin de pouvoir envisager d'autres acquisitions. »

La couverture de presse réservée à cette transaction témoigne du fait que la réputation de Couche-Tard en tant que gestionnaire discipliné a fait taire toutes les craintes. Son rendement exceptionnel n'a suscité que l'admiration, sinon de l'envie : 1000 $ investis en 2003, l'année de l'acquisition de Circle K, valent treize ans plus tard près de 25 000 $!

L'achat de CST Brands est aussi, en soi, un coup de maître stratégique, car ses principaux avoirs aux États-Unis sont parfaitement complémentaires aux territoires déjà desservis par Couche-Tard. C'est particulièrement le cas au Texas, et dans une moindre mesure en Georgie et dans le nord-est américain. Kim Lubel, la présidente et P.-D.G. de CST Brands, a décrit l'empreinte géographique des deux entreprises comme les pièces d'un puzzle qui s'imbriquent à la perfection.

Si cela est vrai aux États-Unis, la réalité est cependant différente au Canada, en particulier au Québec.

Au moment où Alain Bouchard réalisait un rêve vieux de 20 ans, celui d'acquérir le réseau d'Ultramar, il s'est trouvé face à un dilemme. La taille de Couche-Tard était devenue trop grosse, sa part du gâteau dans la vente au détail de pétrole trop dominante dans le marché québécois, trop grande pour échapper aux soupçons du Bureau de la concurrence. C'est pourquoi l'annonce de l'achat de CST Brands s'est accompagnée de celle d'une autre transaction, cette fois avec l'entreprise albertaine Parkland Fuel qui s'est engagée à se porter acquéreur de la majorité des actifs canadiens de CST Brands. Au prix approximatif de 750 millions $US, Parkland va reprendre 490 stations Ultramar appartenant à des concessionnaires, 72 sites d'approvisionnement automatisés pour camions, le réseau de distribution d'huile à chauffage, le siège social de l'entreprise situé à Montréal et près de la moitié des magasins corporatifs appartement à CST Brands opérant sous les bannières « Dépanneur du coin » et « Corner Store ». C'est le Bureau de la concurrence du Canada qui s'est vu confier la tâche de déterminer l'ampleur du délestage nécessaire afin de préserver une saine compétition dans le marché de l'essence au Québec.

Couche-Tard avait eu affaire avec les autorités réglementaires peu de temps auparavant, au moment de l'achat de plusieurs centaines de stations-service Esso. L'un des avocats ayant conseillé Couche-Tard dans la transaction avec CST Brands travaillait d'ailleurs quelques années plus tôt au Bureau de la concurrence. « Lorsqu'on dépasse 35 % de parts de marché dans un secteur, dit Alain Bouchard, le Bureau nous demande de nous départir de certains actifs, et on l'accepte. »

Au moment de la transaction, Couche-Tard croyait pouvoir conserver environ 160 des magasins corporatifs de CST Brands au Canada, la plupart se trouvant au Québec, ce qui lui permettra d'atteindre un niveau optimal de pénétration du marché. Dans l'avenir, son expansion se fera donc ailleurs. Le marché américain offre encore plusieurs opportunités pour un intégrateur comme Couche-Tard, bien que l'entreprise y soit devenue le numéro un en surpassant 7-Eleven pour ce qui est du nombre de commerces. Une réalisation qui «fait un petit velours», reconnaît Alain Bouchard.

Chose certaine, la taille énorme qu'a maintenant Couche-Tard – en voie de devenir l'entreprise canadienne toutes catégories confondues ayant les revenus les plus élevés – la rend de plus en plus hors d'atteinte pour une acquisition hostile. Si une telle possibilité est encore théoriquement envisageable, elle devient – en pratique – quasi impossible dans les conditions actuelles du marché où les investisseurs, confiants dans la performance de la direction de Couche-Tard, lui accordent une prime au rendement élevée. À une autre époque pas si lointaine, quand l'action de Couche-Tard était en défaveur, l'entreprise aurait certainement pu être avalée par des fonds spéculatifs si elle n'avait pas été protégée par la capacité de blocage de ses quatre fondateurs. Qui sait si une situation semblable pourrait se reproduire dans l'avenir, mais plusieurs analystes estiment que la meilleure garantie de la pérennité de Couche-Tard demeure sa discipline et sa culture, qui en font une entreprise vraiment à part et qui expliquent que 6 millions de consommateurs y retournent chaque jour.

Remerciements

Je tiens à remercier toutes les personnes qui ont permis la réalisation de cet ouvrage. En premier lieu, évidemment, Alain Bouchard, qui a pris le risque de se raconter à un journaliste de qui il ne savait pas grand-chose, tout en ignorant ce que cela donnerait au final. Un merci tout spécial également à ses trois fidèles partenaires, Jacques D'Amours, Richard Fortin et Réal Plourde, pour m'avoir généreusement accordé de leur temps. Je dois souligner la contribution de Martine Coutu, l'adjointe administrative d'Alain Bouchard, qui a été d'un appui constant pour m'aider à me retrouver dans les archives de l'entreprise. Des dizaines d'autres personnes m'ont aussi gentiment accordé de leur temps précieux, certaines en témoignant dans ce livre, d'autres en m'aidant à mieux comprendre l'entreprise et son époque. À toutes celles-là, j'exprime ici ma plus grande gratitude, en espérant qu'elles auront reconnu dans cet ouvrage l'essence de ce qu'elles m'ont confié.

Je souhaite en particulier saluer ici Pauline Normand pour ses précieux conseils et Monique Leroux pour avoir accepté mon invitation à signer la préface de cet ouvrage.

Enfin, ce livre n'aurait pas été possible sans l'appui de ma précieuse compagne, Brigitte, qui a dû subir mes nombreuses absences pendant plus d'un an. Je la remercie pour son immense patience.

Table des matières

Suivez-nous sur le Web
et les réseaux sociaux !

EDITIONS-HOMME.COM
EDITIONS-JOUR.COM
EDITIONS-PETITHOMME.COM
EDITIONS-LAGRIFFE.COM
RECTOVERSO-EDITEUR.COM
QUEBEC-LIVRES.COM
EDITIONS-LASEMAINE.COM

Imprimé chez Marquis Imprimeur inc. sur du Rolland Enviro.
Ce papier contient 100% de fibres postconsommation,
est fabriqué avec un procédé sans chlore
et à partir d'énergie biogaz.